U0462990

韬略平天下

清代韬略

张建民　闫富东

著

长江出版传媒｜崇文书局

图书在版编目（CIP）数据

清代韬略 / 张建民，闫富东著 . -- 武汉 ： 崇文书
局，2023.3
（韬略平天下）
ISBN 978-7-5403-7077-0

Ⅰ．①清… Ⅱ．①张… ②闫… Ⅲ．①中国历史－研
究－清代 Ⅳ．① K249.07

中国国家版本馆 CIP 数据核字（2023）第 018435 号

清代韬略

责任编辑 程可嘉

出版发行 长江出版传媒｜崇文书局
地 址 武汉市雄楚大街 268 号 C 座 11 层
电 话 (027)87677133 邮政编码 430070
印 刷 武汉中科兴业印务有限公司
开 本 700mm×1000mm 1/16
印 张 15
字 数 230 千字
版 次 2023 年 3 月第 1 版
印 次 2023 年 3 月第 1 次印刷
定 价 48.00 元

（如发现印装质量问题，影响阅读，由本社负责调换）

前　言

　　关于谋略，学术界不仅存在不同的定义，而且存在不同定位。论者或称之为"谋略文化"，甚或将中国文化视作一种谋略型的文化。见仁见智，褒贬不一。然而无论如何，谋略在中国历史上备受推崇当是不争的事实。上古经典《尚书》就有"询谋""弗询之谋"的说法，《六韬》则有"智略权谋"之语，《三国志》更出现完整谋略概念，所谓"进同谋略，退为辅佐"。谋略之道的著述如《孙子兵法》《三十六计》《战国策》《鬼谷子》《素书》《三国演义》等，为许多人奉为经典，熟读精研，历数千年而不衰，足以表明其魅力之大。在中国，《三国演义》几乎是家喻户晓；许多人都熟知卧薪尝胆、围魏救赵、合纵连横、挟天子以令诸侯、恩威并施、以毒攻毒、杯酒释兵权等一连串的谋略故事，知道姜子牙、周公、孙武、诸葛亮、司马懿等谋略大师的名号。反之，"有勇无谋"则成为"莽汉""匹夫"的代名词，是要被人耻笑的……诸如此类，足见国人对略谋之道的向往和崇拜。难怪有人说谋略已深深地影响到中国人的思维，甚或影响到中华文化的诸多方面。当然，出现这样的结果绝非偶然。

　　谋略在中国源远流长，古往今来，被不断总结、反复实践，历久弥新，愈益发达。同时，在不同时期又展现出不同特点，古圣先贤们留下了丰富多彩且形态各异的不同层面、各种类型的韬略谋划遗产，堪称大观。以帝王为首的最高决策层有谋国安邦、驭臣牧民的谋略；武臣将帅有用兵行阵的谋略；就是一般的老百姓也有处世交友、治家营生的谋略。

　　谋略有各种类型，可运用到不同的领域和场合，不同的谋略间也存在一些共同的特征。庄子说过，"德荡乎名，知出乎争"。这是对智谋产生、发展的历史总结，智谋在相争中产生，在相争中发展。众所周知，人类自产生之后，就处于人与自然、人与人、精神与肉体等错综复杂的矛盾世界之中，从特定意义上讲，人类的历史就是不断排解这些矛盾关系的持续过程。与西方智慧重视向自然界开拓、追求征服自然、求取内心世界与外在世界平衡的文化传统不同，中国先哲们创立的是以人为中心的文化体系，如何妥善处理人与人之间的关系被摆在头等重要的位置上，特别是处理利益关系尤受重视。毫无疑问，调处利益关系需要多方面的道德规则、要求和手段，而争夺也是不可避免的客观存在。荀子所谓"人生而有欲，欲而不得，则不能无求，求而无度量分界，则不能不争"，智谋、谋略就是在这个争的过程中产生的。所谓"谋者，所以远害就利也"，也就是说，谋略的实质目标是谋利，施谋的对象是人。因此，谋略大多表现为与人争利，是通过智慧的较量来进行利益的重新分割或者利害转化。如果没有利益可言，谋略也就失去了存在、实施的价值。谋略重在求取实用功利价值的实质，决定了谋略这种智慧的运作既具有一些观念文化的特征，又与其他观念文化存在着较大的差异。

以智谋胜勇力是谋略运作最显著的特点。中国历史上，最为人们称道的谋略运作实例，大多是以少胜多、从小到大、以弱胜强的典型。与此相对，谋略之失误也大多导致田多到少、由大到小、由强到弱的悲剧结果。智慧、谋略犹如选定合理支点的杠杆，是一种四两拨千斤的高妙手段。与此相关联的还有对身处逆境而能奋发、以柔克刚等谋略运作的着意刻画，乃至于有"卑贱者最聪明、高贵者最愚蠢"的说法。对于用智与用力的关系、差别，著名军事家、谋略家孙武持这样的观点："不战而屈人之兵，善之善者也。故上兵伐谋，其次伐交，其次伐兵，其下攻城。"这就是说，不通过角力相拼的战斗就能降服对手，是最高明的选择；而最下之策才是动武角力。"虽有百万之军，比（北）之堂上；虽有阖闾、吴起之将，禽之户内；千丈之城，拔之尊俎之间；百尺之冲，折之衽席之上。"这是职业谋略家苏秦对谋略胜勇力的生动描述，虽然不无夸张，却也充分显示了智谋胜过勇力的巨大作用。

对于弱能胜强、柔能克刚的原理，著名思想家老子运用自然界的一些现象作过生动、辩证的解释："天下之至柔，驰骋天下之至坚。"就如气无所不能入，水无坚不能摧，至柔之物不可折一样。"人之生也柔弱，其死也坚强。万物草木之生也柔脆，其死也枯槁。故坚强者死之徒，柔弱者生之徒。是以兵强则不胜，木强则共，强大处下，柔弱处上。""天下莫柔弱于水，而攻坚强者莫之能胜，以其无以易之。""弱之胜强，柔之胜刚，天下莫不知，莫能行。"强兵易骄，骄兵必败，又如树木，粗大之干在下，柔弱之枝条反而在上，而树大必遭伐折。水之柔弱，几于无形，且流往低处，似乎无争，但却可圆可方，怀山襄陵，聚散变化多端，因时因地而宜。而委曲才能保全，屈枉才得直伸，卑下方能充盈。历史上如越王勾践卧薪尝胆，忍辱负重而终于报仇雪耻的例子俯拾皆是。如果清王朝之创立者努尔哈赤不能委曲隐忍于明王朝以夷制夷的策略之中，恐怕早就被明军作为"钉子"拔掉了。当然，这并不是说具备强大的力量就不能取胜。不过，在以强胜弱、以多胜少的情况下，智谋的作用、意义就远没有在以弱胜强、以少胜多的场合那样显著、重大了。即使如此，力量强的场合也不能轻视谋，更不能无谋，须知恃强凌弱、以众暴寡等正是以弱胜强、以少胜多谋略求之不得的适时"东风"。

　　灵活实用、辩证理性是谋略运作的又一重要特点。高度明确的谋利动机、目的，驱使谋略的运作很少顾及知识的精确性、系统性和理论的深度，甚至几近于急功近利。谋略之设计、运作，不管三七二十一，只要能达到目的就行。判定一个谋略之高明与低劣，标准也只有一个。为了能够实用，必须灵活。谋略之运作，关乎天、地、人、事、智诸要素，而所谓天时、地利、人和、事物都在不断的变化之中，固定的模式的套用，其局限性是很明显的，必须随机应变，因时因地因人而制宜，方能实用。犹如武功之运用，练熟一招一式乃至全套路数，未必算得上高手，真正的武林高手并不墨守所学套路、招式，甚至没有套路、招式，而是随机应对，随心所欲，顺手拈来。军事史上多少熟读兵书、满腹阵图的将帅惨遭败绩、身败名裂？赵括败于长平，损兵四十万。马谡丢失街亭，致使诸葛亮痛失伐魏良机……纸上谈兵而不实用为兵家、谋略家的大忌。

　　在谋略家的眼里，天、地、人、万事万物都是辩证的，因此，强与弱、大与小、多与少、坚与柔、胜与败等等，都是灵活的、可以转换的。参天大树与小草相较，谁强谁弱？谁优谁劣？在谋略家的思维中，比常人更多地考虑到了狂风暴雨之时，大树常常被连根拔起或者拦腰折断，而此时的小草却往往安然无恙。前述老子的谋略思想中就充满了辩证、灵活的色彩，以无为而无不为，以不治而无不治，可谓博大精深，丰富而且变化无穷无尽，可知中国讲对立统一之传统源远流长。

非公开性是谋略的另一重要特征。正如前面所讲过的那样，谋略之实质在于谋利，谋略运作的环境是争斗，在争斗中运用智谋把谋的对象击败，而不是用力。争斗是双向的，相互的，你在与对手争，对手同时也在与你争，你在用计谋，对手也在用计谋，取胜的关键是谁的计谋更高一筹。所谓计谋的高下，实际上就是你蒙蔽了对手还是被对手所蒙蔽。要算计对手自然不能让他知道，这就使计谋或者说谋略具备了隐而不露的特性。古代有"谋泄者，事无功；计不决者，名不成""谋未发而使人知之，未有不殆者也"之说，充分表明了谋略需要隐秘的重要性。从这个意义上讲，谋略之谋多为"阴谋"，它就是要让对手上当受骗，目的是出其不意，攻其无备。孙子对兵道之本质直言不讳："兵者，诡道也。故能而示之不能，用而示之不用，近而示之远，远而示之近，利而诱之，乱而取之，实而虚之，强而避之，怒而挠之，卑而骄之，佚而劳之，亲而离之。"

中国的谋略无疑受到诸子百家智慧的影响，尤以儒法道为重。儒家智慧的深远——谋人心，法家智慧的强势——谋法术，道家智慧的聪明——谋自然，在历史上的谋略思想及实践中随处可见。至于谋略的优劣可否，不同的历史阶段和不同的社会背景之下，应有不同的衡量标准。重要的是能够以史为鉴，去糟粕，存精华，创新境。

清朝是一个由少数民族建立的王朝，也是中国历史上最后一个封建王朝。道光二十年（1840）的鸦片战争，打断了清代历史发展的正常进程。中国社会在外国势力侵入之后发生了一系列的变化。所有这一切，给清代的韬略文化带来了深刻的影响，不同程度地留下古今中西交混的烙印。在努尔哈赤以十三副遗甲起兵，逐步统一建州女真、女真各部、蒙古各部进而取代明王朝的过程中，传统的韬略发挥了极其重要的作用，整体上可以说是一个以少谋多、以弱胜强谋略的典型。与前此中国历史上其他北方少数民族建立的统治中原地区的王朝有所不同，满族统治者吸取汉族先进文明成果更多、更早，这也是传统韬略得以较早地发挥重要作用的原因所在。作为中国历史上最后一个封建王朝，传统文化在这个时期集大成，韬略也不例外。当然，在韬略的具体运作过程中，必然带有其满族特色。晚清数十年，清廷内外交困，传统的中国谋略在反对外来侵略、拯救民族危亡时显得力不从心，捉襟见肘，而新的思想、对策却难以一时确立，更难以很快奏效。但是，在清廷统治集团内部尤其是皇族的争权夺利以及反复镇压农民反抗的过程中，传统谋略仍在广泛地发挥着作用。

张建民

二〇二二年十月

目录

第一章
清朝兴衰

清朝崛起与传统韬略 / 003

康雍乾时代的弛张之道 / 006

晚清谋士的困惑 / 010

第二章
努尔哈赤父子以小博大的智慧

奉明统而谋天下 / 017

告天伐明，"兵以义动" / 030

仰承天命，以汉制汉 / 044

第三章
盛世的文韬武略（上）

储位之争 / 057

宽严相济，张弛交替 / 072

治人与治法 / 080

"满汉一体" / 085

第四章
盛世的文韬武略（下）

恩威并用，靖国安边 / 097

羁縻与归流 / 115

"十全老人"的武略 / 123

嘉庆初政的谋略 / 140

以夷制夷的外交 / 154

第五章
从"师夷制夷"到"中体西用"

从严夷夏大防到师夷制夷 / 163

中体西用 / 174

以夷制夷的均势外交 / 182

第六章
晚清的阴谋和阳谋

太平天国的谋略 / 189

中兴将帅与传统军事谋略 / 198

祺祥政变与慈禧的算计 / 218

康有为托古改制 / 223

第
一
章

CHAPTER1

清朝兴衰

与北方民族侵入罗马帝国以及蒙古族入主中原相比较，清朝取代明朝，还是有所不同。这种不同，当然有许许多多的表现，其原因也涉及诸多方面。但是，毫无疑问的是，满族，特别是其统治阶层，早在入关之前就较多、较深地受到汉文化的熏陶。此外，许多"汉族合作者"的突出作用是一个非常重要的方面。特别值得注意的是，这些"汉族合作者"的主要作用和贡献正表现在大政方针、韬略的运筹方面。

清朝崛起与传统韬略

　　明清交替，曾被一些外国学者称为"中国历史上所有改朝换代事件中最富戏剧性的一幕"。美国著名的历史学家魏斐德（Frederic E. Wakeman, Jr.）在其名著《宏伟的事业》（或译作《洪业——清朝开国史》）一书中，开篇就引用了阿历克西·德·托克维尔（Alexis de Tocqueville）的如下记述：

　　"在被征服者是先进民族，而征服者却处于半开化状态的情形下，就像北方民族侵入罗马帝国，或蒙古族入主中华帝国时那样，野蛮人通过军事征服所赢得的权力，能使之与被征服的文明民族达到同等水平，并共同向前发展，直到被对方同化为止。一方拥有实力，另一方则拥有智力；前者需要被征服者的知识和技艺，后者则羡慕征服者的权力。于是，野蛮人将文明人请入他们的宫廷，文明人则向野蛮人开放了自己的学校。"

　　不过，与北方民族侵入罗马帝国以及蒙古族入主中原相比较，清朝取代明朝，还是有所不同。这种不同，当然有许许多多的表现，其原因也涉及诸多方面。但是，毫无疑问的是，满族，特别是其统治阶层，早在入关之前就较多、较深地受到汉文化的熏陶。此外，许多"汉族合作者"的突出作用是一个非常重要的方面。特别值得注意的是，这些"汉族合作者"的主要作用和贡献正表现在大政方针、韬略的运筹方面。

　　据文献记载，清王朝的开创者努尔哈赤非常重视汉文化的学习，注意从汉文化中汲取智慧营养。据说他从小就懂满、蒙、汉三种语言，能够阅读汉文、蒙文典籍，而最喜欢读的就是《三国演义》《水浒传》等富有谋略故事的图书，这使他受益匪浅。努尔哈赤不仅是受益者，而且是传播者。就算在紧张的战斗之余，他也会给部下讲历史、讲兵法。更为重要的是，努尔哈赤起兵之初，就聘请浙江人龚正六为师傅，让他教儿子们读书学习。起兵之初，也就是他有志于天下之始，他就深刻认识到文化知识、智慧对于得天下、治天下的重要意义。

皇太极是努尔哈赤诸子中识字最多的一个，在重视汉文化、重用汉族士人、运用传统韬略方面，他比其父更为积极，所采取的措施也更为得力。这一点应该是他与代善、阿敏、莽古尔泰等大贝勒的重要差别，也是他在四大贝勒共治国政局面中得以提高自己地位、加强汗权并最终称帝的主要原因之一。

在随努尔哈赤建功立业的过程中，皇太极愈益体会到不读书、不明义理对自己事业的危害，所以，他不仅自己努力学习，还号召满人诸王、贝勒学习，规定满族儿童必须读书，以明义理，其中就包括中国传统的尽忠朝廷、行孝亲老的观念。他说："朕令诸贝勒、大臣子弟读书。所以使之习于学问，讲明义理，忠君亲上，实有赖焉。"

皇太极很重视学习汉文化，并重用汉族士人。朝中设有满汉大学士、巴克什，帮助他学习文化知识并参政议政。管理国家事务的吏、户、礼、兵、刑、工六部，更是在汉族士人的建议、设计下，完全依照明朝体制建立的。在各部又特别设有启心郎一职，其主要职责就是帮助管理部务的诸王、贝勒、大臣学习汉语，教他们掌握汉族官僚政治运转过程中的规章制度。皇太极还通过改革努尔哈赤时代创制的老满文来加强满汉文化的交流，用满文翻译了一大批汉文典籍，其中著名者如《三略》《刑部会典》《素书》《万宝全书》等等。

早期归附的汉族官僚和士人在皇太极时代发挥了无可替代的作用。范文程、宁完我、鲍承先、高鸿中、胡贡明、马国柱、王文奎、雷兴、徐明远、朱延庚、刘清泰等，都是皇太极时代的智囊团成员，为皇太极的军国政事出谋划策。其中尤以范文程最受倚重，他对清王朝的创建贡献也最大。史称皇太极对范文程"倚重特至"，"资为心膂"，所有军国大事，范文程无不参与。"文程所典皆机密事，每入对，必漏下数十刻始出。或未及食息，复召入。

上重文程，每议政，必曰：'范章京知否？'脱有未当，曰：'何不与范章京议之？'众曰'范亦云尔'，上辄署可……抚谕各国书敕，皆文程视草。"这样的记载也许不无夸张，却反映了范文程与皇太极的关系以及皇太极对他的信任。遇关键性的决策问题，皇太极更是要与他反复商讨，甚至于范文程因病休养时，有不少问题难以解决，也就干脆不决，特地等到范文程复出后再行议定。

皇太极死后，多尔衮对范文程更为器重。因此，范文程更是不失时机地提出自己对一些重大问题的看法，为清王朝服务。顺治元年（1644）四月初，身任内枢密院大学士的范文程上书摄政王多尔衮，提出了南取中原的全面计划和策略，他认为：明王朝内政腐败，人民丧乱，又在"流寇"及大清政权的夹击下，失败已成定局，清军进取中原的机会已经成熟。此时此刻，清政权表面上虽然仍是与明王朝对抗、争取天下，但是，实际上的阻碍已转到农民军方面，清政权进取中原成败的关键在于能否把老百姓和士大夫争取到自己一边。这个分析应该说是全面的，对清兵入关及定鼎中原具有重大的战略意义。当清廷得到李自成占领北京，明王朝被推翻的消息后，摄政王多尔衮立即召见病中的范文程，咨询进兵中原的大计，范文程提出了"兵以义动""统一区夏"的决策，史称"举国咸韪公言，大军遂发"，在为明宗室复仇、救百姓于水火的口号下，清军很快在中原立住了脚。"兵以义动"，简单的几个字蕴含了极高的谋略境界，这就是儒家谋国治国的仁术核心。"以力服人者，非心服也，力不赡也；以德服人者，中心悦而诚服也。""桀纣之失天下也，失其民也；失其民者，失其心也。得天下有道，得其民斯得天下矣；得其民有道，得其心斯得民也。"兵以义动，就是要改变过去以掠得人口、财富为目的的军事行动，从收拾人心入手，只有如此，才能真正得民，从而真正得国，实为定鼎之言。顺治年间清廷的作为及其结果，有力地证明了范文程这一谋略的意义所在。

康雍乾时代的弛张之道

入关以后，经过一段时间的战争、动荡、恢复，清代进入了一个较长时间的稳定发展阶段，迎来了颇为后人称颂的"康乾盛世"。盛世之出现，固然可以说"有其历史必然性"，但是，这种必然性是由许多主客观因素建构起来的，其中，康熙、雍正、乾隆三位皇帝的作为是非常重要的。而他们之所以能够有所作为，又与本人及其谋士的才识、胆略、运筹帷幄等密切关联。

就康、雍、乾三朝总体而言，其主要的统治政策是一脉相承的，只是在具体的做法上各有特色，最突出的就是在为政宽严尺度的掌握上，恰好与所谓"文武之道，一张一弛""宽严相济"相吻合。总体看三朝如此，分别考察三朝亦是如此。康熙朝早期尚处于戎马倥偬的初创状态，往往事出非常，难以一概论之。中期以后，清廷统治逐渐稳定并走上正轨，康熙皇帝的行政方针也表现出显著的"与民休息""无为而治"的倾向。他这样说道："治国之道，莫要于宽舒，政治之本在宽仁。""从来与民休息，道在不扰。与其多一事，不如省一事。朕观前代君臣，每多好大喜功，劳民伤财，紊乱旧章，虚耗元气，上下讧嚣，民生日蹙，深可为鉴。"康熙朝晚期之所以出现不少弊政，一定程度上与其政尚宽仁有关，以致被人指为姑息养患之结果。

雍正为政尚严，雷厉风行，固然与其"刻深惨毒"之性格有关，却也不能否认他有意纠正乃父失之过宽之弊，严行整饬的因素。雍正即位后连发谕旨，所指甚为明确。他针对诸多弊端指出："皇考好生如天，不忍即置典刑，故伊等每恃宽容，毫无畏惧……"于是勒限追缴亏空、严厉整饬吏治，甚至于大兴文字之狱等厉政。因此，史有"雍正改元，政治一新"之说。

乾隆皇帝即位，清朝行政风格又换了一番景象。就在雍正刚一去世，乾隆立即以其父遗诏的名义表达了自己将改严政为宽政的主张。雍正遗诏所谓"宽严之用，又必因乎其时。从前朕见人情浇薄，官吏营私，相习成风，罔知省改，势不得不惩治整理，以戒将来。今人心共知儆惕矣。凡各衙门条例，有从前本严而朕改易从宽者，此乃从前部臣定议未协，朕与廷臣悉心斟酌而后更定以垂永久者，应照更定之例行。若从前之例本宽而朕改易从严者，此乃整饬人心风俗之计，原欲暂行于一时，俟诸弊革除之后，仍可酌复旧章，此朕本意也"，实为乾隆之意，只不过是借乃父名义，以使宽严过渡得更名正言顺，以便于推行而已。在此后的许多次相关论述中，乾隆更为明确地表述了自己的指导思想。他评论其祖父、父亲的为政风格道：康熙时期是"久道化成，与民休息，而臣下奉行不善，多有宽纵之弊。皇考世宗宪皇帝整顿积习，仁育而兼义正，臣下奉行不善，又多有严峻之弊"。他主张应该宽则纠之以猛，猛则济之以宽。并公开声明"朕主于宽，而诸王大臣严明振作，以辅朕之宽"。

如果进一步分别对三朝加以具体考察，则所谓宽者，并非一味地宽，更非纵弛之谓；所谓严者，亦非一味地严，更非刻薄之谓。因时更化，宽中有严，严中带宽，目的是导之于至中。刻薄有害于民生，纵弛有妨于国事，皆不利于统治秩序稳定，非最高统治者所愿。

康熙朝六十余年，是拨乱反正、孜孜求治的一朝。康熙为政"夙夜孜孜，寤寐不遑，宽严相济，经权互用""殚心竭力，有如一日"。在康熙朝的宽政中，值得注意的是通过一些宽松的政策、措施来缓解知识分子中存在的敌对情绪，获得了显著的成功，表现出非常高明的谋国、谋治的智慧和韬略。清代初年，由于满族统治者的高压政策，在大肆屠掠的同时又严行剃发易装，激起了汉族人民的强烈反抗。其中一批学识渊博、德高望重的知识分子，在大规模的反抗运动被镇压之后，仍然对清廷心存敌意，成为影响清廷统治安定的一大因素。然而，康熙并没有采取高压或者激烈手段，反以优待礼让等行动来缓解、消除知识分子的对立情绪。康熙十七年（1678）博学鸿词科的举行是这方面有代表性的措施。谕旨称："凡有学行兼优、文词卓越之人，不论已仕未仕，令在京三品以上及科道官员，在外督抚布按，各举所知，朕将亲试录用。"次年，被举荐的一百九十余人中有一百四十三人召试于体仁阁，康熙亲自取定一等二十人，二等三十人。五十人全部授予翰林官。被录取的五十人中，有一批知名之士，如朱彝尊、潘耒、毛奇龄、彭孙遹、邵远平、尤侗、汪琬、施闰章、陈维崧、吴任臣等；也有顾炎武、黄宗羲、万斯同、李塨等坚决不愿出来受职的；甚至有宁死不出的，如李颙，被抬到西安后，水浆不进，绝食以示抗拒。就是这样，康熙也没有发怒，仍予优容。康熙四十二年（1703），康熙来到西安，希望能够见到李颙，李颙仍然托病不出。康熙又提出看他的著作，李颙无奈，派儿子将著述送来。康熙说："尔父读书守志，可谓完节。朕有亲题'志操高洁'匾额并手书诗帖，以旌尔父之志。"对于这类软磨硬抗的行为，不加追究，反而赞勉，如此高的姿态，确实打动了一部分知识分子的心，化解敌意的收获是很显著的。后来，康熙又开局修纂《明史》，万斯同、刘献廷、王源等人虽然不愿做清朝的官，但却以"布衣"身份受聘参与工作。著名文臣徐乾学被参劾"招摇纳贿"之后，康熙也没有治他的罪，只是给假回籍，命令他在太湖洞庭山开设书局纂修《一统志》，因此又招揽了著名学者阎若璩、顾祖禹、胡渭、黄仪等。桐城派创始人方苞，受《南山集》文字狱牵连，本应处死，亦予以赦免，要他参加编书工作，后来，竟任"武英殿修书总裁官"。康熙在法制上主张"罪疑惟轻"，他认为："与其绳以刑罚，使人怵惕文网，苟幸无罪，不如感以德意，俾民蒸蒸向善，不忍为非。"

在用兵方面，康熙注重招抚化解之策，在平定三藩之乱、平定准噶尔叛乱等战争中都有显著体现。这些都与其以宽行政、以德化民的指导思想是一致的。

谋略智慧的重要特点之一是讲求实用、随机灵活，康熙、雍正、乾隆三朝政治，在三位精明干练的君主的运筹下宽严相济，实即务实灵活的结果。康熙认为："自古帝王治天下之道，因革损益，期于尽善，原无数百年不敝之法。"他反对徒托空言、拘泥章句、株守一隅的学问，以有裨于治道乃为有用。雍正亦认为法久弊生，必须因时制宜，进行调整补充，才能收到好的效果。"观乎其时，审乎其事，当宽则宽，当严则严而已。"乾隆总结乃祖乃父的经验教训，更是主张"为政之道，损益随时，宽猛互济"，"有治人，无治法"之说，也是他时常引用的"金科玉律"。康熙也好，雍正也好，乾隆也罢，他们主张"审时度势""损益随时"的高明所在，就是为自己随政治形势变化采取相应的对策，为按照自己的好恶、喜怒来调整祖、父既定的政治方针保留了较大的回旋余地。乾隆初年的例子就很能说明问题。当时，对乾隆即位后较多地调整统治政策、纠正雍正朝为政的做法，以刑部尚书兼兵部尚书傅鼐和河东总督兼河南巡抚王士俊为代表的一部分官僚就提出异议，认为此举有违祖制。乾隆皇帝便是以"从来为政之道，损益随时"的理论进行反驳的。总之，康雍乾盛世的出现，与最高统治者务实灵活、宽严互济的政治指导方针是分不开的。

晚清谋士的困惑

　　鸦片战争后，在突如其来的变局之中，清廷上下一时显得手足无措。尽管开动脑筋，挖空心思般地运思筹谋，但传统的文韬武略终难解决几乎全新的课题，屡经挫折，堂堂大清王朝已由当年的生机勃勃转而暮气深重。对洋人，从卑视到重视，进而惧怕，甚至一点点丧失战胜对手的信心和勇气。救亡图存的爱国主义、民族主义思想逐渐成为时代的主旋律。

　　师夷长技以制夷，可以说是近代具有新意的谋略思维之起点。鸦片战争的失败，使清王朝上上下下对西洋的坚船利炮有了深切的感受，传统的天地变得似乎陌生了，沉重的失落感降临在满腹经纶、韬略的天朝官僚、士大夫的心头，激发了不少关心国家命运、担忧民族前途的有识之士去思考。最早认识到了解"夷情"之重要性，并且身体力行去考察"夷情"的是众所周知的林则徐，他不顾种种非难，坚持了解"夷情"的举措，实具有破冰开路的意义。战败的屈辱，促使人们对"外夷"的认识发生变化，亦触发了人们对清朝认识的改变。魏源敏锐地认识到英国的长技所在：战舰、火炮、养兵练兵之法。因而明确地提出了"师夷长技以制夷"的观点。在"夷害不已"愈益加深的过程中，中国人的认识也在不断深入。冯桂芬痛感当时"人无弃才，不如夷；地无遗利，不如夷；君民不隔，不如夷；名实必符，不如夷"。林则徐的这位弟子继承了林、魏思想的精华，并且加以发挥、深入，提出了颇多见地，如其"采西学议""制洋器议""善驭夷议"等议论的中心就是为"御夷"而向西方学习，不向西方学习，御夷则是空话。同时，他还提出了"如以中国之伦常名教为原本，辅以诸国富强之术，不更善之善者哉！"的观点，其实质即中体西用，成为洋务运动指导思想之一部分。

咸丰、同治朝之交，朝野上下几乎形成了一种共识：救亡图存之唯一途径，在于"借法自强"。李鸿章等洋务派官僚自不必讲，就是如奕譞、世铎等王公大臣，王先谦、刘锡鸿等守旧分子的认识也发生了变化。时称"人人有自强之心，亦人人为自强之言"，"师外夷""变成法"的呼声"一唱百和，万口同声"。早期洋务思想，与魏源的"师夷制夷"思想颇为相似，许多人都是受到魏源学说的影响而加入洋务行列中去的。著名的洋务派官僚丁日昌曾形象地把练兵、造船、制炮、办工厂等洋务事业比作"驱虎狼"的手段，目的极为明确，"取其所长以为利于我""师外长之长技以为己之长技"。左宗棠后来重刻魏源《海国图志》并亲自作序，声称自己"设局造船"等作为，就是"魏子所谓师其长技以制之"之说的落实。康有为等人维新思想的萌发，也受到魏源学说的影响。直到 1924 年，梁启超指出："其论实支配百年来之人心，直至今日犹未脱离净尽，则其在历史上关系不得谓细也。"

可以说，"师夷长技以制夷"，已经成为中国近代救亡图存、振兴国家的一种方略，蕴含着极为深刻、广泛的内容，激发着无数仁人志士卧薪尝胆，发愤努力。不仅如此，魏源的《海国图志》东传日本，对日本明治维新时期的思想界产生了重大的影响。据不完全统计，在咸丰四年（1854）至咸丰六年（1856）的三年时间里，日本出版印刷的《海国图志》版本多达二十种以上。

就在"夷害不已"的同时，"内乱"也在清王朝统治下的广大范围内波及开来。道光三十年（1850）爆发的太平天国运动，在很短的时间内便波及了大半个中国，在南京建立了自己的政权。结果，轰轰烈烈的运动历时十八年之久，席卷了中国的十八个省份，先后攻克过六百多座大小城市。清政府不得不在"制夷"未成的局势下，对付"发捻逆贼"，甚至将之视为心腹大患。与此相应，"夷害"退到次要地位。

从洪秀全创立拜上帝会到金田起义，永安突围，建都南京，西征、北伐，屡破江南、江北大营，太平天国的英雄们运用中国丰富的谋略智慧，创造了一个个奇迹，一时间竟使清廷喘不过气来。也就是在这个过程中，崛起了一批清王朝所谓的中兴名臣，曾国藩、左宗棠、李鸿章、胡林翼以及后来的张之洞、刘坤一等等，在他们身上，传统的与近代的、东方的与西方的、新的与旧的、积极的与消极的，多种因素交错，矛盾复杂，犹如他们所主持的事业，一言难尽。即以"中体西用"的洋务宗旨而言，一方面，它有意维护纲常名教、道义准则的意义；另一方面，这样的提法，也有策略上的考虑，也就是说要借助这种提法，来减少引进西学的阻力。引进西学、学习西方的先进技艺遭到守旧派的剧烈反对，而反对的理由就是纲常名教乃立国之本，只要忠信礼义不衰，国家就会强盛，根本没有必要引进西方的技艺术数。纲常名教在中国经数千年熏陶，根深蒂固，要想驳倒守旧派，赢得较多人的支持，在承认纲常名教的前提下，或者在表白自己对立国之本坚信不疑的同时，再来论证西方技艺在富国强兵中的重要作用，不失为一种有效的对策。"西学中源"论乃至康有为的托古改制等，无不是在当时情况下，为推进一种新的理想或事业而采取的一种策略，其重心在于西学，其目的在于改制，至于对其源流的论证是否严谨，孔子是否改制，则是次要的。

正像历史上多次发生过的利用宗教来发动农民起义的事件那样，洪秀全之创立拜上帝会，并非真正为宣扬基督教的理论，他以及他的天父天兄等同仁，也不一定都真正信仰上帝及其相关教义，而是要利用这样一种形式、利用教义中的一些内容来发动、组织自己的队伍。然而，发生在鸦片战争以后的这场农民运动，却有着新的时代特色。太平天国运动的理想蓝图及其借以发动、组织群众的教义、思想纲领，都具有非常强烈的乌托邦色彩。在太平天国的社会理想中，既有古代儒家的大同思想，也有农民传统的平均主义思想，又有道家的小国寡民思想，同时还从西方基督教教义中吸取了部分原始平等思想，其太平天国之名称即以中国理想中的"太平"加上西方宗教中的理想"天国"而成。至于后来由洪仁玕提出的《资政新篇》规划，更是主张要在中国传统文化的基础上引进西方近代文化，包括社会化大生产的企业、技术、管理制度、法律制度、选举制度、监察制度、新闻制度以及一系列价值观念，以此建立一个"新天新地新世界"。这些看上去似是而非甚或格格不入的主张、思想观念在太平天国时期被杂糅于一起，显然是行不通的。不过，这些策略尽管最终没有实现，却也在晚清思想界产生过不可忽视的影响。

在清廷统治江河日下的局势下，爱新觉罗皇室也在竭力维持自己的家天下，其中最为显眼的人物是权欲无止、权谋颇深的慈禧太后那拉氏。自从她发动"祺祥政变",一举击败肃顺等八位赞襄政务王大臣而垂帘听政以后,摇身成为晚清政局的主宰者。此间她耍过多少权谋,无法确切统计,但她控制同治和光绪两位皇帝,扼杀"戊戌变法"及义和团运动等大权谋却为人们所共知。不过,她自以为是得意之谋的晚清新政及溥仪即位的安排,倒成为促成清王朝崩溃的直接因素之一。

如果从入关统治中国的顺治朝为始考察清王朝的兴亡,可以看到这样一个有趣的始终:顺治元年(1644),摄政王多尔衮扶持六岁的福临登上皇位,拉开了清王朝统治全国的序幕。宣统元年(1909),同为摄政王的载沣抱着三岁的溥仪登上帝位,但仅仅三年时间便倒台了。多尔衮与福临之兴,非仅是顺治朝之兴,而是一个强盛帝国之兴的开始;载沣与溥仪之倒台,亦非止于宣统朝之倒台,而是整个清廷统治的灭亡。这一兴一亡,当然不能排除个人素质的因素,如多尔衮与载沣之间的差距,不过,就是多尔衮再世,恐怕也难以挽救晚清灭亡的命运。这不禁使人想起了曹雪芹的《红楼梦》,在一座大厦将倾之时,大厦之"柱"——如贾老太、王熙凤、贾政等,谁不是满腹计谋,以致大厦中无处无计谋,无时不算计,机关算尽,可结果呢?

谋略再高明,终难以将夕阳西下谋为旭日东升。

努尔哈赤父子以小博大的智慧

清王朝统治中国长达 268 年，在这期间，曾出现百余年之久的康乾盛世，疆域辽阔的统一多民族国家进一步得到巩固，社会经济生活相对繁荣，科学文化迈越前代。

　　这一切，在清朝开创者爱新觉罗·努尔哈赤(1559—1626)以 13 副遗甲起兵之初，简直是不可能完成的任务。然而，正是这位颇富传奇色彩的努尔哈赤及其子皇太极，凭着他们坚强的毅力和智谋，审时度势，扬长避短，积小胜而至大胜，统一女真诸部，绥服蒙古，并最终取代朱明王朝入主中原。在长达半个多世纪的与明王朝的角逐过程中，努尔哈赤父子的运筹作为，在中国韬略文化史上留下了引人注目的一页。

奉明统而谋天下

在中国北方，从东部海滨的山海关到西部大漠的嘉峪关，横亘着一条世界上最为壮观的人文奇观——长城。以长城为界，其南华夏民族日出而作，日落而息，创造了先进的农耕文明；其北则散落着大大小小的游牧部落，渔猎为生，逐水草而居。两种不同的生活生产方式，决定了北方少数民族迫切需要中原大地丰富的生活物资，以弥补其农业及手工业技术落后的缺陷。

由此，中国历史上频繁出现南北征战和北方少数民族入主中原的大戏。但这都如同朝露，昙花一现。长城南北，依然暌违两隔，咫尺天涯。

而在清王朝统治中国 268 年后，长城成了类似于地标的存在，不再是华夏民族偏安一方的屏障和南北分离的界线。中国历史的发展由此进入一个版图完整、南北交融的新时期。而这一切则要归功于努尔哈赤非同一般的谋略智慧。

在传统政治理念上，汉人有很强的小华夏观念，早在先秦时代就有很强的正朔观。任何一个异族王朝，如不认同汉人的价值体系和文化观念，都很难长久维持其在中原的统治。努尔哈赤的成功，就在于对于历史密码的破解。他先是臣服于明政府，暗自发展自己的势力，通过武力和联姻建立了稳固的后方，然后以宣布对明政府的"七大恨"为借口，树立了正义伐罪的形象，后又根据形势需要，打出了为明朝复仇的旗帜，从而取得了继承明朝衣钵的法统。

◇努尔哈赤谋略的形成

大凡非常之人才必有非常之际遇，努尔哈赤也不例外，他是时代的宠儿，他的思想和智慧也被打上了深刻的时代烙印。

努尔哈赤的祖先布库里雍顺，据说是仙女佛库伦的后代。他出生后被放入盆中，沿江而下，漂到了三姓，被当地的三个部落奉为神人，从此不再争斗，奉他为首领，这是努尔哈赤黄金家族的第一块领地。明朝对东北地区采取众建而分其势的策略，在东北的土地上存在着大大小小几十个部落，他们为获得东北的统治权，交相攻战，可是一旦势力威胁到明朝，就会遭到明朝的攻打。从明初开始，东北相继出现了几个势力较大的女真部落，都没能够统一东北，相继被明朝攻杀削弱，东北如一盘散沙，严重制约了地区经济的发展和社会的进步，当然，也难以形成对明朝统治有威胁的力量。

明永乐时，努尔哈赤的六世祖猛哥帖木儿曾被授为建州卫都指挥使，后又被封为建州左卫指挥使，并在永乐二十年（1422）参加了明成祖亲征漠北鞑靼部阿鲁台的战争，战后三次到北京朝贡，被封为都督佥事、右都督佥事。宣德八年（1433）朝贡之后，受命回斡木河，协助明廷管束逃窜至斡木河的辽东女真豪族杨木答兀，遭到袭击不幸遇害。

努尔哈赤出生于明朝奴尔干都司属下的建州左卫之家，这是一个汉化程度较高的女真部落，他的祖先和明朝建立了非常密切的联系。猛哥帖木儿死后，建州女真重新聚居于苏克素浒河谷，几度兴衰，到努尔哈赤的祖父觉昌安时居赫图阿拉。这里的自然条件和地理位置比其他女真部落要优越得多。它毗邻抚顺，接近汉族聚居地区，很容易接触到汉族的先进文化，有利于输进铁器、耕牛和先进的生产技术，促进了本地区经济的发展。

十六世纪以来，由于各部经济联系的加强，女真社会出现了统一的趋势，建州女真因其特有的优越地位，成为这一趋势的核心力量，努尔哈赤也成为统一运动的领导者。

努尔哈赤出生时，家族的显赫光环已经黯淡下去，勉强算是女真族中的"中产之家"。努尔哈赤幼年丧母，继母待他很是刻薄，少年时期的努尔哈赤常到山林里挖人参、采松子、捡榛子，拿到抚顺的"马市"上卖钱以维持生计。在"马市"上，他广泛结识汉蒙各族人，开阔了视野，受到汉族文化的熏陶，他特别喜欢读《三国演义》《水浒传》等古典故事，许多朴素的谋略在他的头脑里扎了根。这些都极大地影响了他后来的生活道路。

◇委曲隐忍以求发展

万历十一年（1583），苏克素浒河部图伦城主尼堪外兰受明辽东总兵李成梁的指使，攻打古勒城主阿台。阿台之妻是努尔哈赤的堂妹，其祖父觉昌安为了使自己的孙女免遭灭顶之灾，和努尔哈赤的父亲塔克世前往古勒城劝降，结果城破，明军屠城，在混乱中父子二人不幸遇难。祖、父之仇深深地激怒了努尔哈赤，从此，他决心同明朝抗争。

当时辽东的形势是尼堪外兰受明朝扶植，势力很大，建州女真的许多部族都归顺于他，甚至努尔哈赤同族的子孙也力图归附，没有任何条件可以助他战胜明朝。努尔哈赤只有避开主要敌人，发展自己的力量，隐忍以待。

他首先借明朝谢过之机，接受了明朝的建州左卫指挥使世职，既表示了对明朝的忠顺，避免了明朝的武力干涉，又抬高了自己在女真部族中的地位。接着他网罗了一批对尼堪外兰不满的人，以此为初步的武装，同尼堪外兰争夺建州女真。

万历十一年（1583）五月，努尔哈赤以报祖、父之仇为名，以遗甲十三副起兵，攻尼堪外兰，在部族仇杀的外衣下开始了向明朝复仇的准备工作。

这一年，努尔哈赤以额亦都、安费扬古等率领百人队伍，打败尼堪外兰，计取背约的萨尔浒城主诺米纳，接着又征伐内部纷争的董鄂部。万历十三年（1585）灭掉哲陈。万历十四年（1586）七月，努尔哈赤听说尼堪外兰逃至浑河部的鹅尔浑城，立刻起兵往攻，尼堪外兰逃至明军驻地，被保护起来。愤怒的努尔哈赤向明朝边吏索要尼堪外兰，明朝见尼堪外兰失去了扶植的价值，就抛弃了他。

万历十五年（1587），努尔哈赤在费阿拉建造都城，这里由此成为女真的政治、经济和军事中心。次年灭完颜部，统一了建州女真本部，接着又花费五年时间，先后夺取长白山三部，统一了建州女真。

这一时期，努尔哈赤时时不忘向明朝表示忠顺，以麻痹对手。

万历十七年（1589），他表示忠于大明，心若金石，斩杀被明军追捕逃往建州的木扎河部头人克五十，将他的首级献给明朝廷，取得了很好的效果，明朝廷认为"惟建州奴酋（努尔哈赤），声势最盛，能制东夷"。努尔哈赤不仅假装诚心诚意归顺朝廷，还表现出迫切地想得到都督的职位。明朝廷认为只有建州女真的努尔哈赤势力最大，能驾驭住东夷，又忠诚，又想当官，从而放松了警惕，封其为都督佥事。

万历十八年（1590）四月，已是都督佥事的努尔哈赤带着人参、蜂蜜、貂皮等东北特产，到北京朝贡谢恩，顺便考察明廷实力，学习中原文化。

万历二十年（1592），他奏请加龙虎将军勋位，虽一时之下所司议行未果，但其既想当官又忠心的形象却在明廷"深入人心"。三年后明廷以"努尔哈赤忠顺学好，看边效力"，终于封其龙虎将军的崇勋。

此后，努尔哈赤屡次入贡，皆能按朝廷的旨意办事。他还到处宣扬他对朝廷的忠顺，如对朝鲜使节说"保守天朝地界九百五十里，俺管事后十三年，不敢犯边，非不为恭顺也"。

努尔哈赤对明朝的忠顺表示，蒙住了明朝昏君庸臣的眼睛，他趁此时机，不断征伐邻近地区，招抚各部，发展自己的势力。

万历十七年（1589），努尔哈赤开始组织一支先进的军队。

建州女真的军事组织，早在猛哥帖木儿时就已有，当时分为左、中、右三军。努尔哈赤则将军队分为四个兵种，每种一军——环刀军、铁锤军、串赤军、能射军，基本上具备了四旗、八旗的雏形。万历二十九年（1601），努尔哈赤对建州军队进行了一次整编，初设黄、白、红、蓝四色旗帜。随着努尔哈赤对海西女真的战胜，以及对东海女真各部的征抚，建州女真逐渐兵多将广，万历四十三年（1615）增设四旗，"初设有四旗，旗以纯色为别，曰黄，曰红，曰蓝，曰白。至是添设四旗，参用其色镶之"，这就是镶红、镶白、镶蓝、镶黄四旗，八旗军制最终确立。

八旗军制是适合女真社会经济状况的组织形式，它借鉴了同是游牧部落起家的辽的纠军制、金的猛安谋克制和元的探马赤军制，集军事、行政为一体。女真人兵也是民，民也是兵，有战事则备战，无战事则务农，战胜了就分给俘虏给予赏赐。每个人自带粮饷，不需要养兵的费用，因此粮饷从来不缺。这种军制既适应了女真的财政状况，又充分发挥了善骑射的民族特点。八旗军经过平常正规训练和狩猎实践的锻炼，成为一支勇猛无前的野战之师。

靠着这支军队，努尔哈赤在东北纵横驰骋，征抚兼施，取得了辉煌战果，势力逐渐向远方渗透。万历三十一年（1603），他迁都赫图阿拉。本来早在费阿拉他就"自中称王"。万历二十四年（1596），又以明朝龙虎将军称号为掩护，开始称女真国主，试图取得和朝鲜等国同等的地位，改变明朝和女真的关系，但他从未敢僭位称汗。万历四十四年（后金天命元年，1616），随着统一东北的深入进行和对蒙古绥抚工作的展开，建立政权的时机成熟了。这年正月，努尔哈赤举行了登基仪式，"诸贝勒、大臣上尊号曰覆育列国英明皇帝"，建立后金天命政权。

后金天命政权的建立，表示努尔哈赤已决心要和明朝刀兵相见了，但考虑到国力稍逊，他还未敢立即树起本国的旗帜，后金天命政权也还只是一个秘密，明朝、朝鲜并未得知。

努尔哈赤在赫图阿拉建元称汗后，花费了两年多的时间，把主要精力放在整顿内部问题上，以巩固后金的既得战果，同时等待时机，向明朝小试牛刀。

万历四十五年（后金天命二年，1617），辽东发生严重灾荒，百姓流离，饿殍遍野，民族矛盾严重激化，女真的掠夺传统本性被激发出来。万历四十六年（后金天命三年，1618），努尔哈赤以"七大恨"告天伐明，利用民族情绪以及生存本能，将女真的内部矛盾转向明朝，同明朝开始了争夺辽东、进而逐鹿中原的战争。

努尔哈赤从起兵统一东北各部到向明朝宣战，中间经历了三十五个春秋，他阳奉明廷，暗中发展自己的势力，两面派政策取得了显著成功。他在统一建州女真、海西女真、东海女真、黑龙江女真的过程中，几乎未受到明朝的干涉。更值得一提的是，他对明朝的怒火未有稍息，而始终未形于色。其"忍"力之强，"忍"术之高，有史鲜见。

◇ 姻缘政治的滥觞，以亲谋势

通过联姻结亲的途径来达到一定的政治目的，在中外历史上并不罕见，尤其是在封闭、落后的地区。血缘政治虽会破坏法律的公平性，但也往往有助于特权家族形成稳固的政治基础。血缘政治本基于最朴素的动物法则，是人类政治文明演进的必然产物。在明朝对女真各部实行众建而分其势的大背景下，要实现统一各部的目标，而又不动声色，联姻无疑是最有成效，也是最为便捷的手段。努尔哈赤、皇太极继承了这一古老的政治遗产，而其后继者又继续发扬光大，使其成为清朝的一大国策。

统一前的女真分为三大部，即居住在牡丹江、图们江流域的建州女真，分布在松花江流域的海西女真，以及活动在黑龙江流域的"野人"女真。有关文献中则分别称之为建州五部、长白山三部、海西四部、东海三部、黑龙江诸部。

女真各部首先成为努尔哈赤联姻手段实施的试验场，而其所在的建州五部又尤为重要。据统计，在统一建州女真的过程中，努尔哈赤家族与建州诸部联姻，有案可稽者就达十五次之多，联姻的对象，大多为建州女真中的大族著姓，身兼酋长或者寨长者大有人在，都是拥有一定实力的人物。

如努尔哈赤将其同母妹妹嫁给苏克苏浒河部的嘉木湖寨主噶哈善，在噶哈善死后，又将其改嫁给同为苏克苏浒河部的沾河寨主杨书，杨书与其兄常书投奔努尔哈赤时，所带部众编为两个牛录，有五六百人。

万历十六年（1588），苏完部酋长索尔果、董鄂部酋长何和礼、雅尔古部酋长扈拉瑚等，分别率领所部军民投归努尔哈赤。当时，努尔哈赤正为人力、兵食不足所困，而归附的各部都带来了可观的人力、财力。但是，当初建州各部乃至其他各部、各寨之间的分分合合相当频繁，背盟、合而复叛之例屡见不鲜，为了稳定这种归附关系，联姻结亲是有效的手段之一。

于是，努尔哈赤将长女嫁何和礼为妻，将孙女（褚英之女）嫁索尔果之子费英东为妻，同时，将扈拉瑚之子扈尔汉收为养子。这样，通过联姻、认亲等方式将他们与自己连在一起，巩固了彼此关系，特别是对自己的归属关系。

据史料记载，索尔果归附时带有军民五百户，扈拉瑚带来一寨兵丁，何和礼所率兵马多达数万。他们死心塌地地归属努尔哈赤，成为此后统一战争中的重要力量。

　　海西女真在女真诸部中实力最为雄厚，包括叶赫、哈达、辉发、乌拉四部，又称扈伦四部，是努尔哈赤统一女真的主要敌手。在平定海西女真的过程中，努尔哈赤家族与海西四部的联姻也最多，先后计有数十次之多。对于海西四部，努尔哈赤采取了"小斧伐大树"、各个击破的策略，而联姻结亲作为这一策略的一个重要补充，发挥了不可忽视的作用。

　　哈达部在万作汗的时期比较强大，而且对明朝廷最为忠顺，得到明王朝的大力扶植。万死后，子孙们为各自的利益相互争斗，其长子扈尔干与其外妇所生之子康古鲁争夺汗位，相互仇杀。万之第五子孟格布禄的母亲为叶赫贝勒清佳砮的妹妹温姐，而康古鲁兵败后逃往叶赫，又娶清佳砮之女，所以依附叶赫，与扈尔干之子岱善结仇，但岱善因为得到明朝的支持，明廷不仅出兵攻败叶赫，而且强令努尔哈赤放弃与叶赫部第一美女东哥的婚约，与岱善之妹结婚。因东哥生于明北关（今吉林榆树），所以，这场婚约又称为北关之约。努尔哈赤当时为了不与明廷树敌，也便于借助岱善之力平定董鄂部，所以忍痛割爱，同意了此次联姻。其后努尔哈赤以女莽古济嫁孟格布禄之子吴尔古代；以女穆库什嫁乌拉部首领布占泰；其弟舒尔哈齐又娶布占泰之妹；努尔哈赤先后娶叶赫部首领杨吉砮的两个女儿；其子皇太极娶叶赫部阿纳布之女，褚英娶清佳砮之女；等等。这些都是努尔哈赤平定海西四部策略的一部分。

　　万历二十七年（1599），叶赫出兵攻打哈达，孟格布禄向努尔哈赤求援，努尔哈赤派兵两千援助哈达后，孟格布禄却又欲与叶赫部和好联盟。努尔哈赤当然不愿意看到这样的结果，尤其不能容忍叶赫与哈达二部结盟而成为强大的势力，便派兵攻破哈达城，俘虏了孟格布禄，灭掉哈达。

　　这样一来，又引起了明廷的不满，因为这是对明廷"以夷制夷"战略的破坏，何况哈达是明廷长期支持的势力，怎容如此轻易地被努尔哈赤灭掉。在明廷遣使问罪的强大压力之下，努尔哈赤不得不释放孟格布禄，使之复国（部）如初。不仅如此，努尔哈赤还将自己的女儿莽古济许配给孟格布禄之子吴尔古代。这样做，看上去明廷似乎较为满意，孟格布禄也不吃亏，倒是努尔哈赤贴了本。其实不然，努尔哈赤之所以将女儿嫁与吴尔古代，真正的意图在于监视和控制吴尔古代，让他名义上为哈达之主，实际上受制于努尔哈赤，为努尔哈赤服务。

事实却是，吴尔古代并不甘心沦为建州部属，史称其"名虽为婿，实为仇敌，阴怀报仇之心"。后来，吴尔古代联络叶赫、蒙古等处，并秘密与明廷相约，自己做内应，联合内外夹击努尔哈赤，结果，其妻莽古济将此计划密告了自己的父亲，努尔哈赤大怒，立即以此为由攻灭了哈达。

野人女真居住在乌苏里江以东的黑龙江两岸，北至外兴安岭的广大地区，主要有瓦尔喀部、窝集部、虎儿哈部，又称东海女真。

努尔哈赤、皇太极父子在长达四十余年的时间里，对东海女真且征且抚，运用包括联姻结亲在内的诸多手段，终于将其归入自己的统辖之下。较早归附努尔哈赤的东海女真是窝集部，最早与建州建立婚姻关系的也是窝集部。万历二十七年（1599）以后，努尔哈赤多次将宗室和大臣之女嫁与东海部族首领，其中一次就有窝集酋长博济里等六人乞婚，努尔哈赤以六臣之女配之，"以抚其心"。他还将穆尔哈齐之女嫁与那木都鲁路路长康果礼，将宗室之女嫁与屯长哈哈纳等人。那木都鲁路当时号称强盛，在其后努尔哈赤、皇太极父子的统一战争中起了重要作用。

◇姻缘政治的发展，满蒙联姻

明清之际，蒙古族活动于东起黑龙江，西至阿尔泰山的辽阔地域。共分为三大部分：生活在贝加尔湖以南、河套以北的漠北蒙古，生活在蒙古草原东部、大漠以南的漠南蒙古以及生活在蒙古草原西部直至新疆准噶尔盆地一带的漠西厄鲁特蒙古。其中漠南蒙古和后金最早发生联系。

后金兴起以后，努尔哈赤虽控制了东北大部分地区，但仍有很大的后顾之忧，其东为明朝的属国朝鲜，其西为与明朝缔结防御后金盟约的漠南蒙古林丹汗，后金处于东西夹击的局面。只有绥抚朝鲜和蒙古，才可以减少自己两侧的压力，集中力量应付明朝。

努尔哈赤曾多方拉拢朝鲜，无奈鉴于历史的原因，朝鲜始终站在正统的朱明王朝的立场上，不为所动。倒是曾被明朝赶出中原的蒙古，由于内部纷争，为努尔哈赤提供了施展谋略的契机。

努尔哈赤对毗邻的漠南蒙古采取了征抚兼施、恩威并重、结盟联姻交错结合的政策。其中联姻作为最古老的政治联系方式，被努尔哈赤发展成为满蒙联盟的重要纽带，对后世产生了深远影响。

此时的努尔哈赤早就从与建州女真、海西女真、东海女真以及黑龙江女真的联姻中积累了丰富的经验，因此在与漠南蒙古的联盟中就表现得更加淋漓尽致，其联姻次数之多，联姻范围之广，实属罕见。

漠南蒙古的科尔沁部，驻牧在嫩江流域。曾参加以海西女真叶赫部为首的九部联军，在古勒山为努尔哈赤击败，以后虽遣使与建州通好，但并不认输。

万历三十六年（1608），努尔哈赤攻往乌拉部，科尔沁翁阿岱贝勒帮助乌拉防卫，见建州兵强马壮，便撤兵请盟，联姻结好，努尔哈赤不念旧仇，同意姻盟。

万历四十一年（1613），努尔哈赤听说科尔沁明安贝勒的女儿博尔济锦氏很漂亮，遣使求婚，明安贝勒就"绝先许之婿，送其女来"，即毁掉原有的婚约，将女儿嫁给努尔哈赤。

万历四十三年（1615），努尔哈赤又娶科尔沁孔果尔贝勒的女儿博尔济锦氏为妻。

努尔哈赤儿子也相继娶蒙古王公的女儿做妻子，仅万历四十二年（1614），他的四个儿子——次子代善、五子莽古尔泰、八子皇太极、十子德格类，分别娶扎鲁特部钟嫩贝勒之女、纳奇贝勒之妹，科尔沁部莽古思贝勒之女，扎鲁特部额尔济格贝勒女为妻，此后十二子阿济格娶科尔沁部孔果尔贝勒之女，十四子多尔衮娶阿尔寨台吉女。关系虽然有点乱，但越来越亲密了。

喀尔喀部驻牧于辽河流域和今辽宁阜新蒙古族自治县一带，分为五部，彼此争斗不休，努尔哈赤利用他们的矛盾，逐部争取。先是将侄女嫁给了已归附的巴岳特部达尔汉贝勒恩格德尔，后又将女儿嫁给喀尔喀台吉古尔布什，给予他们优厚的待遇，以吸引更多的蒙古人归来。对于与明朝结盟对抗后金的喀尔喀贝勒介赛，则是俘而不杀，把他抵押给努尔哈赤作人质的女儿许配给大贝勒代善，在同盟外又结姻亲，结成更巩固的姻盟。

万历四十七年（后金天命四年，1619），后金与喀尔喀五部会盟于冈干色得里黑孤树处，矛头直指明朝，一致对外。天启二年（后金天命七年，1622），明安贝勒带领十六贝勒及喀尔喀等部台吉正式归附后金，另立蒙古一旗，成为最早归附的蒙古部。

漠南蒙古只有林丹汗察哈尔一部仍联明共同抵御后金。但由于其为人残暴，导致众叛亲离，努尔哈赤联合科尔沁、喀尔喀等部，打退了林丹汗的多次进攻，并争取到察哈尔部的奈曼、敖汉等部归顺。林丹汗势力日蹙。

努尔哈赤死后，其子皇太极继续执行这一政策，同鄂尔多斯、哈喇沁等部结盟，于后金天聪二年（1628）和后金天聪六年（1632），两次亲征林丹汗，林丹汗败亡青海，不久病死。

后金天聪九年（1635），皇太极派人专程到黄河以西找到林丹汗之子额哲，带回沈阳，将女儿固伦公主嫁给他，并封他为外藩亲王。漠南蒙古最后统一于大清帐下。

努尔哈赤同蒙古王公的姻盟政策后来为其后继者继承，使蒙古成为清朝的重要政治和军事支柱。顺治曾说，要想使不同民族的官民互相亲睦，"莫若缔结婚姻"。到乾隆时期，就有六十九位蒙古王公与清皇室通婚，他们的子孙散居各部，形成无比牢固的亲属网，乾隆骄傲地称他们"不外朕之儿孙辈行"，真正达到了"以蒙古为长城"的目的。

从清初开始二百余年内，满、蒙封建主为了共同的利益，在北部万里封疆构成了坚固的帝国防线，清朝政府在必要时不遗余力地保护蒙古封建主，而勇猛的蒙古铁骑也常常在帝国最需要的地方为其驱驰，特别是清后期，满八旗日益腐败，蒙古骑兵更成为其得力的军事力量，直到僧格林沁的骑兵全军覆没，清王朝才将目光专注于汉族地主武装。

努尔哈赤对蒙古的姻盟政策，以血缘关系为纽带，辅以厚赏、高爵，将一个可能成为自己敌人的民族控制在自己的手中，从而得到了兵力难以达到的效果。特别是在后金开国之初，它砍去了明朝的膀臂，变敌为友，减少了女真的兵力消耗，扩大了武装力量，改变了在进取中原本腹背受敌的状况，其决策有着全局性的重要意义。

✧ 化解明廷"以夷制夷"策略

"以夷制夷"是中国传统的"驭夷"策略之一，朱明王朝在接过了正统的衣钵之后，自然而然接过了这一法宝。从宋代以来就成为中原重要威胁的东北地区，也就成了施行这一政策的重要地区。

"以夷制夷"策略的关键在于不仅要使被控制的民族之间彼此相争、互相牵制、互相削弱，缺乏向心力，而且还需要一个确保这种平衡的外力，也就是一支能正确使用的武装。明初、中期的强盛状况保证了这一策略的实施，到了晚期由于政治腐败，官场腐化，军队疲敝，这一平衡的能力渐渐衰退下去。在东北努尔哈赤则利用这一时机，迎合统治者的心理，发展自己的势力，将明朝"以夷制夷"的策略不断引向破产的境地，最终导致了它的失败。

明代的东北地区，女真部落分化极其严重，他们各自为政、不相统属，再加上明朝的挑拨离间，更是四分五裂，彼此相残，人民生活极其痛苦。

明朝严格控制各部的势力，不允许他们威胁到朱明江山的安全，努尔哈赤的五世祖董山曾兼管建州三卫，借口反对明朝压迫，不时出兵辽东，明朝就以其交结夷人各部落，违逆天意为由，命令大军直捣他的老巢，消灭他的族类，杀董山，血洗建州，使建州元气大伤，不得统一。之后明朝又如法炮制，杀死枭雄诸部的王杲，"毁其巢穴"，并命尼堪外兰攻打其子阿台，最终将其杀死，"诱城内人出，不分男女老幼，尽屠之"。

由于明朝主张对女真"分其枝、离其势，互令争长仇杀"，任何统一女真的企图和尝试都冒着极大的风险。努尔哈赤的高明之处则在于他隐藏了自己真实的意图，无时无刻不表示忠顺于明朝。

努尔哈赤虽然痛恨明朝杀其祖、父，但起兵之初就将杀祖、杀父之仇丢给了尼堪外兰，使做贼心虚的明朝没有理由去加以干涉，努尔哈赤借此机会消灭了尼堪外兰以及和尼堪外兰有关联的其他几部，统一了建州本部。

与此同时，努尔哈赤充分施展麻痹对手的手段，一方面屡屡进贡，极尽讨好之能事，一方面求封号、表忠顺，表现出胸无大志、贪求仕途的形象，使得明朝对努尔哈赤不断掉以轻心，甚至试图改变外力调节平衡的方式，想以努尔哈赤作为"制夷"的工具，"因其势而用其强，加之以赏赍，假之以名号，以夷制夷。则我不劳而得慎固封疆之道"，而此正中努尔哈赤下怀。

明朝对努尔哈赤放松了警惕，为他统一各部争取了极大的运筹空间。在努尔哈赤统一各部的计划中，充分借鉴了传统的"远交近攻"、先弱后强的策略，一步步实现自己的目标。

例如，他和明、蒙，而攻女真诸部，在女真诸部中，又和强敌，而攻弱邻，从而保证自己的实力稳定增长，而又不引起各方的怀疑和紧张，将实施计划的阻力减小到最小，特别是又暗合了明朝"以夷制夷"的初衷，让他们有足够的耐心等待、观望下去。可是用不了多久，当明朝的君臣从梦中醒来，他们就会愕然发现，一个不能驾驭的强敌正虎视眈眈地望着山海关那黑黝黝的城门。

在海西女真四部中，以叶赫部、哈达部为最强，他们是明朝用以牵制、抗衡建州的主要力量。

先是明朝支持哈达，借以左控叶赫，右控建州。哈达为南关，叶赫为北关。自明永乐以来，给海西女真诸部自都督以下至百户，敕书共九百九十九道，按强弱分配，屡有变动，导致叶赫和哈达矛盾重重，"两关终以敕书不平为争"，明朝辽东李成梁部便多次袭击二部，严重削弱了他们的力量。

叶赫不满于建州的强大，于万历二十一年（1593）九月联合九部兵马，齐征建州。努尔哈赤沉着冷静，利用有利的地理条件，掌握时机，在古勒山大败联军，杀叶赫贝勒布斋，俘乌拉贝勒满泰之弟布占泰。努尔哈赤自此"军威大震，远迩慑服"，乘胜进军，先近后远，各个击破。

哈达首当其冲。在征哈达之前，努尔哈赤分别与叶赫、乌拉姻盟。哈达由于力量薄弱，不得不在建州和叶赫之间寻求势力平衡，努尔哈赤极力争取，都未能如愿，遂于万历二十七年（1599）九月进攻哈达，俘贝勒孟格布禄，先将女儿嫁给他，然后找个借口将他杀死。明朝派使诘问，努尔哈赤为不触犯明朝，又将女儿嫁孟格布禄之子吴尔古代，后将其囚押。明朝为保住哈达，责令建州送吴尔古代回哈达，努尔哈赤不得不从。但由于哈达部发生饥荒，向明朝乞食，明朝却不管不问，努尔哈赤遂乘机灭了哈达，并其部众，夺走了明朝给它的敕书。

哈达灭亡之后，明朝转而支持叶赫，欲以其北联乌拉，东联朝鲜，南助明军，形成对建州的包围。但形势发展得太快，努尔哈赤迅速灭亡了辉发，兵锋直指乌拉。乌拉贝勒布占泰虽与建州五次姻盟，但并不归附。万历三十五年（1607），努尔哈赤派人护送东海瓦尔喀部斐优城归顺部众，在归途中的乌碣岩遭布占泰袭击，建州军英勇搏杀，斩乌拉兵三千多人。万历四十年（1612）、万历四十一年（1613），努尔哈赤两度亲征乌拉，将其灭亡，布占泰投叶赫而去。

哈达、辉发、乌拉灭亡以后，辽东的平衡局面业已打破，明朝已切实感受到建州的威胁，再也不能坐视不管了。努尔哈赤还在做继续麻痹明朝的工作，在进攻叶赫之前，派第七子阿巴泰率所属阿都等三十余人求质于明，但遭明朝部议拒绝，明派兵千人，助叶赫守卫。

明、叶赫成立联盟，标志着努尔哈赤与明朝已经公开对立，此时，努尔哈赤伐明的条件成熟了，遂告天伐明，以"七大恨"起兵。万历四十七年（后金天命四年，1619）八月，努尔哈赤灭亡叶赫，辽东再无敌手可与之匹敌，明朝"以夷制夷"的策略彻底破产。努尔哈赤迅速统一女真各部，奄有东北。

告天伐明，"兵以义动"

　　在中国传统的治国理念中，比较突出国君的道德修养，"君视民如草芥，则民视君如寇仇""得道多助，失道寡助"，为历次的改朝换代提供了合理的依据。努尔哈赤深受汉文化影响，深知这一观念的影响力。所以他在起兵之初，就要谋求正义的力量。因此，他非常注意笼络民心，不仅与各部首领姻盟，还制定严格的纪律，不妄杀无辜，使远近之人乐于归顺。为了动员女真人力、物力，打好同明朝的战争，努尔哈赤一开始就高举"义"的大旗。

　　万历四十六年（后金天命三年，1618），努尔哈赤趁辽东灾荒，民食维艰之机，以"七大恨"告天，对明朝政府进行控诉，申明要对明朝进行正义之战。他回顾了明朝对女真的民族压迫和民族分裂政策，其要为：

　　　我之祖、父，未尝损明边一草寸土。明无端起衅边陲，害我祖、父，恨一也。明虽起衅，我尚修好，设碑立誓：凡满汉人等，毋越疆围，敢有越者，见即诛之。见而故纵，殃及纵者。讵明复逾誓言，逞兵越界，卫助叶赫，恨二也。明人于清河以南，江岸以北，每岁窃逾疆场，肆其攘夺。我遵誓行诛，明负前盟，责我擅杀，拘我广宁使人纲古里方吉纳，胁取十人，杀之边境，恨三也。明越境以兵助叶赫，使我已聘之女，改适蒙古，恨四也。柴河、三岔、抚安三路，我累世分守，疆土之众，耕田艺谷。明不容刈获，遣兵驱逐，恨五也。边外叶赫，获罪于天，明乃偏信其言，特遣使臣遗书诟詈，肆行凌侮，恨六也。昔哈达助叶赫，二次来侵，我自报之。天既授我哈达之人矣，明又党之，胁我以还其国。已而哈达之人，数被叶赫侵掠。夫列国之相争伐也，顺天心者胜而存，逆天意者败而亡。岂能使死于兵者更生，得其人者更还乎？天建大国之君，即为天下共主，何独构怨于我国也？初，扈伦诸国，合兵侵我，天厌扈伦启衅，惟我是眷。今助天谴之叶赫，抗天意，倒置是非，妄为剖断，恨七也。

　　意思很明白：一是明朝无故杀了我的祖、父；二是明朝说话不算数，违背誓言，擅自越界，帮助叶赫；三是不应该杀了我的使臣等十几个人；四是强迫把我要娶的女子改嫁给蒙古；五是我种的粮食不让我收；六是叶赫违背天意，我要打它，明朝却派人来骂我；七是我已取了哈达，"天下之国互相征伐，合天心者胜而存，逆天意者败而亡"，明朝却让我还回去，列国相争，得到了还有还回去的道理吗？可谓是国仇家恨集于一身。这就将女真人的不满情绪引向明朝，饱受灾荒之苦的女真人也希望通过战争渡过难关，战前的思想动员已经完成。

　　"七大恨"誓师后，努尔哈赤修器械，严军令，四月十四日，兵分两路，直奔抚顺。

◇袭取抚（顺）、清（河），兵不厌诈

　　《孙子》云："兵者，诡道也。""诡道"的兵家决策规律是"不守常"，即不按常理出牌，以奇制胜、灵活变通，不拘泥于陈规，见机而作，为达到目的，不惜一切手段。"诡道"似乎与"义"是不相合的，其实二者并不矛盾，"义"是战争性质的总体把握，一旦进入武力敌对状态，在前提上就已经直接否定了仁德情义，成为与人类伦理文明发展相悖的欺诈之术，由于最能够成功地获得利益，反而最符合战争的规律，这也就是"兵不厌诈"。像宋襄公那样非要守堂堂正正之旗，坚决不击半渡之师的做法，简直是军事白痴。

　　努尔哈赤最善于出奇制胜。他起兵征伐尼堪外兰之初，萨尔浒城主诺米纳背叛盟约，暗中透露消息给尼堪外兰，以致尼堪外兰逃走，努尔哈赤对其

怀恨在心，决心计取萨尔浒。时值诺米纳派人约攻浑河部巴尔达城，努尔哈赤假作应允，派兵协助。开战后，他让诺米纳先进攻，诺米纳不同意，努尔哈赤便要求诺米纳将盔甲、器械等借给自己，诺米纳不知是计，"将器械尽付之"，努尔哈赤立刻将手无寸铁的诺米纳杀掉，不费一兵一卒，夺取萨尔浒，一报前仇。

努尔哈赤在进攻明朝之前，颁布了《兵法之书》，进一步阐述了"诡道"的重要意义。他说："凡安居太平，贵于守正。用兵则以不劳己、不顿兵，智巧谋略为贵焉。"计袭抚顺、清河、开原，是努尔哈赤运用智巧谋略的优秀战例。

抚顺濒临浑河，是明朝与女真、蒙古互市的重要场所，努尔哈赤早年曾在此活动、贸易，对这里的情况很熟悉。万历四十六年（后金天命三年，1618）四月十四日，已经决心与明朝开战的努尔哈赤并未大张旗鼓，而是采取偷袭的策略。十三日，他向明方申报第二天有三千女真人将要来抚顺贸易，从而让明军减弱了警惕。第二天凌晨，假扮商人的先遣队到达抚顺，将抚顺商人和军民吸引出城外贸易，后面的后金主力部队乘机突入城内，里应外合，一举成功，抚顺游击李永芳投降。明辽东巡抚李国翰急令军队驰援，努尔哈赤命军队三面环攻，利用风沙大作之机，全歼援军。后金与明军第一次正面交锋，便以大捷告终。

抚顺一战的胜利增强了努尔哈赤的信心，在攻取抚顺周围的城堡之后，七月即进攻清河。

清河地势险要，为辽沈门户。努尔哈赤亦采取力攻、智取相结合的策略，先派人以送貂皮、人参为掩护，混入城中，努尔哈赤亲统大军围攻清河城，城内士兵占据城门，开城延师，后金军迅速占领清河。

努尔哈赤连克两城，而且几乎是兵不血刃，极大地震撼了明廷，明廷立即调兵遣将，兵分四路，直扑赫图阿拉，努尔哈赤在萨尔浒大败明军，乘胜直取开原。

万历四十七年（后金天命四年，1619），努尔哈赤率八旗兵四万人进征开原。先是派间谍到城内侦察，对其内部虚实进行深入了解，得知开原明军"马倒人逃"，只有蒙古介赛、暖兔答应在后金进攻时给予援助，明军未防范，可以乘虚而入。

努尔哈赤为了蒙蔽敌人，争取时间，以小股部队直奔沈阳，沿途烧杀抢掠，制造声势，吸引敌方的注意力，主力部队则韬光敛迹，驻于靖安堡，四月十六日以迅雷不及掩耳之势，驰抵开原。明军不及布防，仓促应战，后金间谍开门响应，八旗兵攻入城内，守城将领除一人逃跑，余皆战死，开原城陷。

◇ "凭尔几路来，我只一路去"

努尔哈赤善于集中兵力，将敌人各个歼灭。在战争中，他总结出一套"伐大木"的战术。在进攻海西女真乌拉部之前，他就告诫他的儿子说："欲伐大木，岂能骤折？必以斧斤伐之，渐至细微，然后能折。"他以遗甲十三副起兵，与明、蒙、朝诸强敌示好，而专注于女真各部，在女真部中又远交近攻，避免同时树敌过多，这才使得他不断取得成功。

在战术运用上，他也坚持集中优势兵力，相对地以多胜少，引起双方实力的变化。

一是擅于抓住关键，"擒贼先擒王"。在统一建州女真后，努尔哈赤开始了对海西女真的统一战争。万历二十一年（1593），叶赫以九部联军三万人，兵分三路，直扑建州，当时努尔哈赤只有兵力一万五千人。

在敌众我寡的形势下，他分析了敌我情况："来兵部长甚多，杂乱不一，谅此乌合之众，退缩不前。领兵前进者，必头目也。吾等即接战之，但伤其一二头目，彼兵必走。我兵虽少，并力一战，可必胜矣"，我军虽然人数不及对手，但敌军指挥系统存在问题，打败一两个头目就行了。

努尔哈赤利用有利的地理形势，进行严密的军事部署：先是在半路上设伏、安置路障，扰乱敌军的行军序列，后亲自率精壮铁骑在古勒山上据险结阵，严阵以待。

九部联军受路障所阻，兵不成列。叶赫贝勒布斋及其弟纳林布禄督各部围攻，努尔哈赤以额亦都向布斋挑战，布斋气极，驱马前驰，不慎被路障绊倒，建州武士乘机扑上，乱刀杀死。叶赫部顿时大乱，努尔哈赤命令军队奋勇追杀，其他各部不战而溃。

这次战役，努尔哈赤集中兵力对付九部之首叶赫，取得了辉煌战果。

二是"凭你几路来，我只一路去"。萨尔浒之战是努尔哈赤集中兵力战胜敌人最成熟的战例。

万历四十七年（后金天命四年，1619）二月二十一日，明辽东经略杨镐、蓟辽总督汪可受、辽东巡抚周永春、辽东巡按陈王庭在辽阳演武场誓师，兵分四路，分进合击赫图阿拉。西路由山海关总兵杜松统领，经沈阳、抚顺关，从西面进攻；南路由辽东总兵李如柏率领，经清河、鸦鹘关，从南面进攻；北路由原辽东总兵马林指挥，经靖安堡、开原、铁岭，从北面进攻；东路由总兵刘綎统率，会合朝鲜军，经凉马佃从东面进攻。每路各有兵二万余人，共十万有奇。经略杨镐坐镇沈阳，全权指挥。

努尔哈赤闻报后，立即对明军情况进行收集、分析，确定了"凭尔几路来，我只一路去"的战略方针，力图在窘迫的情势下营造局部的优势，利用敌军行军的时间差，各个歼灭。据此，他调集各处屯寨兵民，集于赫图阿拉，坚壁清野，以免资敌，利用有利的地形，布置伏击，并多设障碍，为军队的调动回旋争取时间。

三月初一，轻敌冒进、贪得首功的杜松军行至萨尔浒。其他各路却未能如期到达：刘綎因要等待朝鲜军前来会合，尚在马家口；马林军受路障阻碍，前行缓慢，尚在途中；李如柏则刚刚从鸦鹘关动身。四路分进合击，却已构不成合击之势。明军在节制上先失一着。

努尔哈赤集中六万精兵于西路，以绝对优势首先消灭杜松军。三月初二，马林军来到萨尔浒西北三十余里的尚间崖，闻杜松兵败，忙转攻为守，结成"牛头阵"，分成三营，互为犄角。

但是努尔哈赤并没有全面进攻，而是专门对付敌军的一个营——龚念遂营，以精兵一千，选择其薄弱环节，冲进敌阵，大破明军，然后转攻马林营。马林不敌，仓皇逃跑，全营尽没，剩下的潘宗颜营虽然死力抵抗，但无奈寡不敌众，全营溃散，潘宗颜战死。这样仅两天时间，明朝的四路军就只剩下两路军了。

初三日，努尔哈赤接到刘綎、李如柏分进董鄂路、虎拦路的消息，先派一支军队往南防御李如柏军，主要目的是起到阻遏作用，而派主力东出，设伏于山谷之中，以待刘𬘓到来，自己则坐镇赫图阿拉，统率四千军士，指挥战斗。

刘𬘓军进军很不容易，不仅长途跋涉，而且受恶劣天气和艰险道路的影响，主客之道以及天时、地利都不占优势，再加上后金军队设置了重重路障，又实行坚壁清野的策略，后勤补给不足，士兵吃了上顿没下顿，士气非常低落，初二才赶到浑河，还不知道杜松、马林两军早已败亡，情报工作不力，不能及时调整策略。

努尔哈赤利用敌人不了解情况这一点，实行诱敌深入的策略，先用精兵五百迎敌，连连败退，将敌人引进纵深，又以所获杜松军大炮，燃炮"传报"，刘𬘓听得炮声，以为杜松军已到，急令进军，不料进入阿布达里冈后金的埋伏之中，后金伏兵四起，将刘𬘓军割成数断，首尾难顾。刘𬘓虽然奋力冲杀，最终还是不能突围，力竭战死。

萨尔浒之战，努尔哈赤充分利用天时、地利、人和等诸多因素，集中兵力，据险设伏，坚壁清野，使战略之劣势，变为战术上的绝对优势，以六万克十万，给明军以沉重打击，从此明朝的辽东地区狼烟四起、警报不断。

◇炉火纯青的用间之谋

用间是中国兵家谋略决策的重要内容。它不仅可以作为刺探军情的手段，达到"知己知彼"，为战争的胜利创造条件，而且可以从内部将敌人分化瓦解，达到不战而屈人之兵的目的。

《吴子兵法》云："善行间谍……分散其众，使其君臣相怨，上下相咎。"《兵经》亦言："间者，祛敌心腹，杀敌爱将，而乱敌计谋者也。"盖多疑乃为将者、为君者共同的不可克服的心理特征，故间之往往奏功。用间的特殊性决定了它的高度严密性，清人朱逢甲《间书》云："兵机皆贵密，不独用间为然也。"而用间尤宜密，就是这个道理。

努尔哈赤接受并发展了古代用间的思想，这在他的军事实践中占有重要的地位。他依靠间谍了解敌人情况，也把间谍打入敌人内部以为内应。他用间的人选比较广泛：有女真人、汉人、朝鲜人、蒙古人；有俘虏，也有收买的敌军将士；有长期卧底的，也有短期派往的；有成批的，也有单个的。每次大战之前，努尔哈赤的间谍都功不可没，为他提供了丰富而准确的信息，为战争的胜利提供了可靠保证。

努尔哈赤确实通过用间打了许多漂亮的胜仗，著名的战例是铁岭之战。万历四十七年（后金天命四年，1619）七月二十五日，努尔哈赤继夺取开原以后，又率诸贝勒、大臣统兵六万人，出三岔儿堡，围攻铁岭。努尔哈赤指挥八旗兵攻城，守城主将游击喻成名等率军坚守，以火炮还击，后金兵死伤惨重。铁岭守将明参将丁碧，被努尔哈赤重金收买，成为后金的内应，在努尔哈赤一筹莫展的情况下，丁碧打开城门，引导后金兵冲入城内。铁岭守军遭遇突变，顿时大乱，游击喻成名等力战身死，铁岭陷落。

努尔哈赤死后，其子皇太极继承了他的用间思想，取得了很大成功。在明朝起用袁崇焕、辽东防务加强、后金屡战不利的情况下，使用反间计杀掉袁崇焕，从而改变了辽东形势，为进关打开了通路。

袁崇焕，字元素，广西藤县人。以知县起用为山东按察司佥事山海监军。就职以后，整军经武，戍守宁远，准备找准时机进攻后金，图谋恢复大明疆域。在他的组织下，明军扭转了从开原、铁岭、沈阳、辽阳、广宁一路溃退的局面，多次打败后金，取得宁远大捷以及锦州大捷，使后金被阻于辽东，一筹莫展。

崇祯二年（后金天聪三年，1629），皇太极头脑中产生了一个大胆而冒险的想法：避开宁锦防线，绕道内蒙古，突袭北京，来个调虎离山，将袁崇焕"调"到北京，将他间杀。

这年十月，皇太极亲率十万大军，由蒙古人做向导，从喜峰口突入关内，连下边城，直驱京师。后金军队一面进军，一面制造流言，说袁崇焕导引金兵攻入内地，引起明廷疑忌。袁崇焕对此毫无所知，急于回师营救，先于皇太极三日抵达京师，此时后金前哨业已抵达，京师舆论大哗，都认为"崇焕召敌"，崇祯心中疑惧，不让袁军入城，只命其全权调动各路勤王之师。

二十日，皇太极到达京师东、北两面，向广渠门、德胜门进攻，袁崇焕在广渠门布阵，大败后金军队，皇太极遂放弃攻城，哀叹"十五年来未尝有此劲敌也"。

为了除掉袁崇焕，皇太极指使副将高鸿中，参将鲍承先、宁完我、达海等按计行事。高、鲍二人夜里回营，故意在俘获的明朝太监睡觉的地方耳语："今天撤兵是汗的大计。刚才看见汗单独一人，面向敌营，营中走出两人来见汗，说了很长时间的话才走，大意是，袁巡抚有密约，此事可以马上成功。"

有个姓杨的太监假装入睡，把高、鲍二人的话记在心里，第二天，高、鲍故意将杨太监放走。杨太监回到宫中，向崇祯报告袁崇焕通敌的绝密情报，崇祯信以为真，遂下诏将袁崇焕逮捕，以叛国罪下狱。

皇太极的反间计无疑是成功的，满朝上下及全城百姓都认为袁崇焕已投靠后金。而袁在辽东的行事过于高调，特别是擅杀等行为，让他结下了许多仇家。阉党余孽乘机兴风作浪，交相上奏，必欲将袁崇焕置于死地而后快。

至次年八月，袁崇焕被处以磔刑，就是凌迟处死——历史上最残忍的刑罚，千刀万剐，痛楚异常。据说行刑后，许多不明真相的人争食其肉，以解心头之恨。可怜一代枭将，未死疆场，却死于自己君上、臣僚的手中，明朝最后的股肱之臣倒下了，而明朝末年的天灾人祸即将成为压死这个庞大骆驼的最后一根稻草。

主帅被杀，部下大都星散，崇祯急令满桂总督各路援军，可满桂却不幸在永定门外战死。在明朝主将频换的情况下攻城，可以说是稳操胜券，但皇太极认识到，明虽已坍塌，可架子还在。拿下北京，将让攻明的战线拉长，对后金的力量牵制过多，有可能将后金快速拖进深渊，灭亡明的时机还不成熟。

因此，皇太极认为此行目的已经达到，对部下说："城中这群傻小子，搞定他们易如反掌，可是他们国家还很大，不是一下子就会土崩瓦解的，得到容易，守住很难，不如好好练兵，等待上天给我们机会。"遂引兵东归。

皇太极这次用间，是非常机密的，袁崇焕死后很长一段时间内，人们都一直以为他死有余辜，直到清入关后，修清太宗实录，为笼络汉人，还原历史真相，旌表节义，其清白才得以昭雪天下。皇太极间杀袁崇焕，除去了他的心腹之患，从此辽东地区形势逐渐向有利于后金的方向发展。

◇在变化中寻求机遇

老虎在狩猎时往往要潜伏很长时间，而后才给予猎物致命一击。擅长渔猎的后金民族早就从大自然的弱肉强食中学到了这个宝贵的经验。况且后金偏安一隅，长期处于弱势地位，靠实力是拼不过明朝的，只能用他们鹰隼般的眼睛去捕捉那一瞬即逝的机遇。弱小的地位教会了他们如何去等待，敏锐的头脑也让他们抓住了一次又一次战机。

无论是战略上还是战术上，后金的领导者都坚守着疾徐相为变的用兵原则。从战略上讲，战争是敌对双方共同导演的戏剧，在战争中，双方的诸多要素，如人事、后勤、器械、策略等是不以一方的意志为转移的，无时无刻不在发生着变化。这就要求军队的主帅不拘泥于成法，能够因时、因势、因地、因情、因机，随时调整部署，审进退机宜，治人而不为人治。

因此善用兵者，"主客无常态，战守无常形，分合无常制，进退无常度，动静无常期，伸缩无常势"。而具体到某一战役上，善待时机的重要意义在于灵活机动，它可以充分利用敌人的不利条件，作为自己取胜的突破口，避免自己的过多损失，变不可胜为可胜。

努尔哈赤从起兵开始，就充分利用一个个伐明的时机。尊明正朔，整整在辽东隐忍经营了三十余年，揭竿一呼，才有连下开原、铁岭之盛况。而后，他和他的继承者，将这一策略作为战略指导方针，在战场上屡屡奏功。

明朝末年党争激烈，阉党、东林党互相攻击，与此相关联的则是在情势最吃紧的辽东，将领屡次易人，有才干者少，无才干者多，甚至有里通外国者，导致辽东形势好一时、坏一时。受其影响，努尔哈赤、皇太极根据明军人事的变动，伺机而进。

萨尔浒之战，是后金对明朝的第一次大捷，对明廷来讲，不亚于一场地震。为扭转战局，也是为了平息朝野的喧嚣，明廷终于起用原御史熊廷弼经略辽东，代替丧军侮师的杨镐。万历四十七年（后金天命四年，1619）七月，熊廷弼离京赴任。此时正值开原、铁岭相继失陷之后，明朝驻辽东的军队，将多亡，兵多残弱，粮饷不足，战马疲惫，辽东百姓饱受战火摧残，哀鸿遍野。熊廷弼到任以后，紧急整顿边防，招抚流亡，严肃军纪，修城治器，设重兵于形胜之地，派游骑扰敌于经行之路，试图恢复大业。任期一年，辽东防备就面貌一新，士气重振。

辽东形势的变化，给努尔哈赤的进军计划造成了严重阻碍，但他还是存在一丝侥幸心理，认为"辽已败坏至此，熊一人虽好，如何急忙整顿兵马得来"，他熊廷弼再能干，一下子能改变局势吗？如此看来，努尔哈赤对中原王朝的情况还是有不太了解的地方。他召集诸贝勒、大臣，商议进军事宜，降将李永芳深知明军根底，劝阻道："凡事只在一人，如恼一人好，事事都好。"

待到熊廷弼任职一年后，努尔哈赤看到辽军军容整肃，八旗兵屡进屡败，才放弃了这一线希望。于是决定改变计划，先取叶赫，完成女真部族的内部统一，也好解除后顾之忧，等待时机再全力进攻辽东的明军。

机会真的又来了。正当努尔哈赤一筹莫展之时，明朝却自坏长城。在激烈的党争中，熊廷弼被廷臣排斥，受弹劾而罢官，朝廷任命"用兵非所长"的袁应泰代为经略，导致刚刚巩固的辽东防线再遭破坏。努尔哈赤捕捉到这一信息，立即发动了辽沈之战。

天启元年（后金天命六年，1621）春，努尔哈赤兵临沈阳，将沈阳团团围困。本来沈阳城非常坚固，八旗兵又善野战而弱于攻坚，如防守得当，后金几无取胜的机会。但驻守沈阳的明总兵官贺世贤有勇无谋，竟避敌所短击敌所长，以家丁千余人出城迎战，结果身中数十箭而死。被贺世贤收纳的后金谍工此时乘机起事，割断吊桥绳索，放下吊桥，引导后金军蜂拥而入，后金军不费吹灰之力就占领了沈阳。

拿下沈阳后，明辽东首府辽阳门户大开，努尔哈赤命军队向南一路狂奔，一鼓作气乘胜直捣辽阳。

以己之短攻敌之长绝不是贺世贤的专利。在辽阳，代理经略袁应泰犯了同贺世贤一样的错误。沈阳的一幕在辽阳又一次上演。先是袁应泰率军出城迎战，败入城中，混入队伍的后金间谍又乘乱焚烧城内草场、火药库做内应，内忧外患之中，明军付出了惨重的代价，最后兵败城陷，袁应泰自缢而死。

明朝辽、沈失陷，情势更加危急，不得不再次起用熊廷弼经略辽东军务。明廷这次似乎吸取了教训，对熊廷弼格外优礼，不仅赐给他麒麟服，还给他佩上尚方宝剑，希望他以一人之力扭转辽东局势。但令人失望的是，依附阉党、"素不习兵"的王化贞同时也被任命为广宁巡抚。李永芳说凡一人好，事事都好，这回有了姊妹篇，凡一人坏，则事事都坏。此人以兵部尚书张鹤鸣为靠山，完全不将熊经略放在眼里，导致辽东经抚不和，埋下了失败的祸根。

熊廷弼根据后金军的兵力特点，主张固守广宁，以守为战，这是一条正确的道路。王化贞却自大轻敌，坚持速战。两人各执一端，无法达成共识。朝廷也为此争论不休。王化贞属阉党，熊廷弼则属于东林党。内阁为阉党把持，党护王化贞，东林党则抨击魏忠贤。正当两党为了各自的利益在朝廷上剑拔弩张之时，努尔哈赤已做好了进兵的准备。

努尔哈赤听说熊廷弼复职，心里还是有点惧怕的。所以在夺取辽沈后，并没有轻取广宁。而是多派间谍，探察明军动静。当得知辽东经抚不和，熊廷弼受朝廷牵制，并没有发挥多大的作用，辽东防备根本没有什么改观后，终于决定出兵广宁。

天启二年（后金天命七年，1622）正月，后金兵西渡辽河，在西关堡同辽军守将熊一贵展开激战，熊一贵的兵力很少，根本不是后金军的对手，而主张速战的王化贞却龟缩广宁，在熊廷弼的紧急催动下，才派兵增援，结果中途又兵败沙岭，熊一贵得不到增援，以寡击众，虽奋死抗击，而终于矢尽粮绝，最后只好自杀殉国。

这场战役，在熊一贵的坚决阻击下，后金军虽以胜利告终，但也遭受到了严重创伤，已不敢轻易前行。不料明军后院起火。王化贞的心腹爱将孙德功从沙岭败退后，和后金暗通款曲，已决定向后金献城邀功。王化贞不知道，仍让他承担守城重任。孙德功马上堵城门，封银库、火药库，王化贞差点成了瓮中之鳖，在参将江朝栋的帮助下，才得以脱逃而出。

广宁失陷，明廷应负用人失误之责，但却将一切罪责推给了熊廷弼。可怜熊廷弼一生赤胆忠心，未能洒血疆场，被处死之后还要传首九边。

努尔哈赤占领广宁后，以此为中心，四出袭扰，连下明城，势力达到起兵以来的最高峰，逐渐逼近山海关。

面对后金的进攻，明朝不得不重新选派人员，袁崇焕以其对战阵的熟悉及远见，被破格起用，并得到兵部尚书孙承宗的赏识。后孙承宗代替消极防御、主张退守山海关的王在晋为辽东经略，二人成为很好的一对搭档。袁、孙二人戍守宁远，徐图进取，使辽东前线前伸二百余里，并筑宁远城，使其由弃土变为关外重镇。短短一年有余，辽东形势大有改观，"层层布置，节节安排，边亭有相望之旌旗，岛屿有相连之舸舰，分合俱备，水陆兼施"。

辽东局面稳定了，明廷中的奸宦又开始活跃起来。不久，孙承宗被罢去，阉党高第代为经略。他一到辽东，就下令尽撤关外戍军退守山海关，袁崇焕虽力争，但迫于权势，无法扭转局面，只有以身许国，坚守宁远不撤。

努尔哈赤夺取广宁后，又等了一年有余，终于等到了孙承宗被罢、宁远孤悬的时机。天启六年（后金天命十一年，1626）正月，努尔哈赤率诸王大臣，统率十三万大军，进攻宁远。不料这次他却打错了算盘。袁崇焕虽孤军在外，无援兵可恃，但励精图治，将宁远守得固若金汤，努尔哈赤所依赖的间谍人员无法进入，自然无法从内部攻破。况且攻城非其所长，袁崇焕又坚守不出，努尔哈赤就没有多少胜算了。

二十四日，后金军开始攻城，一部以箭矢仰射城上，一部在城墙火力薄弱处凿城，明军则以西洋大炮、铁铳下击，后金兵死伤惨重，凿城者的尸体堆积城下，惨不忍睹，好不容易凿开的三四处城墙，也很快就被明军夺回了。

在明军大炮的乱射中，努尔哈赤的大帐也被炮火击中，努尔哈赤受了重伤。统帅受伤，危在旦夕，后金军只有从宁远退兵。宁远之战成了努尔哈赤耻辱的见证和人生的终结，为这位枭雄留下了令人唏嘘的人生败笔。宁远战后不久，努尔哈赤就去世了。

宁远的失败是冷兵器时代的谋略在遇到热兵器投入使用后发生的不可逆转的失败，明军大炮的使用，已使双方力量对比发生了变化。同时，努尔哈赤也遇到了强有力的对手袁崇焕。这也为后来皇太极间杀袁崇焕留下了伏笔。

皇太极登上汗位后，后金社会业已出现一系列亟须解决的问题，民族矛盾、阶级矛盾、统治阶级内部的矛盾非常尖锐，经济上由于明朝停止了后金的朝贡和互市，又遭受严重天灾，处于极其穷困的境地。

　　要解决这些问题，非假以时日不可，为了争取时间，皇太极打出同明朝议和的旗号，以储备力量，待机而动，进取中原。他通过朝鲜、蒙古和明的官吏不断向明朝政府转达后金求和的愿望。

　　此时明守将高第被免职，袁崇焕因功升任辽东巡抚，为了休整军队，修葺城池，也主张议和备战。早在努尔哈赤死时，他就借吊丧之机派人向皇太极发出求和信号，两人一拍即合。崇祯二年（后金天聪三年，1629），皇太极在给袁崇焕的信中，做出了让步，提出去掉天聪年号，奉明朝正朔。

　　但皇太极的目的并不是真的议和，他深知明朝出于"君临天下"的心理，是不屑于与一个曾经附属于自己的蛮夷之邦和平共处的。它只是一种策略，意在大捞政治声誉，收揽人心，稳住明朝辽东军队。就在高喊议和口号的同时，他大力修整武备，五次进关袭扰，掠夺人民、财物，运往辽东，借以恢复势力，消耗明朝国力。

　　崇祯二年（后金天聪三年，1629），皇太极一面议和，一面采用跳岛战术，直逼北京，间杀了袁崇焕。

　　崇祯七年（后金天聪八年，1634），皇太极再次入关，攻打宣府、大同两大拱卫京畿的重镇，抢掠大批人口、财物后，便退回沈阳。

　　崇祯九年（清崇德元年，1636），皇太极定国号为清。他又发动了第三次攻明。清军围绕北京，遍蹂畿内，掠十八万人畜，由冷口安然返回。

　　这几次入关都是在京畿一带攻掠，并无深入。崇祯十一年（清崇德三年，1638）第四次入关，则由京畿踏入河北、山东，转战半年之久，极大地消耗了明军的有生力量，掠获人畜四十六万二千余，黄金四千余两，白银九十七万七千余两，中原民生涂炭，后金则大发了一笔横财。

　　崇祯十五年（清崇德七年，1642），清军在辽东攻下松山、锦州，俘明辽东守将洪承畴、祖大寿。

　　这时，腐朽的明王朝在李自成起义军的打击下已经摇摇欲坠。明统治阶级欲勾结满人共同镇压农民军。崇祯帝授权兵部尚书陈新甲派马绍愉前往关外，同皇太极谈判，并带回议和条款，结果事情不慎泄露，全朝哗然。崇祯为了推卸责任，处死陈新甲，导致议和破裂。皇太极见议和未成，为了进一步向明统治者施加压力，于是派兵入关，深入畿南，转入山东，俘人口三十六万，掠牲畜五十万头。

清军五次入关，但并未在关内占有尺寸之地，那是因为辽东重镇山海关犹在明朝手中，有此关在，清军入关便有后顾之忧，而皇太极的目的不在土地，而在于掠夺人财，骚扰敌国。他在等待时机，取下山海关，方作夺地打算。但机会到来时，皇太极已无福消受了，责任便落到了辅佐小皇帝福临的摄政王多尔衮的肩上。

崇祯十七（清顺治元年，1644）年，李自成大军攻入北京，明朝灭亡，明山海关总兵吴三桂处于义军和清军的势力夹缝中间，处境窘困。他要保全自己的既得利益，就必须在两者之间做出选择。

这时农民军的决策出现了失误，对地主阶级的镇压过于激烈，特别是连山海总兵吴三桂在京的老父吴襄、爱妾陈圆圆等也饱受凌辱，这无疑让吴三桂萌发了仇恨之心。

清统治者则趁机发动攻心之术，让早已被清俘降的吴三桂的舅父祖大寿以及旧日上司洪承畴去信劝降，多尔衮也亲自致信吴三桂，提出与吴三桂合作，共同进攻李自成，为明朝君父报仇。

五月十八日，李自成亲率二十万农民军开赴山海关，二十四日包围了关内城镇山海城，又出奇兵二万骑，从山海西一片石出口，东突外城，进抵关门，切断了吴三桂与关外的通道。吴三桂处于被围的困境，处境十分危险。左右为难的吴三桂经过权衡，终于向清伸出橄榄枝，回信多尔衮，请求"幸王速震虎旅，直入山海"。

二十六日，清军抵达山海关，在一片石击溃农民军，吴三桂乘机炮轰农民军，突破包围圈，与清军会合，打开关门迎清军入关。号称"天下第一关"的山海关，就这样落入清军之手。清军前无障碍阻隔，后方也再无干扰势力。从此清军长驱直入，开始定鼎中原的辉煌时期。

努尔哈赤和他的后继者们巧妙地利用了对手内部的危机寻找战机，既减少了兵力的消耗，也充分发挥了其军队善于野战短于攻城的特点，尽量避免攻坚战，而是努力从内部攻破，基本上达到了不战而屈人之兵的目的，从而保存并扩大了实力，逐步从弱变强。

仰承天命，以汉制汉

仰承天命，吊民伐罪，仍然脱离不了"兵以义动"这一命题，即为自己的行为取得合理合法的解释，最大程度争取民心，分化瓦解敌人的力量，将敌对的力量转化为自己的力量。在同明朝争夺辽东的过程中，后金统治者大力争取汉族的将领、官员等投身于自己帐前，以供驱策，其中范文程、宁完我等贡献最著。

在以明朝为讨伐对象时，后金打出了声讨"十三大罪"的旗号。在完成辽东的统一后，清军在入关策略的选择上，也主要以争取一切反明的力量为旨归。为团结一切可以团结的力量，在李自成占领北京前，清帝曾致书于起义军首领，称"欲与诸公协谋同力，并取中原。倘混一区宇，富贵共之矣。不知尊意如何耳"，意在探听义军虚实、意向，寻求合作对象，但一直没有得到回音。

顺治元年（1644）四月初四，大学士范文程上书摄政王多尔衮，提出"我国虽与明争天下，实与流寇角也"，意思是形势已发生变化，大明朝的灭亡指日可待，已经不再是他们的对手，必须适时调整战略方针。战略方针变了，就要制定配套的方略。在范文程的指导下，大清顺利完成了战略转移。

不久，消息传来，李自成攻占了北京，崇祯皇帝在煤山自缢身亡，成为亡国之君。农民起义军作为大清争天下的对手，已经走上了前台。

这个对手如何呢？知己知彼，方能百战不殆。范文程对起义军的情况进行了分析，指出起义军"虽拥众百万，横行无惮"，但也存在致命的缺陷。其败道有三："逼殒其主，天怒矣；刑辱搢绅，拷劫财货，士忿矣；掠人资，淫人妇，火人庐舍，民恨矣。"逼死了皇帝，违逆了天意，而任意凌辱士绅阶层，又触怒了整个社会的中坚力量，到处杀人放火，引起老百姓的痛恨，可谓是天怒人怨。如果利用汉族各阶层对起义军的不满情绪，"声罪以临之，恤其士夫，拯其黎庶。兵以义动，何功不成"，即声讨起义军的罪过，抚恤明朝的士大夫，拯救黎民百姓，树起正义的大旗，是一定可以成功的。

摄政王多尔衮采纳了范文程的建议，范文程受命起草檄文："义师为尔复君父仇，非杀尔百姓，今所诛者惟闯贼。吏来归，复其位；民来归，复其业。"意思是：我们是正义之师，是来为你们报仇的，我们的目的是吊民伐罪，消灭李自成等不义之师，谁来归附，我们都会好好安置。以正义之名义打扮一番后，四月九日，多尔衮亲率大军正式开始了逐鹿中原的战争，也开启了大清帝国 268 年的统治。

◇变抄掠之暴为吊伐之仁

明朝灭亡后，一批残余力量在南京组办了弘光小朝廷，"示天下以必报仇之义"，准备进军关内的清统治者很快就捕捉到了这一信息，立即打出"为崇祯复仇"的旗帜，"变抄掠之暴为吊伐之仁"，把一场不正义的攻袭战争变成了正义的讨伐战争。凭借这种策略的转变，一开始就拉拢了吴三桂，取得了入关通道。

四月二十二日，清军、吴三桂军在山海关大破李自成起义军，乘胜长驱而入，所到之处，皆在迎降。清军不费一兵一卒就进入了北京，北京的大批明朝官僚，包括曾经向起义军投降的高官显宦，纷纷调转头来，拜倒在多尔衮的膝下。他们被清王朝的谎话和利禄迷住了双眼，称清军为"仁义之师"，赞颂清军"仰承天命，吊民伐罪""圣人出而解民悬"，好像清军是来救苦救难的。

清朝更是在北京为崇祯发丧，造陵墓，令官民服丧三日。

清朝的策略不仅迷惑了明朝的官民士绅，也迷惑了南京的弘光政权。南明弘光政权对清朝入关追杀义军以及"为尔复君父仇"的主张持欢迎态度，丝毫也没有意识到威胁的存在，甚至寄希望于清军。

吴三桂勾结清军入关击败李自成的消息传到南京，南明统治者急忙晋封吴三桂为蓟国公，感谢他借师助剿，并准备运米粮北上犒师。史可法甚至还致书清朝说：现在李自成尚未伏诛，据说已跑到陕西一带了，还想卷土重来，他不仅是本朝的仇人，也是贵国除恶未尽的隐忧，恳请让我们同仇敌忾，有始有终，共同向陕西进剿，杀了他的头，以泄天恨。同时表示愿与清军联合镇压义军，不与清朝为敌。

事实证明，这只是一厢情愿。

清朝定都北京以后，开始准备下两手棋，一方面是发兵山西、河南，让起义军腹背受敌，一方面是控制住四川，然后次第统一东南，定下了统一全国的战略方针。清朝对南明政权手中的土地已志在必得。

顺治元年（1644）十月，清廷一面派和硕英亲王阿济格为靖远大将军，统军进攻陕甘等西北地区的李自成起义军，一面决定派和硕豫亲王多铎率师南下，前往征伐弘光政权。

十月三日，清军攻陷太原，李自成被迫向河南出击，集中优势兵力，攻占了济源、孟县两城，给清军以很大创伤。

清军感觉到了李自成的强大实力，决定暂时放下弘光政权，集中兵力，对李自成全力而战。南明弘光政权的妥协态度，为清朝提供了良好的条件。

十月二十二日，清廷命豫亲王多铎在征伐南明的行军过程中，顺路征剿起义军，计划是：如果征剿顺利，就仍按原定方案，直接进军南京；如果起义军听到消息逃跑了，就改变行军路线，跟踪追击，进军西安，和英亲王大军配合，"合力攻剿"，最终消灭起义军。

顺治二年（1645）正月，清军基本上打败了西北地区的李自成军；二月，多铎回兵河南，开始征伐南明。

南明弘光统治者仍然做着割地、纳金议和，从而维持半壁江山的美梦，再加以内部纷争，根本未采取防卫措施，除史可法等死战外，其余纷纷倒戈，南明弘光小朝廷迅速灭亡。顺治二年（1645）六月八日，清军占领了南京。南明一大批官僚，冒着滂沱大雨，成落汤鸡状跪道边迎降，斯文扫地。

清朝改南京为江宁府，以此为中心，继续向南推进，扫荡各地的抗清武装和明朝残余势力。

◇以明降将为征讨中原先锋

随着进军中原计划的实施，后金（清）面临着兵员紧张、人才缺乏的局面，因此必须解决好用人问题，以适应大规模战争的需要。满族军队只擅野战且人数较少，汉族官兵则"谙水战，习地利"，正好可以弥补满兵的不足。

后金（清）对明朝将领的大规模招降活动开始于皇太极，皇太极即位以后，在同明朝的战争中，就将对汉族将领的招降、利用放在了重要地位。其中以孔有德、耿仲明、尚可喜等"三顺王"以及吴三桂、洪承畴最为著名。

明朝辽东将领内部纷争非常激烈，许多有抱负的将领都受到压制和排斥，孔有德、耿仲明、尚可喜就是在这种情况下投奔后金的。皇太极给予他们很高的礼遇。崇祯六年（后金天聪七年，1633），孔有德、耿仲明来降，皇太极亲率诸贝勒出沈阳德盛门十里至浑河岸迎接，设黄幄谢天，行满洲久别重逢的"抱见礼"，随后又携二人登楼赐大宴，亲自为他们斟酒表示慰问。

关于孔、耿二人的安置问题，皇太极也煞费了一番苦心。封孔有德为都元帅，耿仲明为总兵官，享有后金汉官的最高爵位子爵。所属军队独立建制，不隶旗籍，称为"天祐军"，其旗纛以白镶皂，有自行选用将领的特权，只有杀人或用兵才需要报告。在补给上也尽量优先，命诸贝勒及其以下官员献马给孔、耿和他们的部将，并且在青黄不接的情况下，保证孔、耿军队的粮食补给。尚可喜归附后，亦同此办理，其军称"天助兵"，以皂镶白为旗纛。

崇祯九年（清崇德元年，1636），皇太极接受尊号为皇帝，孔有德被封为恭顺王，耿仲明被封为怀顺王，尚可喜被封为智顺王。

崇祯十三年（清崇德五年，1640），清军围攻锦州，孔、耿、尚三人参与了此战。

崇祯十五年（清崇德七年，1642），清军在松锦大败明军，擒获了蓟辽总督洪承畴并再擒降而复叛的祖大寿。

祖大寿先被清军擒获，表示归附，以妻子儿女尚在锦州，须前往接取为由，回到锦州，结果一去不返，仍受命明朝守明边关，至此次被俘已有十余年。

祖大寿再次被俘后，许多大臣以其背信弃义为由，纷纷要求将其处死。皇太极不改初衷，好言相劝，使祖大寿深为感动，诚心诚意归顺了清朝。

祖大寿乃吴三桂的母舅，清朝对他的优厚待遇也一定程度地影响到吴三桂的决策。

洪承畴被俘后，起初坚决不降，皇太极派范文程前往劝降，说之以理，又派宠妃送酒于他，温文婉言，动之以家庭之念，皇太极还亲往看望，为其披貂裘御寒。洪承畴终于被感动，变节投敌。皇太极当即颁赏，令宫中演百戏以示庆贺。

洪承畴这般待遇自然引起了诸将的不满。皇太极解劝说："我们这些人栉风沐雨，究竟为了什么？"诸将答："想得中原。"皇太极遂说："拿走路来说，你们都是瞎子，现在得到一个引路的，我怎么能不快乐呢！"一语道破天机。

但汉将的作用不仅如此。

顺治元年（1644），清朝收降吴三桂，长驱而入北京，接着以满、汉军队进攻西北义军，李自成遇难于湖北通山县，大顺军退往湖南。不久南明弘光政权也灭亡了，清朝几乎控制了大半个中国。

清朝感觉到进军的顺利，遂一度将不是很信任的汉将放置一边，调孔有德、尚可喜、耿仲明、吴三桂等驻守此时毫无战略价值的辽东。直到顺治三年（1646），各地反清起义如火如荼，南有永历政权，西有大西军。清八旗军已不足以在战场上调动，于是重新命令孔、耿诸人率军南下，而且不再随旗运动，单独负有各方大权。

顺治三年（1646）初，清统治者派遣肃亲王豪格和吴三桂诸军，南下汉中，准备进攻四川张献忠大西军，张献忠即率大军北上，不幸在西充凤凰山被叛徒出卖，和清军相遇，被箭矢所伤，英勇牺牲。大西军失去统帅，大部溃散，余部在李定国、孙可望等率领下，强渡长江，转战贵州、云南。

顺治四年（1647）初，孔有德、尚可喜、耿仲明率清军进攻湖南。三月陷岳州，接着夺取长沙，九、十月间，孔有德破祁阳，陷宝庆，进攻永历政权驻地武冈。与此同时，明降将李成栋率清军由广州沿珠江进入广西，一直打到桂林，但由于后方被义军袭击，郝摇旗率大顺军余部趁李成栋回援之机，进入桂林，在全州大败清军，于是清军退回湖南。

顺治五年（1648），清以平西王吴三桂建藩汉中，进攻四川。次年改封孔有德为定南王，耿仲明为靖南王，尚可喜为平南王，进攻湖南、两广。洪承畴则经略南京，稳定南方局势。

孔有德、耿仲明、尚可喜攻入广东，不久耿仲明因部将包庇逃人，被召入京，因惧罪自杀而死，其子耿继茂袭封靖南王，履行其父职责。孔有德战死后，耿继茂、尚可喜继续在广东镇压抗清斗争。吴三桂则在四川同大西军展开拉锯战，逐渐占领四川。

大西军余部联明抗清以后，由于地主阶级的挑拨离间，主要将领孙可望、李定国之间矛盾不断激化。孙可望利欲熏心，妄想称帝，屡次威逼永历帝，并千方百计谋害李定国，致使大西军实际上分化成两支力量。顺治十二年（1655），清统治者调任富有军事经验和剿抚农民军经验的洪承畴，"经略湖广、广东、广西、云南、贵州等处地方，总督军务兼理粮饷"。

顺治十四（1657）年，孙可望以"清君侧"为名，发动叛乱，进攻李定国，双方战于曲靖交水。孙可望众叛亲离，部下纷纷倒戈，不得已投奔了清朝，将大西军的全部军事机密都献给清王朝作了见面礼。清统治者看到机不可失，遂发起总攻。

顺治十五年（1658）三月，清军分三路进攻贵州：

中路主力以靖寇大将军罗托和洪承畴为首，从湖南向西推进；

西路以平西王吴三桂和定西将军李国翰为首，从四川向南推进；

东路以征南大将军卓布泰为首，从广西向北推进。

三路军由信郡王多尼全权统率。

清军压境，李定国却还在滇西弹压孙可望残部的叛乱。直到清军连下遵义、贵阳、独山等数城，才从滇西回师，设防于盘江。

十二月，清军经过充分准备，三路同时进军。北路吴三桂从遵义小路攻天生桥，抄袭大西军后路；中路直趋水西，攻陷曲靖；南路卓布泰大败李定国主力于罗炎、凉水井。李定国军死伤众多，退回昆明。

十二月十五日，永历帝西逃，吴三桂率清军穷追不舍，在滇西磨盘山，再次大败大西军，李定国撤往孟艮，永历帝逃入缅甸。

两年后，吴三桂率军入缅，擒永历帝，南明最后的政权覆亡。李定国闻信，忧愤交加而死。大西军就地遣散。抗清队伍被满汉地主阶级联合绞杀了。

其他地区，清政府也多以汉族将领进行征抚。如张存仁招抚晋、豫、浙、闽等地，后被授以直隶、山东、河南总督，孟乔芳为陕西总督，招抚陕西各地，镇压回民起义。

清朝统治者利用汉族降将镇压抗清斗争的做法，加强了军事力量，减轻了其遭受到的军事压力，将汉族的刀枪引到汉族的身上，清朝统治者入主中原的过程很大程度上就是汉族内争的过程。同时，以汉族将领进行招抚，可以避免华夷观念的直接冲突，又可以起到榜样的号召作用，南明政权及义军将领的纷纷归顺就是明证。

◇ 礼待故明宗室、降官

对明朝的宗室、降官采取优待政策和"为崇祯报仇"的口号有异曲同工之妙，它的主要目的是分化抗清阵营，同时又可以利用汉官迅速巩固在全国的统治，为政权的顺利交接准备条件。

顺治元年（1644）五月三日，多尔衮进入北京的第二天，立即谕令兵部：有归顺的朱姓诸王，不夺王爵，仍给予原有待遇。几天之后再次谕令兵部：有朱姓诸王归顺的，仍照原来待遇，不改变也不削减。

这两条谕旨发出之后，大同总兵姜瓖立即派长史司察看山西幸存的穷困宗室数百人，发给口粮，让他们骨肉团圆，并拨给土地，使其自种自食，过上稳定的生活。

姜本为明降将，对明朝较有感情，自然感激清对明宗室的优待而仇恨义军，因而愿意为清服务。

多尔衮制定了优待政策，他也努力将之付诸实行。

六月，明宗室朱帅𨰥于德州向多尔衮投诚，多尔衮任命他为保定知府，以示优宠。

八月，赏明周皇后父嘉定侯周奎缎百匹，银百两；赏晋王朱审烜及王妃范氏等银两若干。

九月，赏清入关前就已被俘的明宗室朱颁住房以及日用品。

顺治二年（1645）六月，多尔衮又下令赡养明代诸王的后裔。

多尔衮对明皇室的庄田也优待处理。

顺治元年（1644）七月，多尔衮下令：明宗室的赡田仍旧，这是朝廷恩准的，不许官吏、土豪侵占，各地官员要加以照顾，不许惹是生非。虽然在实际操作上只是保留皇帝赐田的一少部分以及自己所置之田，但即使如此，相对于全部土地都散入农民之手也要强上百倍，而且清朝的支持和保护，更是对他们的施恩，显得清朝皇恩浩荡了。

顺治三年（1646）以后，由于明降官的挑拨以及各地拥明藩王起义的蓬勃展开，多尔衮对明后裔的政策渐趋严苛，一批批明宗室被杀，闹得明宗室鸡犬不宁，或死或逃，其中自有跟随义军起事者。顺治八年（1651）正月，顺治亲政后，对此政策进行了调整。

他下旨说："现在我亲政了，代表天来养育百姓，一定要让天下百姓都不流离失所，难道前明的宗室后裔就不在养育之列吗？从今以后，各省有亲王、郡王流落的，各省督抚要考察其是否归顺，有无功次，并将其全家送到京城来，予以赡养。凡爵位在镇国公、将军以下的，不用送来，仍在原籍编入户籍，和百姓一体纳税当差。"

将诸王、郡王迁入京中，既有利于监督，又有爱养之意，至于镇国公以下，本来就没有多大号召力，将其稽查编籍，在基层里，地方官就可以随时监察了。

明朝处于封建社会晚期，形成了完备而庞大的官僚统治体系。清代明而立，要确立在全国的统治，保证官僚机器的正常运转，全部摧毁重建是不可能的。况且清朝统治者的文明开化程度以及统治民族的人力资源的数量和素质也不允许。最有效的办法就是利用明朝归顺的官员，假以官位禄赏，予以监督，使其为自己服务。

清朝统治者进入北京之后，对明朝官吏广为招徕，官仍当官，民复其业，选拔人才，对孤苦无依者予以抚恤。下令明朝各衙门官员，俱照旧录用，"其避贼回籍，隐居山林者，亦具以闻，仍以原官录用"。即使投降"流贼"者，如系被迫而为，有愿归顺者，"仍准录用"。

在这种政策下，明末派系纷争中争权夺利的汉族地主阶级竟然放弃了门户之见，都在清廷找到了自己的位置。

原明朝大学士冯铨本系阉党，早已臭名昭著，降清后仍以大学士原衔佐理政务，并担任顺治三年（1646）"会试"的总裁官。

原依附东林党的陈名夏也心甘情愿地当上了吏部尚书、弘文院大学士。

富有嘲讽意味的是，和他们一起共事的，还有参加过李自成义军的牛金星父子，可谓"群英"荟萃，共效清朝了。

清朝对明朝官员除以原官留用外，还准许现任官员举荐，作为选拔任用的依据。

清朝任用降官的规模很大。顺治二年（1645），多铎攻入南京以后，一次就任命了江宁、安庆巡抚以下降官三百七十三人。

清朝任用汉官治理汉人的方针亦为康熙所继承。康熙九年（1670），命有司举荐"山林隐逸"之士，即那些不愿入朝为官的明朝遗老，并张布告示："凡山林隐匿，有志进取者，一体收录。如有抗节不到，终身不得予试。"

威胁加利诱，一批"隐逸"者，相率而至。时人诗云："圣朝特旨试贤良，一队夷齐下首阳。家里安排新雀帽，腹中打点旧文章。当年自惭抛周粟，今日幡然食国粮。非是一朝忽改节，西山薇蕨已精光。"

清朝优待明宗室、降官，是基于社会状况和历史实际的非凡举措，这需要一种不计前嫌的度量，一种冲破民族狭隘观念的勇气。特别是后者，足以困扰一个民族政权的政策决策。清王朝做到了这一点，即使是不得已而为，也难能可贵，更何况它是智慧的结晶。事实证明，清王朝的巩固和发展，离不开文化程度较高、具有汉族社会伦理观念的汉人的支持。

◇ 尊孔与薄赋

尊孔和薄赋，一个是精神层面，要实现文化观念认同；一个是物质层面，要让老百姓得到实实在在的利益。

以孔子为代表的儒家思想，长期以来一直是封建地主阶级的统治思想，因而孔子又被历代封建统治者奉为神圣的偶像。

鲁迅曾言，汉族地主阶级"只要尊孔而崇儒，便不妨向任何新朝俯首"。因此满族统治者对孔子的态度，也就关系着汉族地主阶级的向背问题。

入关以前，清王朝就推行尊孔崇儒的文化政策。皇太极未称帝以前，就从八旗奴仆中挑选汉族秀才举行考试。他本人也酷爱传统典籍，尤喜读《金史》，甚至将它作为学习统治经验的教材。皇太极称帝后不久，即"遣官祭孔子"，表明了自己的文化立场。

清军进入北京以后，摄政王多尔衮立即派官员到山东祭孔，接着又让孔子的后人"仍袭封衍圣公"。顺治二年（1645）又为孔子上封号"大成至圣文宣先师"，多尔衮亲往曲阜拜谒孔庙。

这些政策对于攻破汉族知识分子的心理防线起了重要作用，后成为清王朝的一贯政策。

广大的农民除了重视传统的文化观念、民风民俗以外，更关心衣食饱暖。清朝一入关，就立刻考虑农民的需要，宣布减免赋税。

顺治元年（1644）六月十日，多尔衮下令："大兵经过之处，田地被伤者，免今年田赋之半，河北各府州县免三分之一。"

鉴于明朝为镇压农民起义和防卫辽东增加了很多税收名目，如辽饷、练饷等，十月，又宣布"地亩钱粮俱照前朝《会计录》原额。自顺治元年五月初一日起，按亩征解。凡加派辽饷、新饷、练饷、召买等项，悉行蠲免。其大兵经过地方，仍免征粮一半。归顺地方不系大兵经过者，免三分之一"。

为防止官吏营私舞弊，又于顺治六年（1649）颁刻"易知由单"，开列应征款项，发给交税人。多征者，准允告发。

清朝的轻徭薄赋政策，是对汉族农民和地主采取的妥协措施，意在缓和明末以来尖锐的阶级矛盾，保证一定程度的财政支持。

但实际上，由于清初财政困难和大规模的军事行动，再加之百姓逃亡，这项政策只停留在口头上。

如河南，"王师屡出，河工告急，派粮料、派梢草，转运数百里之外，其一二仅存之孑遗，困于征输，颠仆道途，憔悴家室者，不知其几何矣"。

但有政策总比没有政策强。

为缓和矛盾，解决军费问题，清廷决定招抚流亡，开垦荒田。

顺治六年（1649）四月，下令凡各地逃亡的百姓，无论是否本地人，都要广加招徕，编入保甲，让他们安居乐业，同时勘察本地无主荒田，州县官发给他们印信执照，让他们开垦耕种，永远归他们所有。种满六年之后，有关官员要亲自考察具体种熟的亩数，调查确切之后，经请旨允许，才能征收钱粮。未到六年，不征粮，不派差。顺治十四年（1657）又实行官吏督垦荒地奖惩制度。

鼓励垦荒政策，有利于社会经济的恢复，为统一全国以及平"三藩"准备了物质条件。

第
三
章

CHAPTER 3

盛世的文韬武略（上）

康、雍、乾三朝，是清代的鼎盛时期，这一时期，清王朝定鼎中原渐久，民族矛盾日趋缓和，社会经济得到恢复和发展，统一的中央集权日益巩固，被称为"康乾盛世"，成为中国历史上少有的几个盛世之一。

"康乾盛世"的取得，是和康熙祖孙三代的文治武功密不可分的。康熙、雍正、乾隆三帝都是有才能而又有作为的皇帝，他们在位期间，都采取了有利于统治的措施，表现了丰富多彩的韬略艺术。

纵观康、雍、乾三世，三人的主要策略有继承，有发展，有变化，依客观形势而定，有很强的现实感和创新意识。

储位之争

在封建社会里，皇位至高无上，永远闪耀着迷人的光环，人们一旦踏进这层神秘的地带，都会不知不觉地为之流汗、流泪、流血，甚至献出生命。这固然是由皇位的至尊性和排他性决定的，而皇帝的敏感特质也是造成这一现象的重要原因。

为夺帝位、保帝位而进行的争斗厮杀亦成为历史中一个不可忽视的部分。三国魏有"七步诗"；唐有"玄武门之变"；明有"靖难之役"，更有"梃击案"。大事纷纭，小事则数不胜数。

清代在入关以前，残酷的宫廷斗争就已开始，清朝的奠基者努尔哈赤曾经幽弟杀子以捍卫汗权。此后纷争不断，直到雍正确立"秘密立储"制度，夺位之争才渐渐平息，但维护皇权的斗争仍在继续。

◇从称汗到称帝

努尔哈赤起兵时，女真社会尚处于军事民主制阶段。随着统一女真的战争逐渐展开，这种体制越来越不适应集权的需要，努尔哈赤与其胞弟舒尔哈齐的矛盾日益激化。

舒尔哈齐在建州女真，一直是作为仅次于努尔哈赤的第二号实权人物出现。他拥有自己的部众和财产，其势力、名望与努尔哈赤不相上下，明和朝鲜亦常将二者并称。

这种情况常使二者在决策上发生分歧，舒尔哈齐经常不服从努尔哈赤的命令，使努尔哈赤的地位受到极大的威胁。努尔哈赤为加强汗权和军队的统一指挥权，就必须削夺其弟的权力。

这必须一步一步来。

万历二十七年（1599），建州女真兵征哈达，努尔哈赤当众斥责舒尔哈齐，使其名声受损。

万历三十五年（1607），努尔哈赤以舒尔哈齐在乌碣岩战斗中不服从命令，未能多数斩获为由，命将其部将常书、纳奇布论死，后在舒尔哈齐的恳求下，才以罚常书银百两、夺纳奇布所属牛录告终。

从此以后，努尔哈赤"不遣舒尔哈齐将兵"，削夺了他的兵权。

万历三十七年（1609），舒尔哈齐愤而移居黑扯木，被努尔哈赤发现，将他拘留，没收其财产，杀死他的儿子阿布什，又将其部将武尔坤用火烧死。

两年后，舒尔哈齐在幽禁中离开了人世。

舒尔哈齐死后，汗权暂时得到统一，但体制问题不解决，对汗位的争夺和对权力的分割永远存在。

努尔哈赤的长子褚英，在万历四十年（1612）受命开始主持政务，为继承汗位做准备，但很快引起了四大贝勒的反对。

四大贝勒代善、阿敏、莽古尔泰、皇太极，各为旗主贝勒，握有军队，拥有权势，纷纷觊觎汗位。他们勾结五大臣安费扬古等，诋毁褚英，说褚英心术不正、用心褊狭，造成四贝勒与五大臣不和，威胁他们的生命安全。努尔哈赤为了内部稳定，不得不改变褚英继承汗位的初衷，夺了褚英的兵权。

褚英对此极为不满，便乘其父出征之机，焚表告天，诅咒其父、诸兄弟，后被告发。努尔哈赤于万历四十一年（1613）将其幽禁，两年后才下了决心将其处死。

努尔哈赤为了汗位的顺利过渡，做出了痛苦的抉择，然而汗位之争并没有因褚英之死而稍有平息，反而愈加激烈。

四大贝勒中的代善、皇太极，四小贝勒中的多尔衮最具有竞争力。其中代善过于仁柔，多尔衮子凭母贵，皇太极则为人狠辣，在性格上先占上风。

第一个要对付的是代善。

皇太极先通过努尔哈赤的小福晋德因泽告讦代善与大福晋有暧昧关系，使努尔哈赤疏离代善，又夺其一旗部众，使代善失去了与皇太极竞争汗位的资格。

下一个就是多尔衮。

多尔衮年幼，全靠其母支持。努尔哈赤死时，诸王假造遗言，胁迫其母自杀殉葬。失去母怙的多尔衮如同一棵野草，也就无力争位。

汗位当然属于皇太极。

天启六年（后金天命十一年，1626），努尔哈赤死，皇太极继位。

当上大汗的皇太极马上遇到了一个新的问题。因为按照努尔哈赤生前的安排，新汗要和八和硕贝勒共同执掌大权，军国大事要集议而行，特别是要和代善、阿敏、莽古尔泰三大贝勒共理国政。

皇太极岂能甘心？而且，"共治国政"显然已不符合后金政权之现实需要，特别是皇太极与三大贝勒间冲突不断。皇太极的身体里不愧流着努尔哈赤的血液，努尔哈赤与舒尔哈齐兄弟相残的一幕再次上演。

崇祯三年（后金天聪四年，1630）七月，皇太极以阿敏由关内败归，失遵化四城为由，将其幽禁，不久阿敏死去。

崇祯四年（后金天聪五年，1631），又借故将莽古尔泰革去大贝勒衔，夺其五牛录属员，罚银万两，莽古尔泰气愤而死。

崇祯八年（后金天聪九年，1635），在自己势力已经相当强大，大汗的地位得到巩固的情况下，皇太极又对大贝勒代善开了刀，在诸贝勒、大臣的会议上，列举代善"轻蔑"国主的过失，并以退为进，宣称自己将杜门别居，不再为汗，要诸贝勒、大臣另举"强有力者为君"。

皇太极使出这一手，显然是在当时的情况下，对没有他人敢与自己较量的局势有充分把握，并非冒险的要挟行为。诸贝勒、大臣只好拟议：革去代善的大贝勒尊号，削去和硕贝勒，夺十牛录诸申，罚银万两。

在看到自己的胜利果实、证实了自己的权威之后，皇太极很是满意。这时，他又反过来故作姿态，拒绝了诸贝勒、大臣的议处而宽免了代善。当然，这中间也有他知道对自己这位兄长不宜过分得罪，以免激变的因素。

接着，以正蓝旗和硕贝勒德格类病死为契机，皇太极又借口莽古尔泰、德格类兄弟生前欲图谋叛逆，将其定为大罪，诛杀莽古尔泰之子额必伦，将迈达礼等其余六子以及德格类之子邓什库等全部废黜为庶人，从而把莽古尔泰、德格类二贝勒的属人、财产和正蓝旗皆夺归己有。

在打击三大贝勒势力的同时，皇太极已意识到要通过体制上的改革来加强自己的势力，提高汗的集权程度。

天聪三年（1629）四月，皇太极设立书房（文馆），分儒臣为两班，命巴克什达海等翻译汉文书籍，库尔阐等记注本朝得失。九月，举行第一次儒生考试，录取两百人，这批儒生除了翻译《大明会典》《孟子》《通鉴》等书籍外，还积极鼓吹君权理论，他们纷纷上书，批评共治国政的弊病，最典型的如天聪六年（1632）九月，镶红旗下汉官胡贡明上疏皇太极称：

> （汗）且必狃着故习，赏不出之公家，罚必入之私室。有人必八家分养之，地土必八家分据之。即一人尺土，贝勒不容于皇上，皇上亦不容于贝勒，事事掣肘，虽有一汗之虚名，实无异正黄旗一贝勒也。如此三分四陆，如此十羊九牧，总借此强兵进了山海，得了中原，臣谓不数年间，必将错乱不一而不能料理也。

意思很明白：如果再不改变旧办法，大家都说了算，那么其结果就是赏不是由公家赏，罚却是由私人罚，即使一个人、一寸土地，汗和各旗贝勒之间也往往相互扯皮，那么汗也就是个虚名，实际上无异于正黄旗的一个贝勒。像这样十个羊九个人放牧的做法，如果进了中原，用不了几年，将乱得一塌糊涂。

在此前后，不少人要求仿效明朝，进行集权制度改革，建议设置六部和言官，提高汗的权威。

天聪五年（1631）七月，汉官宁完我等人奏请仿照明朝制度设立六部。皇太极与诸贝勒、大臣议定官制，正式设立了六部，每部由一贝勒主管，多尔衮管吏部，岳托管兵部，济尔哈朗管刑部，德格类管户部，萨哈廉管礼部，阿巴泰管工部。具体事务由各部的满、汉、蒙承政负责，每部下设参政八员、启心郎一二员，统一管理后金辖区的各项事务，加强了集中统一领导，加强了汗权，削弱了八和硕贝勒的权势。

就这样，在皇太极的精心策划下，努尔哈赤设计的八和硕贝勒共治国政的体制破产了，八和硕贝勒有的因过失被废革关押，有的死后被削爵夺旗，有的受到打击而地位下降，有的成为皇太极的追随者。

天聪十年（1636）四月，大贝勒代善，贝勒济尔哈朗、多尔衮、多铎、岳托、豪格、阿巴泰、阿济格、杜度等率领八旗官将和蒙古各部贝勒上表劝进，拥戴皇太极为"宽温仁圣皇帝"，改国号为大清，年号崇德。

◇多尔衮"曲线称帝"

崇德八年（1643）八月初九日夜，皇太极"暴逝"于盛京清宁宫。

由于满族此时尚无固定的预立储君制度，围绕着"继统"问题，皇太极的兄弟子孙之间展开了一场激烈的明争暗斗。

当时，争夺皇位的主要人物有皇太极的弟弟睿亲王多尔衮，皇太极的长子肃亲王豪格。两人各有追随者，在继统问题上分成了两大阵营。

史称肃亲王豪格"容貌不凡，颇有弓马之才""英毅多智略"，加上他为皇太极的长子，具有比其他宗室诸王更为优越的政治身份。

所以，当皇太极死后，属于皇帝自领的正黄、镶黄两旗的八大臣图尔格、索尼、图赖、锡翰、巩阿岱、鳌拜、谭泰、塔瞻等，便集聚豪格家中，谋划立豪格为君。豪格派遣心腹何洛会、杨善等人到郑亲王济尔哈朗处游说，并说："两黄旗大臣已决定立肃亲王为帝，这事儿得有你的支持。"从当时的情况看，礼亲王代善、郑亲王济尔哈朗基本上是支持豪格的。

睿亲王多尔衮是清太祖努尔哈赤的第十四子，当初被封为贝勒时，他因在十贝勒中年龄序列第九，故相沿称其为"九王"。

在以两黄旗大臣为主的一部分人拥立豪格的同时，多尔衮受到英亲王阿济格、豫亲王多铎（皆为多尔衮同母兄弟）两白旗大臣以及礼亲王代善的部分子孙如硕托、阿达礼等人的拥护，与两黄旗形成对立的两大势力。

文献中记载，多铎、阿济格等跪请多尔衮即帝位，并说："你不敢即位，莫非是怕两黄旗大臣他们吗？其实，两黄旗大臣中不过少数人支持皇子即帝位，不少人还是支持你的。"

两大阵营剑拔弩张。在两白旗看来，如果立了两黄旗的代表肃亲王豪格，他们的日子就不好过了。而两黄旗大臣则借自己在京都的优势，派兵把守门径，大有动武之势。

但问题马上出现了转机。

崇德八年（1643）八月十四日，决定继统问题的诸王大会召开，礼亲王代善首先提议：先帝皇太极的长子豪格当承大统。但豪格却当即表示自己福小德薄，难以当此大任，并随即退出了会场。

这时，两黄旗下大臣、将领们都仗剑向前，表示他们受先帝衣食养育之恩，坚决维护先帝之利益，如果不立先帝的儿子继承大统，则宁死不从。

礼亲王代善是当时资历最深的亲王，但面对如此局面却也无可奈何，只好说："我身为先帝之兄长，人已老了，有些事情无从预知，无法参与这种复杂的讨论。"说罢即起身离去。英亲王阿济格也随之离去，而多铎却默不作声。

尽管当时没有人提出拥立多尔衮的建议，但也许由于多尔衮即位的呼声太高，两黄旗大臣、将领们的矛头显然是针对多尔衮的。

也就在这关键时刻，多尔衮说话了，他说："两黄旗大臣们说得很对，不过，豪格既然辞让而去，不想继统，那么，就立先帝的幼子福临即位。但他年龄太小，由我和郑亲王济尔哈朗分掌八固山军兵，分别担任左右辅政。到新皇帝成年之后，当即归政。"

多尔衮的意见得到大多数人的同意，打破了僵局，解决了问题，清代的历史由此得以顺利过渡到顺治朝。

那么，肃亲王豪格为什么在关键时刻退缩不前？多尔衮也不想做皇帝了吗？他为何推出福临做皇帝？多尔衮又何以能够取得多数人的支持？

在明清之际的统治集团中，多尔衮是个了不起的人物。

顺治皇帝福临曾这样说过："凡各处征伐，皆叔父倡谋出奇，攻城必克，野战必胜。"时人也大多认为在清朝创业过程中，虽然诸王都有功勋，但睿亲王多尔衮功劳是最大的。

这样一些评价，并非过誉之词，多尔衮的战功的确显赫。

皇太极时代，多尔衮率部征服蒙古林丹汗，攻克朝鲜江华岛。

崇德二年（1637）八月，他出任奉命大将军，率清军左翼兵马征略明地，先略明地至山西边界，再东趋临清，渡过运河，攻破济南，又略天津、迁安等地，大小数十战，无不克捷，先后克城四十余座，掠俘人口二十五万有余，以致明军遇多尔衮而溃不成军，望风而逃。

不过，多尔衮也并不是一个只会动武的将领，他在处理军政大事时，表现出的远谋深算为他人所不及。

崇德元年（1636），他攻破朝鲜江华岛时，对于岛上所藏的朝鲜宗室、嫔妃不但不加伤害，还派兵护送给朝鲜国王李倧，李倧感此厚恩，立刻率群臣投降了清朝，为清朝解除了一个重大的后顾之忧。而就在当年，皇太极是在久攻汉城不下的情况下，才不得不先行回国的。起码在这件事上，多尔衮的谋略胜出其兄皇太极。

多尔衮以其智谋、英勇屡建大功，受到皇太极的器重。皇太极曾对多尔衮说："我爱护你胜过其他子弟们，你的待遇最为优厚，因为你最勤劳，也最听话。"又有传说，努尔哈赤死之前，曾有传位给多尔衮之意，只因其年龄太小，母亲又被逼死，没有人支持。这至少说明多尔衮的智勇也深得努尔哈赤的赞赏。

多尔衮、多铎、阿济格兄弟，都是努尔哈赤信任的儿子，每个人都掌有一个旗，而三人又是同父同母兄弟。所以在力量对比上，多尔衮有三个旗，豪格有两个旗，多尔衮的实力并不比豪格弱。

豪格之所以在关键时刻退缩，并非不愿意当皇帝，主要原因应该是他自知不是多尔衮的对手，如不知难而退，势必造成双方火拼。豪格的退出，表现出了他的顾全大局，在策略上也阻断了多尔衮的继位之路。

面对这种情况的变化，多尔衮不得不考虑一个折中方案。而他的提议之所以得到多数人的同意，除了其提议有折中性质，照顾到双方利益之外，与他的实力、威望也是分不开的。

从多尔衮前后的言行中可以看到，他也不是不想当皇帝，他之所以没有依恃自己的实力硬拼夺取帝位，而提出由福临即位，由自己辅政，也正表现了他的深谋远虑与顾全大局。

对满族统治集团的大局而言，当时正处于实现其进取中原大计的关键时刻，如果因继统问题而发生内部动乱——当时并非没有这种可能，势必对全局大计产生难以估量的影响。

成败攸关，多尔衮舍自己与豪格这对立的两极而不取，推出相对超脱于对立两集团之外，且在一定程度上能满足两集团要求的福临，不仅表现出他的机智，更重要的是灵活且顺利地解决了"继统"问题，平息了一场濒临内乱边缘的危机。

然而，我们切不可以为多尔衮此举乃"大公无私"之行为，其中蕴含的个人"算盘"亦可谓精矣。首先，多尔衮的方案将自己的主要对手豪格彻底推至最高决策层之外。其次，立六岁的福临而由自己辅政，为控制军政大权创造了绝好的条件。其后清廷的政权运作，充分证明了多尔衮此举的机智和富有谋略。

继统危机刚过，豪格就因议论朝政、攻击多尔衮而被废为庶人，其亲信议政大臣杨善、俄莫克图、伊成格等人被杀。这样，多尔衮掌握了实际权力，入关以后，多尔衮即被尊称为皇叔父摄政王，大小事务都由九王多尔衮处理，朝中出现了诸王、贝勒、大臣但知谄媚于多尔衮，而不知有皇上的局面。这是顺治二年（1645）的事情。

到顺治四年（1647），多尔衮罢郑亲王济尔哈朗辅政，进封自己的亲弟弟豫郡王多铎为辅政叔王。

次年三月，又借口豪格有隐蔽部将冒功的行为，屡经戒饬仍不引咎，削夺了他的权力和属员，将其关押起来。不久，这位曾有希望当皇帝的肃亲王就死于狱中。同时，又以当年曾同意两黄旗大臣谋立豪格为君的计划为罪名，将济尔哈朗革去亲王爵，降为多罗郡王，罚银五千两。参与拥立豪格计划的鳌拜、索尼等骨干也被罢黜为民，免死，赎身。

至此，当年多尔衮的主要对手，已被他屏退尽净，清王朝军政大权被多尔衮一人控制。

顺治五年（1648）十月，礼亲王代善去世。多尔衮于十一月自称"皇父摄政王"，当起小皇帝的爹来，所有批票本章，都要"皇父摄政王行之"。他还尊自己的生母为皇后，自称皇父，着皇帝服装，以自己的名义发诏谕。传说中甚至说他想对福临不利，小皇帝已开始为自己的生命忧惧担心。很显然，顺治七年（1650）多尔衮去世之前，他的地位、权力已使他成为"事实上的皇帝"，甚至在他死后福临仍称他为"皇父摄政王"，并被迫封其为"诚敬义皇帝"。

◇康熙亲政与雍正夺嫡

顺治十七年（1660），顺治帝死，年仅八岁的玄烨即位，是为康熙帝，由索尼、遏必隆、苏克萨哈、鳌拜四大臣辅政。索尼年迈昏弱、苏克萨哈势力弱小，遏必隆则趋附鳌拜，鳌拜实际上独揽了一切大权。

鳌拜的为人并没有传说中那样卑劣，他一生为清王朝做过许多有益的事情。康熙晚年曾评价说："我朝从征效力大臣中，莫过于鳌拜巴图鲁者。"但此人过于骄狂，常常在康熙面前"施威震众"，又借口罢朝，屡出矫旨，这就触犯了皇帝的禁区，损害了皇帝的威信。

因此康熙亲政后，就致力于清除鳌拜的计划。

但事情并不像他的先世时那样简单。鳌拜当政数年，在朝中广植党羽，文武官员，都出自他的门下。如果明目张胆夺权，稍不慎就会丧位殒身。

康熙根据鳌拜妄自尊大、目空一切的致命弱点，开始对症下药。

他首先给予鳌拜虚设的安全和荣华以麻痹对手。他先后加封鳌拜父子为"一等公""二等公""太师""少师"，以示尊崇，表示自己的信任不疑。自己则装作是不务正业的公子哥，天天和侍卫们混在一起练习摔跤，很少过问政事，以消除鳌拜的戒备心理，延缓对手采取行动的时间。

其实，康熙的这些侍卫正是为擒拿鳌拜而设的。鳌拜被哄得舒舒服服，哪里会注意这些。一天鳌拜入朝，康熙命令侍卫捉住他，他还以为是小皇帝玩心太盛，毫不理会。结果，侍卫们一拥而上，将他捆了个结结实实。直到康熙宣布他的三十罪状，他才如梦方醒。康熙立即下令清除鳌拜集团，将他们一网打尽。

康熙智擒鳌拜，戏剧化地将对手的力量化解于无形，实为千古罕见。

康熙的继承者雍正可以说吸取了其父的经验，在诸兄弟的斗争中，登上大宝，他谋划的对象首先是其父，然后才是诸兄弟、大臣。

康熙末年的皇储问题非常复杂，先是皇二子允礽两立两废，众皇子公开活动，各结朋党，觊觎皇位，但由于威胁到康熙的权力统一，先后遭到康熙的打击。雍正也曾是其中之一，但他很快吸取了教训，重新设计了夺位方案。

在雍正的谋位史上，他的亲信戴铎是出谋划策的主要人物，他的谋术虽然并不高于雍正，但他于康熙五十二年（1713）给雍正的信，却正好道出了争夺储位的纲领、策略和措施。

一是联络满汉官员和康熙近侍，培植雍邸人才，以为后盾。在戴铎此信之前，他就开始秘密活动，大力扶助手下人外出做官，拉拢军政官员。到康熙逝世之前，他实际上已组成了一个包括川陕总督年羹尧、步军统领隆科多在内的小集团，人数不多，所居要职不多，但都是关键性职位。

二是搞好父子关系，取得康熙的信任，麻痹他，为第一步措施作掩护。"处英明之父子也，不露其长，恐其见弃，过露其长，恐其见疑"，这就要求灵活掌握分寸。

雍正取得康熙信任的办法，是掩饰其夺位之欲，表示对此漠不关心。

允礽第一次被废，康熙命胤禛（雍正）、允裪看守，且不准允礽上奏辩驳，也不准别人代奏。允礽觉得冤枉，请求允裪代奏，允裪不敢有违父皇之命。相反，胤禛出面表示愿意承担过失，说服允裪代奏，自己也上奏康熙，请求宽免允礽，因此康熙认为他"性量过人，深知大义"，对他表示赞赏。

雍正还与僧衲交往频繁，建设庙宇，其《山居偶成》诗云："山居且喜远纷华，俯仰乾坤野兴赊。千载勋名身外影，百年荣辱镜中花。"完全是一个超然物外的闲人形象。

三是依托封建君王赖以立足的天命。康熙诸皇子都曾利用神道卜命来增强信心，笼络手下人为自己争夺储位。雍正亦是如此。他相信自己是"万"字命，注定要承继大统。这是他谋术的无助感在作怪，没有多少深层的意义。

通过这些准备工作，他已逐步具备继位的条件，至于能否成功，还须最后见分晓。

康熙六十一年（1722）十一月十三日，康熙在畅春园病逝，步军统领隆科多宣读遗诏："雍亲王皇四子胤禛，人品贵重，深肖朕躬，必能克承大统，著继朕登基，继皇帝位。"

七日后，雍正登基。

在这场皇位争夺战中，不仅诸皇子输给了雍正，就连康熙也同样输得很惨。他在雍正的蒙骗下，没有进行必要的防范，他在生病时，实际上已处于步军统领隆科多的控制之下，没有同臣下进行接触的机会，身后之事自然也就由雍正及其亲信来操纵了。这也是雍正即位和康熙之死疑点较多的原因。

雍正战胜诸兄弟登上帝位，只是取得了阶段性的成功，来自各方面的威胁仍然存在。即位后不久，他就将矛头指向诸兄弟。

他首先召回握有兵权、最有实力继位的允禵，将他送去看守陵墓，实为幽禁。对其他皇兄弟，亦分隔处理。允禟被发往张家口，不久被禁锢；允禟被发往西宁，改名为塞思黑，削其宗籍，后又被召至保定害死；对允禩，则先示拉拢，封其为廉亲王，总理国务，逐渐削除他的势力，然后将其幽禁，改名为阿其那，削宗籍，不久也将他害死。

待到诸皇兄弟的问题解决后，他就开始除掉帮助自己夺位的功臣了。这些人最了解夺位内幕，又常常居功自傲，目无法纪，不仅威胁雍正的政治声誉，而且造成了雍正的分权。

年羹尧、隆科多是重点应付的对象。雍正即位后，给他们二人优渥待遇，凡有大事必向他们请教，结果二人擅权自专，任用私人，导致了雍正的疑忌，遂于雍正三年（1725）宣布年、隆之罪，"招权纳贿，擅作威福，敢于欺罔，忍于背负"，并挖出年羹尧早年与允禩党人勾结之事，将年羹尧以九十二大罪处死。隆科多系雍正母舅，先是被革去爵位，发往阿兰善地区修城，后于雍正五年（1727）被召回，免死，终身禁锢。

这期间被处分、革职、降职的还有蔡珽、李绂等人。功臣几乎绝迹于朝廷。

雍正除去功臣，不能肯定地说与夺位有关，是夺位后的必要措施，早在计划之中，但可以肯定，雍正这一做法对加强皇权是必要的。

雍正巩固皇权的措施与其夺位已远远不同，这时他有了皇位作依托，不需要更为巧妙的方式。实际上，他尽管也用了许多谋术，如封允禩为亲王，对其部属分化瓦解等，但一开始就没有掩盖住他的意图，所以允禩说，皇上今日加恩，谁知道明天会不会诛戮呢。因此，雍正登上皇位后的这些作为主要还是以"势"来打击对手，失去了谋智的无条件的平等应对的美妙性质，在谋文化上就显得很逊色了。

◇ 解决储位之争

雍正起于藩邸，目睹了康熙末年父子、兄弟之间的争位惨剧，并以自己的行动导演了一幕幕悲剧，他在良心上亦深感不安。因而即位不久，就力图改变这种局面，为后代营造和睦的宫廷氛围。

首先要了解争储的文化背景。

封建社会，天下是皇帝的家产，只能在一个家族内合乎封建伦理地传递继承。皇帝的儿子们都有继承权。谁一旦贵为天子，谁就成为天下之主，他在整个家族内部的地位就会发生举足轻重的变化。

清朝起于落后的社会，保留着许多军事民主制的残余，皇帝不预立太子，诸子都参加一部分政务，以锻炼他们的能力。康熙虽曾学习汉族尝试改行嫡长子继承制，但仍保留太子、皇子参与政事的传统，这就使得诸子有条件结党营私，觊觎皇位，于是就出现了比历代都严重的皇帝与太子、太子与诸兄弟之间的争斗现象。

但太子是国家储君，代表了国家的命运和未来正常的权力交接，立太子才能安定民心，因此又不能不立。

有鉴于此，雍正在雍正元年（1723）八月十七日召集总理事务王大臣，满汉文武大臣、九卿于乾清宫暖阁，宣布秘密立储。他说："当年圣祖因立二阿哥（允礽，两次被废）为太子之事，身心忧悴，一言难尽。现在我的诸子尚幼，建储一事必须详慎，此时怎么能举行呢？然而圣祖既然将天下付托于我，我为宗社之主，不得不预为筹划。今天我就将立太子一事，亲自密封，藏于匣内，放在乾清宫正中世祖章皇帝御书'正大光明'匾额后，诸王大臣都应该知道这件事。"

诸臣没有异议。于是雍正命群臣退出，独留下总理事务王大臣，将密封锦匣藏于"正大光明"匾后始出。

太子是谁，群臣不知，皇子亦不知，雍正也不透露这方面的消息，对待诸子完全平等，以至于后来登基的弘历竟找不出皇父对他有何优待之处。

雍正后久居圆明园，又写了同样的传位诏书藏于居所，托付张廷玉、鄂尔泰二人，以防止意外事变。

雍正十三年（1735）八月，雍正去世于圆明园，张廷玉、鄂尔泰请出圆明园密诏，当众宣读。然后又转至大内，由庄亲王允禄打开密匣，取出元年（1723）所封诏书。于是弘历当天即位，令张廷玉、鄂尔泰、允禄、允礼辅政。

雍正秘密立储，既收到了立国本以固人心的政治效果，同时避免了因立太子可能导致的诸皇子争储位、太子与皇帝争权、太子骄纵等弊病。

乾隆即位后仍遵奉实行，于元年（1736）七月御书永琏之名，藏于"正大光明"匾后，后永琏早夭，乃密书颙琰之名，是为嘉庆帝。

以后嘉庆、道光皆依法立储，唯咸丰帝仅一子，无须策立，至同治、光绪皆无子嗣，权力由那拉氏掌握，更无所谓立储之法了。但密立储君，确实避免了争夺储位的斗争，有利于政局平稳过渡。

◇ 雍正的出奇料理

雍正夺位，存在着诸多疑点，不但引起诸皇兄弟的不满，在民间亦造成了不利的舆论影响。雍正即位后，必须解决其继位的合理性问题，对民间舆论进行引导。

恰巧，曾静投书案为其提供了机会。

曾静，湖南永兴人，康熙十八年（1679）生于一个没落的地主家庭，因屡试不第，愤而弃举业，教授生徒为生。曾读吕留良诗文，对其中隐含的反清思想大为叹赏。

但反清是要有资本的，必须寻求一个有实力的合作者。他把希望寄托在川陕总督岳钟琪的身上。

满人入关后，虽然使用汉人，但在重要岗位上，清廷还是任用满人，对汉人不信任。因此，任地方封疆大吏的汉人微乎其微。而岳钟琪作为这少而又少的担任封疆大吏的汉人之一，必然遭到满人、汉军等统治集团内部的攻击。据说岳钟琪为宋代岳飞之后裔，欲报宋被金灭之仇，而民间则希望他真的是岳飞的后代，能够反清复明。曾静也希望如此，遂派弟子张熙前往联络，结果被岳钟琪诱出主使之人，并拘捕上奏。

曾静给岳钟琪的信，主要包含两方面内容：一是关于雍正即位"谋父、逼母、弑兄、屠弟"、镇压功臣的流言；二是华夷之别。这两方面对雍正而言都是致命的，一是动摇了他继承大统的合理性，二是动摇了清朝继明朝统治中原的合理性。

雍正对于曾静案的处理相当地冷静。他知道关于他的嗣位，朝野颇多私议，只是自己不便挑明，公开论战，而曾静出来了，正好作为突破口，清其源而塞其流。

因此，他追查曾静案并未限于此案本身，而是把更多的精力放在了追查关于他的失德言论的根源上。经过转相攀连，终于找出这些流言来源于允禵的太监于流放途中所传。为此他采取对策，一方面再次宣布允禵等人的罪过，另一方面就曾静所言，逐条辨析，声称确系谣言。

在华夷之别这个问题上，他进行了严厉的抨击。他指出：舜为东夷人，文王为西夷人，这些影响过他们的圣德吗？要以德而不是以地域作为区别君主好坏的标准，对我好就是有德之君，对我不好就是仇寇，难道还有不根据德行的好坏却根据地理位置来决定是否服从统治的吗？这不正是《尚书》所云"皇天无亲，惟德是辅"吗？而在德这个标准上，清王朝是给中国臣民带来了许多好处的：首先灭闯贼，为明报了仇；其次清王朝创造了太平盛世。基于以上原因，清王朝统治中国是合法的。

除了进行辩驳，雍正还想请曾静现身说法，为全国臣民提供一个幡然醒悟、迷途知返形象的活教材。因此，他对曾静不打不杀，而是采取争取的态度。

曾静在长沙和北京受审期间，享受了很高的待遇。承审官杭奕禄对其百般劝导，雍正还将大量密折交他跪读，并与其就上述问题进行质辩。

曾静终于被争取过来了。他在后来那本著名的《大义觉迷录》·中写道："想起我以前的所作所为，简直和禽兽无异，连猪狗都不如，哪还有半点儿人味呢？真是惭愧死我了。"

看到曾静这样配合，雍正当即任命他为湖南观风整俗使，并将论辩内容辑成《大义觉迷录》，令其宣讲，并将此书分发全国。

雍正满以为如此便可以消除流言，缓和反清情绪，不料却未能如愿。关于其夺位之辩，很多都显牵强。如矫诏夺位之说，其弟允禵在康熙晚年的地位速升，给人们以皇帝候选人的印象，而雍正在《大义觉迷录》里却说："允禵平日素为圣祖皇考所轻贱，从未有一嘉予之语，只因西陲用兵，圣祖皇考之意，欲以皇子虚名坐镇，知允禵在京毫无用处，况秉性愚悍，素不安静，实借此驱远之意也。"许多旧臣是深稔允禵军功及大将军王封号的重要意义的，大将军王是从贝子直升太子的重要台阶，这就很难使人相信雍正所言。

而其逼母一节，他说太后不欲见允禵，允禵乃为太后亲子，为人母者不能如此无情，倒有曾静所言"太后要见允禵，皇上大怒，太后于铁柱上撞死"，虽有夸大之处，但对于不满雍正之人来说，则更容易接受，其逼母嫌疑也就难洗脱了。

在华夷之辩的问题上，雍正也不合时宜地引用了许多反清言论，主观上当然是便于有的放矢，但客观上，却起了反宣传的作用，有可能被利用为反清的思想武器。如曾静所言："夷狄侵凌中国，在圣人所必诛而不宥者，只有杀而已矣，砍而已矣""天下岂有无君之国哉？……如今八十余年没有君，不得不遍历域中；寻出个聪明睿智人来做主"。别的还好说，唯有中国几千年来培养出来的华夷观是不容易被消灭的。因此也只能是欲盖弥彰了。

由此看来，雍正在处理这些事情时是极有远见的，是"出奇料理"，但有点自作聪明，造成了许多负面影响。这也就难怪乾隆即位以后，就立刻下令销毁《大义觉迷录》，并凌迟处死曾静、张熙二人了。

宽严相济，张弛交替

康、雍、乾三帝的为政之道，可以用雍正的一句话来概括："政宽则民慢，慢则纠之以猛，猛则民残，残则施之以宽，宽以济猛，猛以济宽，政是以和，此诚圣人千古不易之名言也。"

从纵向看，三帝的策略走向为"宽——严——宽"，但各朝又都是本着宽严相济的原则。康熙并非一味宽仁，雍正并非一味严猛，而乾隆更是宽严相辅相成，至于何者为主导，则是与客观现实相适应，以皇帝性格为转移，根据不同场合、不同事件分别对待的。

◇康熙之仁术

康熙自幼勤于攻读儒家学理，尤喜读《尚书》，认为它是"记载帝王道法"之书，他的思想深受其影响，以儒家"仁"术为其治术之核心。

儒家主张"修身"，借以感召臣下，推己及人。康熙很注意自身的修养，他勤于政事，厉行节约，作风严谨，是世代流芳的皇帝之一。康熙三十年(1691)，他曾对自己作过一个客观的评价："我执政三十年，晚睡早起，有奏折立即答复，有时有要紧事，就点起蜡烛来研究判断。"这并非自诩之词，史载他右手染病不能写字之时，宁用左手批旨，也不让别人代劳。康熙的生活也极俭朴，宫廷各项开支都比前朝锐减。康熙的五十大寿，廷臣恭进万寿无疆屏，他只将屏上诗词抄录，而将屏风退还。其律己之精神实为可贵。

康熙不仅自己现身说法，他还努力培养清廉官员的典型，于成龙、傅拉塔就是名震一时的廉官，在他们的影响下，许多地区出现了"清廉总督"。

康熙对己要求严格，对臣下却比较宽容。他主张"治天下之道，当以和平为贵也""治国之道，莫要于宽舒""治天下务以宽仁为尚"。在《宽严论》里，他又强调"政治之本在宽仁""克宽克仁、彰信兆民""为君之道，要在安静，不必矜奇立异，亦不可徒为夸大之言"。

他很注意减轻百姓负担，几乎"一年蠲及数省，一省连蠲数年"，到康熙四十九年（1710）为止，蠲免赋税总额达亿两白银。

对于有问题的官吏，也是教育多于惩处。

每当督抚上任，他都要嘱咐："安静则为地方之福。凡贪污属吏先当训诫之，若始终不悛，再行参劾。"

对高级官吏虽进行周密的考察，但处分并不严重，有的则予以宽免。

广西巡抚郝浴侵欺库银九万余两，以其向来"洁己奉公"，"清廉爱民"，"从宽悉免追取"。户部官员受买办草豆人贿赂，得银者一百七十余人，侵银六十四万余两。康熙一怒之下，令将得银者一律革职，但思前想后，又改变了处罚方式，仅将户部尚书希福纳革职，其余限期退赔。康熙晚年吏治更加宽松，对指责、参劾贪官的官员反谓之过于残酷。

对于不满清朝统治的汉族知识分子，康熙的原则也是宽待，他在世时只发生了两起"文字狱"，前一起"《明史》案"发生在鳌拜当政时，亲政后只有晚年的戴名世《南山集》案。

康熙为政宽仁的目的在于收拾民心。他利用儒家的"仁"术，将君臣子民的关系染上平等应对的色彩，视臣民为与自己具有同等价值品位和人格高度的人，通过修己、爱人，来换取臣民加倍的回报，使政治、社会向好的方向发展。

康熙也有严的时候，他也讲要"宽严相济，经权互用"，就是要宽严相补充，讲原则，也要讲灵活。按照法家的观点，皇帝应该抱法、守势、用术，来保证自己皇权的专一与稳定。康熙用严也正是基于这种考虑。

当他得知大学士明珠权高位重，结成党羽，侵犯皇权，立即重开禁止已久、被视为扰民政策的"风闻纠劾之例"，鼓励御史可以捕风捉影地举报，不需实据。此举一开，许多视明珠如虎罴的科道官员立刻闻风而动，纷纷将矛头指向明珠。

结果明珠被查有专权妄为、市恩立威、结党纳贿、货官鬻职、贪污河银等多项大案。康熙如愿以偿，便对有关人员严加问处，结果内阁五名大学士除王熙外，全部革职。事后，康熙告诫臣工："以后大小官员，都要从思想上解决问题，改掉毛病，廉洁奉公，各尽其职，才能对得起我顾全大局、牟新政治的意图。"由此可见，他所用之"严"是用以辅"宽"的。"宽大"是其一贯的作风。

◇雍正的严猛

康熙的宽大政策在其晚年造成了许多弊端，最主要的表现就是吏治废弛，用雍正的话说就是"人心玩愒已久，百弊丛生"，需要进行一番整治。

雍正的性格比较刚毅，但急躁且又残忍，康熙曾批评他"喜怒不定"，之后虽极力加以改正，但仍然没有彻底改变，狂喜狂怒之事时有发生。这种性格决定了他的从政特点。

雍正从政尚严猛，做事雷厉风行。

他针对康熙末年以来的实际情况，认为宽仁不合时宜。他曾对云贵总督鄂尔泰说："好好去做吧，宽一点就是上天的恩惠。如果哪一天可以宽仁了，是我君臣的大福，天地神明的恩德啊。"这就明确表述了他的严猛思想倾向。

雍正的严猛，从即位之初就定下了基调。他刚刚即位，就颁布敕谕十一道，戒饬督抚提镇以下文武官员，严绝贪污纳贿，肃清乡愿恶习，警告玩忽职守者。

一场反腐倡廉的斗争打响了。

从雍正元年（1723）开始，在中央以怡亲王允祥主管清查户部，勒限贪欠官员赔补；在亏欠严重的省份，派出钦差大臣率领随员随往清查。此举清出了大量亏欠，惩罚了一批贪官污吏，使康熙末年的吏治有所好转。

为了使自己的政策不打折扣地贯彻下去，他提拔了一批以苛察为能事的官员，其中就有非正途出身、荣为封疆大吏的田文镜、李卫，这些人的所作所为，是很符合雍正的要求的。他还指示田文镜、李卫等人各抒居官行政所见，分门别类，颁发州县，以为参考。

对于那些以宽仁为务的官吏，他也多方劝导，让他们走上严猛的道路，他要求云南巡抚杨名时"宽以济猛，猛以济宽"，要求湖广总督杨宗仁"宽严相济"，就是让他们注意严猛政策的施为。

雍正多疑的性格也造成了滥杀。他对诸兄弟的残虐以及对心腹重臣年羹尧、隆科多的处置即为此例。而雍正晚年，对忠君体国的川陕总督岳钟琪，竟因传言而处以死罪，幸亏雍正早死，岳钟琪方免诛戮。

雍正一朝的"文字狱"也比较多，他在位十三年，便有汪景祺、钱名世、查嗣庭、陆生楠、谢济世、曾静等大案，每一案都牵连广泛，除了曾静因雍正另有所用，因祸得福，其他人都或处死，或流放，或充军，或贬奴，或压制，绝无幸免。

雍正很注意严格考察吏治，但也并非一味严猛，对人才还是爱护的。他说："人才难得，如果过于苛刻，就会因为一点小毛病让很多人才荒废。"

雍正很注意体察下情，鉴于清朝官吏的薪俸比较低的状况，他默认了地方官对火耗银的征收，只是要求官吏取所当取，用所当用，只要不伤廉洁，不致贪滥，既不能因侵贪让百姓受苦，也不能因沽名钓誉去走极端。取还是不取，他们自己说了算，只要他们没做错就行了。雍正甚至将这种做法合法化，实行"耗羡归公"，即将非法的附加税火耗银变成国家的正式赋税，由督抚统一管理，按官吏的不同品级发给数量不等的"养廉银"，从而既保证了官吏"所当取"的收入，又限制了官吏对百姓的贪污勒索，对减轻百姓的负担有一定好处。

雍正的"宽"只是偶尔为之，不能掩盖其"严猛"的实质，但也收到了很好的成效，正如章学诚所言："我宪皇帝澄清吏治，裁革陋规，整饬官方，惩治贪墨，实为千载一时。彼时居官，大法小廉，殆成风俗，贪冒之徒，莫不望风革面，时势然也。"然而也应该看到有许多弊端，后来乾隆评论说："我父皇即位之初，见人心浮躁，政事废弛，当官的不办事，当民的不畏法，不得不大力整顿，以除积弊，大臣们都误以为我父皇崇尚严厉。有些官员执行政策出现偏差，以至于官府办事过于严苛，使百姓们大受困扰。"如江西巡抚布兰泰在江西所办事件，往往过于严苛，而等待雍正去改正。封疆大吏尚如此，幸进之人就更不在话下了。

◇乾隆贵得其中

康熙为政，失之过宽，雍正纠之以严；雍正之政，又失之过严，导致闾阎扰累，臣民心中不满。在雍正之后的乾隆自然也要采取措施，纠正其父之严，来获得稳定的政治局面。

乾隆的政策指导方针最早阐述于雍正的遗诏中，这篇遗诏实际上是在乾隆的授意下起草的，他将其父打扮成宽严相济的君主，而将过严过苛的弊端委诸臣下。其大概云：凡各衙门条例，有从前很严我改宽的，这是从前部臣商议未妥，我和大臣们仔细研究改定，希望能永久施行的，应按照改定后的施行。有从前本宽我改严的，这是为了整顿思想风俗，原来只是权宜之计，等这些问题解决了，仍按原来的条例实行。这是我的本意。以后遇到类似的事，应仔细斟酌，应按旧例执行的，仍按旧例执行。

乾隆自幼受祖、父教诲，祖、父的仁政对其影响很大，但鉴于其祖、其父之失，因此决定在其父、其祖的两种政策中寻找一种平衡，他说："治天下之道，贵得其中。故宽则纠之以猛，猛则济之以宽。"这与其父"宽以济猛，猛以济宽"的政治幌子已有所不同，他花了很大气力，也利用一切可能的机遇去实施。

首先是以"宽"济其父之"严"。

乾隆做的第一件事是改善皇室的内部关系。雍正在夺取皇位以后，对诸兄弟分别进行打击，甚至将主要政敌允禩、允禟改名为阿其那、塞思黑，迫害致死，其子孙也被削除宗籍。这些过分行为引起皇室内部颇多怨言，朝野上下也颇多非议。

为了皇室内部的稳定、团结，乾隆打出"亲亲睦族"的旗帜，将被圈禁的宗室允禵等人先后释放，阿其那等人的子孙也发还产业，赏给俸赏，赐予红带，收入玉牒。

为了让宗室共享祖先创业之成果，乾隆又在宗室中进行了利益的分配，先将康熙的两个幼子允祎、允禧晋封为郡王、贝勒，而后扩大到其余未曾受封的别支宗室，废太子允礽的儿子弘㬙、孙子永璥也分别给予辅国公的爵位，那些没有资格封爵的宗室子弟，也分别加恩给予差使，以资上进。

为了表示自己的仁孝之心，他在撰写册文提到宗室长辈时，从不称"尔某"，以示尊重；他打破旧规，对于孀居紫禁城内的康熙和雍正的妃子，准许她们的儿子在生辰令节迎养于各自府邸，以享天伦之乐。

在调整皇室内部关系的同时，他又对其父处理过于严苛的案件进行了翻案。

年羹尧、隆科多案牵连人士众多，乾隆将他们重新起用。各起文字狱所波及之人，也分别放回原籍，并声明以前需要避讳的，以后再也不用避讳了；反对望文生义、株连波累。对于雍正处分过厉的不法绅衿，通行改宽、改缓，被褫革的举贡生监，也分别准予开复。借以缓和统治阶级内部关系。

乾隆还大力提高官员、士绅的物质待遇。

早在雍正时，为了减少各级官吏贪污勒索的现象，实行外官给予养廉银、京官增添俸米、各部堂官给予双俸的规定，但外官养廉银只发到知县以上，京官五部堂官以下仍食原俸，而且即使双俸也远低于外官的养廉银。

乾隆元年（1736）六月，乾隆首先将礼部堂官照五部堂官例给予双俸，不久，又陆续发京官养廉银，六部堂官以下的官员也发给双俸，外官的养廉银也扩大到佐杂人等。

乾隆对八旗子弟也极尽关怀。

八旗子弟大都不谙生计，生活困窘。乾隆多次借钱给他们，后又因他们无力偿还，予以宽免。

乾隆三年（1738），乾隆决定每年拨银米五十余万，扩大八旗兵额，以保证八旗子弟的俸赏收入，使旗人"永享安宁之福"，借以加强八旗子弟对皇帝的依赖和拥护，保护统治阶级的民族力量。

在以"宽"缓和其父苛政的同时，乾隆也非常注意以"严"来纠正"诸臣又误以为朕意在宽，遂相率而趋于纵弛"的趋势。乾隆十三年（1748）的宫廷风暴就有一部分基于这方面的原因。

是年三月，孝贤皇后随乾隆巡幸山东，不幸偶感风寒，猝然长逝。孝贤皇后是乾隆最爱的女人，丧妻的悲痛，因对官吏的不满而加倍爆发出来。短短几月，从皇长子永璜、六部尚书、翰林院到地方督抚大员、将军，及至州府、河道，被革、被降、被杀、被囚者不胜枚举，其中名臣就有阿克敦、塞楞额、尹继善、开泰、硕色、杨锡绂等人，可谓空前绝后。

乾隆更注重官吏的德行，对失德的官员不少宽假。

从乾隆元年（1736）起他就陆续修改、增订了许多反贪污勒索的法令，一切以重惩为务。不仅涉及面广，包括侵贪、亏空、科索、贿赂、欺冒、挪移、盗库等项，而且考察对象复杂，不仅包括官员，而且扩大到官员的子侄兄弟、胥吏杂役、家人长随及幕友宾客等等，对窝赃人员也一律处分，并实行连坐之法，往往由一官而牵及无数，从而打击了官官相护的流弊。

乾隆四十六年（1781），甘肃官员通同作弊，折捐冒赈，共同侵吞国有财产，乾隆指示彻底清查，要求追责于所有责任人，不得姑息，结果，总督勒尔谨被赐自尽，藩司王亶望、兰州知府蒋全迪、侵贪两万两以上的程栋、不足二万两的徐树楠被处斩，接任藩司王廷赞被处绞，侵贪万两及万两以下者四十一人缓期一年再判处决，十一名赃犯之子被流放。此案死罪共四十七人，涉及此案被革职拿问的现任、前任官员共八十二人，闵鹗元为其弟藏赃银三两，亦被降为三品顶戴，停数月养廉银。

乾隆虽然反对望文生义，但乾隆朝的"文字狱"却为各朝之冠，其数量之多为康熙、雍正望尘莫及，而其内容之荒诞亦前所未有，大多为深文周纳、咬文嚼字的产物。如"大明天子重相见，且把壶儿（胡儿）搁半边""一把心肠论浊清"之类，原无反清之意，只是经过曲解之后，硬裁罪其上。就是这样的诗词，使许多读书人，包括那些力图饰言以求伴进的官员丢失了性命。

乾隆的"严"对澄清吏治大有好处，但由于他比较感情用事，所以即使制定了严密的反贪办法，也会由于其不时赦免而遭到破坏。

他对比较亲近他的督抚大员、部院大臣回护多于惩处。富勒浑、李侍尧等人都受过他的"恩遇"，而和珅更是他培养出来的大蠹虫。

因此，乾隆的执政之道，除了钳制思想的"文字狱"，其他则偏于过宽，他所谓的执中之道自然也就成了画饼。

"执中之道"即儒家所推崇的"中庸"之道，它的前提是杜绝利欲之心，应该说这是没有进取精神的处世之谋，但在一定的历史条件下又是最好的选择，特别是处于康熙、雍正两种极端政策之后的乾隆朝，实行这项政策既可遏制官场腐化，又可激发官员士子的报效精神。偏偏乾隆是个情感丰富，又爱沽名钓誉的帝王，其失之过宽，也就在所难免。乾隆末年的腐化没落也就可以概见。

治人与治法

靠治人还是靠治法，何者是治理国家的最好方式，是整个封建社会儒法两家政治思想的重要分歧。

儒家重视人的作用，法家重视法的效用，都曾有过实践的舞台。但自从荀子提出"有治人，无治法"的论断以后，人治就一直为封建统治阶级所信奉，法处于附属的地位。当然，这里的法，与今天所说的法并非完全一致。

封建时代，天下是君主一人之天下，一切统治方式的选择都是基于这个前提，这就决定了无论人治还是法治，都只为君主一人而服务，其最终也只能是人治。

中国封建社会的法又与西方的不同，它缺乏作为法之依据的社会公正和社会正义，它的制定和实施是君主单方面用以治国、牧民、驯臣的规范化控制体系，而对最高统治者没有约束力。同时，制度、政策的推行和法律的实施也要靠人来完成，在执行的过程中，由于个人的认知能力高低、品格高下，以及个人好恶的不同，会有很大的出入。因此，在封建社会，以治人进行的人治始终是最主要的统治方式，选贤任能也是为君、为臣者治国的首要问题。

✿任法不若任人

康熙是儒家经典的信徒，他吸取了儒家治道的主要理论，自然而然也就吸收了儒家的人治思想，他一贯认为，"自古以来有治人无治法，为政全在得人"。

康熙关于人治的深入认识也得益于历史和现实的经验。明代末年不能说没有好的"法"，但由于用人不善，"法"成了派系之间争斗、欺压良善的工具；清初用法不谓不严，却成了各种弊端之始；康熙执政初年，许多地方官吏横行无忌，地方悉被扰害。这些使康熙认识到"任法不若任人，才难不若平法，二义兼举，方为无弊"，先要有好的执法者，否则就不如使法律平和，但二者结合起来才是最佳选择。从这里所透露出来的，就是康熙"以刑弼教"的王道思想。

在人和法的关系上，康熙更重视人的作用。他说，自古以来有治理国家的人才，没有能够治理国家的法，主要原因是如果执行得好，地方才会受益，执行得不好，即使有良法，也没用。

康熙的治人是"德才兼优"之人。所谓"德"就是"忠君循分"之德、"洁己爱民"之德。前者足资信赖，后者足以安民。

康熙往往将"德"放在首位，他认为才德兼具是最好的，心术不好的人，有才能也没用。他经常搜罗一些有才能，而又安分守己的人留在自己身边以备顾问，不外派。

康熙十六年（1677），康熙于翰林内选择二人，置于南书房，为自己讲究文义，停止升转，数年后酌量优用。康熙的南书房，由于他的苦心经营，有了一个可信可用的智囊团，这些人对康熙行政给以有力的辅佐，使康熙能在政治上颇有建树。康熙对有才无德、有德无才之人都采取审慎态度，在必要时刻，用德而不用才。终康熙朝，许多有才无德的人，因得不到康熙信任，不得见用。

康熙选任人才的方式很多。他一面系统、积极地培养，一面到处搜罗。

他不满足于三年一次的科举制度，也注意到科举制度导致士人"相率而趋于记诵之学，文辞之末"，无益国计民生的弊端，命令官吏举荐人才，通过对举荐人才的考察，任以官职。

康熙二十九年（1690），他令九卿举学问优长、品行可用者，得到邵司尧、彭鹏等十二人，皆是精忠体国、洁己律属的名臣清官，为康熙朝的兴盛立下了汗马功劳。

康熙还亲自察访人才，每次巡行，都注意考察官吏，罗致士人。

于成龙原为知县，被康熙提升为巡抚，后又被任命为两江总督，以清廉著称，成为康熙朝的廉官典范。

康熙二十三年（1684），康熙第一次南巡到苏州，接见闲居在家的汪琬。

康熙三十八年（1699），康熙第三次南巡到苏州，又接见当地举人吴廷桢、顾嗣立等人。

康熙四十四年（1705），第五次南巡再到苏州，亲试举、贡、监诸生，取顾嗣立等人于内廷供职。

康熙也对不称职的官员进行黜免。

他通过对被举荐者的考察，推论出举荐者的德行高下，才学优劣，打击结党营私分子，也通过奏折加强对官员的监督。原任偏沅巡抚韩世琦，奉命采办楠木，借口四川酉阳土产楠木合乎规模，请求让四川督抚办理。等到他任四川巡抚，却又称酉阳离治所太远，不便察看，请求让湖广总督就近察看。对这种不能实心任事的官员，康熙毫不留情，将其交部严加议处，削职为民。

康熙的用人重"德"，但不求全责备，以教育作为辅助力量，给官员以悔过的机会。特别是到了他晚年的时候，对官员的贪污扰民害国行径多有放纵，其重"德"观念逐渐退化，官吏良莠不齐，导致吏治废弛。

◇有治人即有治法

雍正亦主张"有治人，无治法"的传统政治思想。

雍正元年（1723），御史汤之旭奏请划一律例条款，雍正就此发表了系统的看法，他说："天下事，有治人，无治法，得人办理，则无不允协，不得其人，其间舞文弄法，正自不少……虽条例划一，弊终难免。"

他把人看作决定法的重要因素，好的法治也要守法的人来推行，若碰到奸宦，反而成为其贪营巧取的工具，而且法久滋弊，还需要人将它改正过来，才能免于流弊。因此，他更进一步提出了"有治人即有治法"的说法。

雍正的认识是受到了现实的启发。现实告诉他，有些法令是需要灵活执行的，过于拘泥，反而有害无利。

如当烟草利润高于粮食时，农民纷纷将膏腴之地遍种烟草。雍正考虑到有碍农本，谕令地方官善为劝导，结果竟出现许多地方将烟草尽皆拔去之事，由于农时已过，导致本末两失。

据此雍正提出，有人才，则政治必定大兴。这就是所谓的有治理国家的人，治理国家的法才能施行，因为法的执行是要因时制宜的。就像人生病一样，要对症下药，病好了就要停药。在他看来，为政以得人为要，不得其人，虽有良法美意，也只是好看好听而已，对老百姓没有任何益处。

雍正的治人标准与康熙相仿，他主张任用德才兼备的治人，即"秉公持正，实心办事者"，来治理国家。但和康熙不同的是，他认为才能是首要的，首先要才能称职，要是连地方事务都不能治理，那就比那些德行欠缺之人对地方的危害更大。

雍正很重视人才的选拔和任用。他要求臣下"以人报国"，而不像其父那样拘泥资例、年龄，导致像梅文鼎这样的数学家因年纪太大而不见用。主张国家用人，只看其才力是否足以办理事务，年龄大小都无关紧要。如老成望重之人宜于居官服政，年岁虽多，精神尚健，即属可用之员。

雍正还广泛搜求人才。对于所采用的人才，雍正也不是一步任用到位，而是经过一段时间的考察，根据其能力大小，安排繁简不同的工作。李卫、田文镜等人因为很适合雍正严政的人才标准，先后被从不入流的捐官提为封疆大吏。

雍正特别注意特殊人才的培养与储备。他认为从古至今，中等人才居多，想发现出类拔萃之人才是很难的。因此治理国家最重要的就是储备人才。朝廷重视翰林的选拔，是为了培养国家大员，但像河防这样的工作，却不是科举之人所能担任的，要事先进行培养，以备急需。

雍正对无德之人、无才之人都采取严厉态度，但对小有过失之人却不苛刻摧残，而是大加扶掖，使其能够尽其所能地发挥作用。他告诫督抚大员要为国家爱惜人才，参劾官员的时候，一定要特别慎重。如果因为参劾失误失去了一名能干的官员，其后果比误推荐庸劣的官员更甚。

康熙、雍正的"人治"思想是对中国传统政治思想的继承，它强调君主励精图治，官吏的任用得人，这是适应中国封建社会法治特点的。至于其治人标准的侧重点，大体与其总的施政方针有关，康熙尚德政，注重官员的自律性，雍正尚严政，官员受到严格监督，故侧重于人的才学，主张因才授职。但他们用人的基本点是相同的，即保证自己的权力稳定及清王朝的长治久安。这又使他们对德、才的内容产生不同的理解。康熙以省事安民为务，雍正则重用能够执行严政的官员。到了乾隆帝，由于施政方针的转宽，官员的"德"又被提到了首位，乾隆曾言，评价一个人才，才能品德兼具肯定是最好的，但如果二者不可兼得，那么品德是第一位的，才能是第二位的。如果有才无德，能够装模作样一时而思想根基不牢，将来一定很难管理；如果有德无才，虽然一时很难应付具体事务但品行端正、自律严格，经过长时间的锻炼，一定可以成为一个操守良好的好官。

"满汉一体"

　　清朝作为继元朝以来第二个入主中原的少数民族政权，采取了与元朝统治者民族分化政策完全相反的策略。元朝曾将其治下人民分为四等，以削弱他们联合反元的社会基础，借此强化统治民族在中国的统治力量。但结果，民族歧视所酝酿的社会风暴却比往常更加猛烈，元朝只在历史上留下了起伏动荡的百年一瞬，就退出了历史舞台。

　　以诗、史为学的汉族知识分子对此是太熟悉不过了，因此当他们投身于清王朝麾下的时候，自然就将这样的信息带给了他们。如范文程，他曾帮助清朝统治者制定了联合汉人、以汉制汉的谋略，这项政策有效地帮助了他们进取中原。但随之而来，满汉民族之间的矛盾也在广阔的背景下展开了。统治民族的身份，使满族官民有资格歧视汉官、汉民，这对本来就有强烈的华夷观文化心理的汉族人民来说是难以忍受的，一种强大的离心力正如元朝时一样在潜滋暗长。

　　随着统治范围的扩大，统治基础的稳定成了急需解决的问题。

　　皇太极一改其父压迫汉民的政策，明确提出"满汉之间，均系一体"。他认为把满、蒙、汉视同一体，才能使国家强盛，就像酸、甜、苦、辣、咸五味一样，一定要调配合适，如果满族官员只保护满族人，蒙古官员只保护蒙古人，汉族官员只保护汉人，就像五味没有搭配好一样。

　　为此，他采取了许多措施。对归降汉民，分给房屋，帮助成家，从而改变了归降汉民沦为奴隶的命运，并颁布法律予以保护。对归降之汉官，也格外给予恩赏，加以重用。女真贵族曾经抱怨说，以前太祖杀汉人，养育满族人，现在汉人有封王的，有被任命为昂邦、章京的，明朝宗室后裔，有为官的，也有为民的，时势颠倒，竟到了这种地步。

女真贵族不可理解之处，正是皇太极的高明之处，后来许多汉族将领、官员为其所用，为其立下了汗马功劳。这项政策后来为其子孙所继承，成为清初统治方针的一项重要内容。

◇ "满汉臣工，均为一体"

为扩大统治基础，从皇太极开始，清朝就极力拉拢汉族地主阶级进入统治集团。阶级利益的一致性，使它们能够达成一定程度的联合，但民族歧视却又使二者之间矛盾重重。

顺治朝曾明确规定，各省督抚不得由汉人担任。这使汉族官员对汉、满官员地位上的不平等非常不满，经常牢骚满腹。一部分已经降清的汉族官僚越来越疏离政权。给事中魏裔介曾上言说，现在国家已经统一为一个整体，应该扩大用人的范围和眼界，不能专用辽东旧人。这种不满情绪对清朝统治造成了严重伤害。清朝封建统治者不得不采取一些措施。

顺治亲政以后，为了掩饰对汉族地主阶级的歧视，主张满汉官员品级划一，宣扬"汉满官民，俱为一家"。但这只是停留在口头上而已，并无实质性的举措。康熙亲政以后，为了拉拢和培植汉族地主阶级知识分子作为统治工具，采取了种种办法。他进一步加强了"满汉一体"的宣传，经常发表一些这样的言论。

康熙八年（1669），他亲政后不久就说："我继承祖宗的基业，治理天下，抚育百姓，满汉军民，原没有什么区别，只要能各得其所，我就很高兴了。"

康熙十七年（1678），他下谕旨给户部说，"我太祖、太宗、世祖相传以来，上下一心，满汉文武，皆为一体""我虽然比不上先祖，但也想与天下有才能的人士共同治理国家，因此对待官员就像对待家人父子一样"。

康熙四十八年（1709）又说："我治理国家已经五十多年了，反思做过的很多事，对满洲、蒙古、汉军、汉人从来没有区别对待，都是公正处理的。无论是满人、汉人都是我的臣子，我是一样看待的，并没有高下之分。"

康熙在位六十年，发布这样的言论就有二十余次，其宣传力度可想而知。

为了加强宣传的说服力，康熙也采取了一些有形的措施。首先将顺治曾答允但并未一贯执行下去的满汉官吏品级划一的制度贯彻下去。

清初的状况是，满汉大小官员，做一样的事，但品级不同。再加以鳌拜的极端措施，造成满大学士一品、汉大学士五品，满尚书一品、汉尚书二品的不公平局面。

康熙九年（1670）将满汉官员品级重新划一。自此满汉官员虽然在地位、权限上仍有区别，但在表面上已取得了一致，汉族官员在心理上得到了些许慰藉。

另外，康熙在用人上，改变了过去"各省督抚尽用满人"的惯例，主张"各省督抚，不论满人、汉军、汉人，简选贤能推用""提督、总兵官系防守地方，亦应不论满人、汉军、汉人，简选贤能推用"。

这两项措施对于稳定汉族官员的情绪，激励汉族官员追求上进起了很大作用。

康熙虽然重新划一了官员等级，但满族官员仍凌驾于同级的汉官之上。雍正试图对此加以调整。他宣称："朕即位以来，视满汉臣工均为一体。"雍正五年（1727）规定，除大学士领班以满人中居首的充任，其余大学士不分满汉，以授官时间先后排列行走次序，必要时，由皇帝临时决定，并指定汉大学士张廷玉行走在旗人孙柱之前。

清实行满汉复官制，满六部尚书本来行走在汉尚书之前，张廷玉以大学士兼吏部、户部尚书，雍正命其行走在满六部尚书之前。雍正六年（1728），公爵傅尔丹管部务，张廷玉因其系贵胄，不敢在其前行走，向雍正请求改变顺序，雍正不允，命照常行走。

雍正对满族官员歧视汉官事件也进行严肃处理。汉军杨文乾为广东巡抚，广州将军石礼哈及官员阿克敦等协谋陷害他，雍正对他们严加训斥，并说，无论满汉官员，如果他们能竭忠尽力，任何想要"挟私倾陷"之人，都不能得逞。他还从国家大义上进行劝导，说都是为朝廷办事，应该满汉一心、文武共济，怎么能分别满汉呢？况且用人只看其能力，而不应该看其是满洲人还是汉人。

顺、康、雍的政策具有继承性、一贯性和发展性，到雍正时，"满汉一体"的谋略逐渐步入成熟。汉族官员的部分理想终于能够得以实现，同时也在一定程度上加强了汉族官员对朝廷的向心力。但要想彻底实现"满汉一体"还无法办到。岳钟琪以汉人居封疆大吏重任，遭到满族官员嫉恨，攻讦他的奏折就装了满满一筐，而自称能够公平对待满汉的雍正帝，也对汉人抱有戒心，竟将他囚入死牢。幸亏雍正早死，岳钟琪才得以活着出狱。

与满汉官员的矛盾相似，旗、汉人民也由于其各自社会地位的不同，不断产生冲突，严重损害了社会治安。在这种冲突中，旗人由于其统治民族的特权地位和对汉人一贯的歧视，成为矛盾的主要制造者。再加以清初奴隶制残余对汉民发展了千年的人身自由的挑战，汉民的华夷观很可能激发出反抗的怒火，使清朝的长治久安受到威胁。

皇太极很早就注意到这一问题。在其征战辽东时，就将归顺汉民别立汉屯，设汉官统领，避免满汉人民的直接冲突。在其绕道入关，计杀袁崇焕，占领遵化四城后，也曾告诫臣工："明朝的土地和人民，上天已交给我，那么它的百姓就是我的百姓，我自己的百姓，而我却加以侵扰，那么已经归顺我的国家，将不会再归顺我。""各位贝勒、大臣应该严加约束士兵，不要侵害已经归顺的百姓。"

为了不影响汉民的生产生活秩序，皇太极很注意保持汉民传统的封建生产关系，规定凡是归顺的百姓，只要是从事农业生产的，禁止任何人侵扰。

但自多尔衮入关、顺治定鼎北京以来，奴隶制生产关系在中原有所回潮，旗人大肆圈地、掠奴，清统治者也颁布了令人发指的"投充法""逃人法"。

所谓"投充法"，是旗人圈地后，对于劳动力不足的，摄政王多尔衮发布法令，允许旗民招收贫民供其役使，招收的人是奴仆，可以买卖。此法一出，有些贫民因土地被夺，被逼投充。汉民因受不了这种奴隶式的生活，开始四处逃亡。奴仆逃亡影响了八旗子弟的生产生活，清廷为此制定了严苛的"逃人法"，设立督捕衙门，督捕逃人，惩处窝主。

圈地、投充法、逃人法是清入关之初的三大苛政，给满汉之间造成了严重的民族矛盾。

康熙亲政以后，为平息汉人的反抗情绪，废除了圈地及投充、逃人之法，但在皇庄、官庄中，旗人庄头压迫汉民，以及社会上旗民利用特权勒索、欺凌汉民的事件仍频繁发生。

雍正即位以后，为缓和旗、汉民之间的矛盾，决定对旗人严加约束，对犯罪者不容姑息。

雍正元年（1723），直隶巡抚李维钧密奏房山县庄头李信与宛平县庄头索保住勾结作恶、残害百姓一事，雍正当即指示严加追查，严厉惩处，为百姓出一口恶气。为了支持李维钧，雍正公开发表谕旨："你努力去整顿，不要怕满汉水火不容的形势，也不要怕王公贵族的议论，皇庄内如有扰害地方的事件，一定不能姑息，都要密奏给我知道。"这就使李维钧可以放手去做，接连查办了数起旗人庄头违法案件。

鉴于旗汉之间的纠纷案件，旗民往往享有特权，地方上无法审理，康熙曾在旗人较多的直隶设满洲理事同知一员，专门审理旗人案件。雍正增设通判一员，后又将张家口、河间、天津等地的旗汉事件交由张家口同知和天津同知处理，并废除地方官不得刑惩旗人的成例，宣布旗人、汉人同等对待，地方官审理事务，只论理之曲折，分别赏罚，不当区别旗人、汉民。

雍正四年（1726），雍正感到旗人、汉民犯罪，在量刑上很不一致，如汉民流罪按律服刑，旗人则从轻发落，枷号、杖责了事。这就很不公平，于是召大学士、八旗都统及满洲、汉军中的九卿共同会议，提出将旗人同汉民一样惩治的建议，但大学士等纷纷劝阻，说旗人缺乏营生之术，如果流放就难以生存。结果只有照旧处理。

雍正在司法上为旗汉一体做出了重要努力，但作为少数民族统治者，他由于时代的局限，不可避免地将满族人看作是自己统治的主要支柱，采取了许多保护本民族特权的措施。如禁止满汉通婚，保存本民族的语言文字，优礼八旗人等，以阻止满族汉化的进程。这就使旗、汉的一体只能是有限的一体，其最终目的是以满族为依靠，打出旗汉一体的幌子，巩固统治。

"满汉一体"的举措，具有初步的民族平等的朴素思想，后来成为清朝的一贯策略，其产生的直接后果，就是大批汉族官员、将领能够为其所用，大部分汉族百姓能够接受它的统治。满族以少数民族统治中国达 268 年，不能说没有这一政策的功劳。

◇尊孔崇儒

儒家思想是中国封建社会的统治思想，千百年来，它潜移默化地成为汉民族的道德伦理规范和社会行为准则。儒家的创始人孔子是历来尊奉的至圣先师，如何对待孔子，如何对待儒家思想，也就成为如何对待汉民族，如何对待汉族知识分子的最敏感的问题。

中国文化的根基根深蒂固，源远流长，对不同的文化有很强的排他性。任何文化，任何民族想在中国寻找自己发展的舞台，除了武力之外，就只能在民族文化观念的认同上做文章。佛教传入是如此，耶稣会士在华活动亦是如此，都必须在中国文化中寻找合理的依据。

清朝统治者作为所谓的"夷族"要想入主中原，在武力不足的情况下，也只能如此，况且不管其是否愿意，儒家文化作为一种高势位的文化，它的流动是不可抑制的。清朝统治者的高明之处是对此采取了较积极的态度。

清朝统治者对儒家积极响应的时刻，也是其封建化的重要开端。

崇德元年（1636），皇太极称帝以后，就派人祭拜孔子，表示要采取中原的一套文教制度。

顺治定鼎中原以后，也派人前往曲阜祭孔，并袭封孔子六十五代孙孔胤植为"衍圣公"。

顺治二年（1645），摄政王多尔衮亲自祭孔，加封孔子为"大成至圣文宣先师"。至此祭孔成为清王朝每年例行的制度。

鳌拜辅政后，由于其代表了保守的奴隶主阶级的利益，曾一度停止祭孔。

康熙八年（1669）四月，已经成长起来的康熙帝，不顾鳌拜的阻拦，亲自率领礼部诸臣前去国子监视学，并举行临雍大典，以示自己尊孔崇儒。接着又不经鳌拜同意，恢复了顺治所定的孔、颜、曾、思、孟诸贤子孙送监读书的"圣裔监生例"，亲自指定了生员孔兴询等 15 人到国子监学习。

鳌拜垮台后，康熙更是不遗余力地推行尊孔政策，在宫中祀孔子，南巡时亲祭孔子，亲制孔、孟、周公庙碑文和孔、颜、曾、思、孟的赞文，并给各地孔庙和学府题写匾联。皇子们也将是否被派去祭孔看作是能否得到康熙重视的标准。

随着清朝封建化的加强，以及皇太极、顺治、康熙三代尊孔政策的一贯性，祭孔也就成为国政的重要内容。

祭孔的目的之一是建立满汉共同的思想基础，以维护国家的长治久安。其目的之二则是表示崇儒，重视教化。

康熙很注重提高满族的文化素质。他身体力行地吸取儒家的统治经验，接受熊赐履的建议，举行历代帝王例行的日讲和经筵，并要求满、蒙学习汉族文化。

在解决了保守的鳌拜之后，康熙继续开办顺治年间所创立的宗学和八旗官学，增设景山官学，教育八旗子弟，规定官学生平常要参加国子监举行的经书、经义和满、蒙文考试。此外，康熙还命令将《大学衍义》译成满文，颁赐诸王以下及官学，作为必读之物，在保留本民族特点的前提下，加强汉文化的普及程度，在文化心理上争取汉族的认同。

清初三帝在思想文化建设上下了很多功夫，但要消除汉民族的敌对情绪，还要抓住主要矛盾和关键环节，采取更为实际的措施。

清王朝将争取汉民族的砝码放在汉族知识分子的身上。范文程主张，治理天下之要在于得民心，知识分子是百姓的精英，只要得到知识分子的支持，就会得到民心。

知识分子往往是思想最为活跃，社会号召力很强的群体，要想统治一个民族，必须先控制这个民族中最为优秀的知识分子。

顺治二年（1645），浙江总督张存仁建议清政府开科取士，使读书人有出来做官的欲望，那么反叛的想法自然就消失了。

这一年，清政府首次开科，举行乡试，次年举行会试。此举顺应了汉族知识分子的"入世"愿望，立即得到广泛拥护。但许多以德行标榜的名士仍然对此无动于衷。

康熙深知争取的这些人具有重要的榜样力量，于是进行广泛搜求。

康熙十七年（1678），清廷决定举行"博学鸿词科"考试，让各地举荐人才。要求凡是学问、品行兼优，辞章卓越之人，不论是否已入仕为官，在京三品以上官员、科道官员，各地总督、巡抚、布政使、按察使都要各举所知。

此令一出，在很短的时间内各地共推荐了一百九十余人，其中一百四十三人响应政府的号召，参加了考试。这些人在生活上得到优厚待遇，清廷除了发给他们往返路费、衣食费、柴炭银、俸廪等外，还准备了高贵而丰盛的茶点筵席招待。在阅卷时，也是多方迁就，宽大无边。如严绳孙只作了一首诗，彭孙通故意把诗写得言词不通，潘耒、李来泰、施闰章等的诗不合韵律等，却都一一录取。

此次考试，共录得五十人，俱授予翰林职衔。这些人本来都存有严重的反清情绪。他们被授予翰林院侍讲、侍读、编修、检讨等职，有了高官厚禄、丰衣足食，享受到各式各样的特权，从而动摇了原有的反清意志，改变了立场，成为清王朝的走卒。

康熙对那些在学术界有威望，不愿与清朝为伍的名士，如顾炎武、王夫之、黄宗羲、李颙等人，都采取包容态度，并且经常卑身枉驾前往探访。

康熙四十二年（1703），康熙巡行到达西安，希望见到著名学者李颙，李颙托病不见，康熙命取李颙著作一观，李颙遂派其子前往送书，康熙亲自接见他并对他说："你的父亲读书守志，可以说是毕生守节的人。"于是挥毫写下"志操高洁"匾额相赠。

康熙深知这些人以节气相尚，虽不入朝为官，但已然归顺，不会有害于统治，自己的宽容正可以争取其他知识分子投身帐下。顾炎武的门生潘耒就得到顾炎武的默许参加了博学鸿词科考试。

康熙主要任用这些人进行古籍的编修工作。除了翰林院，还在宫内外设立武英殿修书处，蒙养斋、佩文斋、渊鉴斋、明史馆、一统志书局等修书馆所。这些工作都无伤于汉族士人所标榜的节气，并且可以解决生计问题。许多不愿入朝为官的著名学者，对此并不持反感态度，因而以布衣的身份参与。黄宗羲对清朝采取不合作态度，但在康熙的争取下，最后还是把自己的儿子黄百家和门人万斯同送入宫中从事《明史》的修纂工作。

康熙的崇儒政策有多方面的动机，最基本的是争取汉族知识分子，"士为秀民，士心得，则民心得矣"，此外他自身确实对汉族的优秀文化心向往之。康熙非顺治所爱之子，自幼被送入寺庙之中，这使他有机会和汉族士人交往。服侍他的两个前明太监即是粗通文墨之人，使他受到汉文化的熏陶，对汉文化产生崇敬之心。

当然，这背后也存在着不可告人的目的，即通过编书，清查汉文书籍中对清朝统治不利的内容，同时将汉族知识分子的精力消耗在编书的浩繁工作之中，使他们没有机会同清王朝为敌。

终康熙一世，共编书 60 余种，其中包括《康熙字典》《佩文韵府》《骈字类编》《分类字锦》《音韵阐微》《古今图书集成》《全唐诗》等等，为中华文化保留了宝贵的精神财富，但也查禁了 538 种，销毁 13860 部，造成了巨大损失。这种做法被雍、乾继承，使清代掀起了编书的高潮。乾隆朝更甚，所编《四库全书》，收图书约 3500 种，共 79070 卷，所毁书籍却也达 3000 余种六七万部之多。

◆ 尊先朝以求正统

明朝是汉族的正统王朝，清则是汉人眼里的蛮夷之邦。

清朝入主中原本身就意味着对汉族正统观念的蔑视，它的诸如剃发、易服等侮辱汉族人民的措施，更容易使汉族百姓转而怀恋曾经恨之入骨的明王朝。正统观、华夷观和恋旧情节的交互震荡，很可能迸发出反清复明的燎原之火。

清统治者从入关之日起，就在转变这三种观念上下功夫。黜免地租，消除汉人恋旧情节，同时宣扬"满汉一体"，减弱华夷观的对立，其次就是采取尊重明朝的策略，为自己在法统上寻找合理、合法的立足点。

清朝很注意处理同故明的关系。在入关伊始，他们就高举"为崇祯复仇"的旗号；定鼎中原以后，又宣称政权得于"闯贼"，而非得于明朝，相反正是清朝为明朝报了杀君父之仇，救天下苍生于倒悬。借此表明自己对明朝的合法继承。

康熙执政期间，对明朝也采取尊崇态度。他南巡到江宁，亲至朱元璋陵墓孝陵祭奠，或派官员前往祭祀，表示对朱元璋的敬意。他保护明十三陵，经常派皇子巡查、扫祭。这就对反清复明活动在舆论上进行打击。

雍正元年（1723）九月，雍正声称他发现了康熙的未发谕旨，称赞朱元璋统一华夏、经文纬武，为唐宋诸君所未及，于是命令访求明太祖后裔，加以优礼。次年，将正白旗正定知府朱之琏封为世袭一等侯，负责明朝诸陵的祭祀，同时将族内之人均升入正白旗籍。

朱之琏的祖先朱文元，是明宗室后裔，于松山战役被俘，早已入了旗籍，是已经满化的朱明后人。雍正利用这类旗人，一方面继承其父崇明政策的余绪，另一方面把他们当作招牌，为"满汉一体"做明证。

第
四
章

CHAPTER 4

盛世的文韬武略（下）

康、雍、乾三朝是中央集权高度发展，国家空前统一的时期。康熙皇帝祖孙三代，为了边疆的巩固和领土的完整，殚精竭虑，挥戈四方，先后平定"三藩"，统一台湾，又平定西藏以及西北准噶尔贵族的叛乱活动，建立了强大的清朝帝国。

　　与此同时，天朝大国的自尊自大情绪也随之潜滋暗长，在对外交往中，呈现出极端封闭的状态。中华朝贡体系难以融入世界新秩序，导致中国无法走入世界，也为自己埋下了衰弱的种子。

恩威并用，靖国安边

战争是敌对双方的对立统一体，二者相互斗争，也互相包容，在适当的条件下，相互转化。一个有经验的、成熟的统帅，在把握住自己军队、消除非己因素的同时，也能够随时随地激发对手内部的动摇因素倒向我方。"顺者以德服，逆者以兵临"就是中国传统兵法中分化敌人阵营的重要方式。一"德"一"兵"，一恩一威，可谓是威胁利诱，对于那些意志不坚、缺乏原则的将领和士兵，会产生很大的冲击力。

康熙自幼受汉文化的熏陶，接受了"王道"思想，主张以德服人。康熙朝初年，国家藩篱不固，烽烟四起。康熙发动了统一国家、靖国安边的战争。他不仅以身作则、爱惜将士，而且极力争取敌对将领，分化敌人阵营，达到不战而屈人之兵的目的。对那些坚持对抗的敌对势力，他则坚决予以打击。

◇康熙兵道：在德不在险

得道者多助，失道者寡助。历代名将都非常注意人心的得失，康熙亦然。

康熙争取人心的方式是儒家王道中的帝王归心术。它的要旨在于服心，逻辑起点在于人人皆有"心"，人与人的关系不只是身与身的关系，更是心与心的关系，这是一种对应性的反应对待关系。也就是说，君主以什么样的方式对待臣下，臣下就会以相应的方式回报。君待臣如手足兄弟，臣就会待君如自己最亲密的、最重要的人;君待臣像狗马一样,臣就会待君如同陌路之人;君待臣如任人践踏的不值钱的土芥,臣就会待君如同仇寇。

服心之道在于感召,原则是推己及人。

它以人性善为基础,强调心与心应对的层面是平等的。君主应该把臣民当作人,当作与自己一样具有同等价值和人格高度的人,以心换心,以德感人,来换取与自己的投入相当或加倍的回报。

康熙不仅在政治领域推行帝王归心术,使他成为一代仁德之君,也在军事领域将其发扬光大,让士兵们敢于以死报国,为每次征战奠定了胜利的基础。

他特别爱惜兵丁,尝言:兵虽好,如果不善于安抚而让其处于困苦的境地,即使再好也没用处。

在平"三藩"期间,看到兵丁过于劳苦,他多次下令驻守兵丁轮番休息。

康熙二十一年(1682),康熙到吉林微服私访,见兵丁役重差繁、劳苦至极,遂将各种无益差徭概行革除。

在战争中,凡遇敌兵,从不冒险出击,而是认真研究可攻之处,方令进攻,绝不采用人海战术,让士兵作无谓的牺牲。

康熙对将领也采取信任态度,极为优宠。

"三藩"叛乱之初,庆阳知府傅弘烈因为曾告发吴三桂不轨阴谋,全家被杀。为奖励他的忠诚,康熙授他为广西巡抚,后又加授抚蛮灭寇将军。傅弘烈感恩图报,率兵进征广西,捐躯殉难。

汉将赵良栋,在征战中身先士卒,屡建功勋。康熙十五年(1676),赵良栋被甘肃提督张勇推荐,有人认为赵出身于叛乱的陕西,不可信任,康熙却力排众议,毅然命其提督宁夏,对稳定西北后方起了重要作用。

在平"三藩"中,孙思克、姚启圣、张勇、蔡毓荣、徐治都、李之芳、吴兴祚等人,都被康熙多次封赏、提拔,为平"三藩"立下了汗马功劳。

康熙对敌方的将领也注意拉拢、优待。

在每次战争中,他都以政治攻势与军事攻势相结合,以达到分化敌人阵营的目的。在收复台湾中功劳卓著的施琅,就是在这种政策下归顺清朝的台湾郑氏降将，康熙给以充分信任，留在身边十余年，一到时机成熟，立即委以重任，后果然不负使命。

康熙特别强调军纪，坚决禁止军队扰民。

封建时代军队的士兵大多为修养不高、素质较差之人，社会地位也很低，他们与百姓之间存在着某种程度的隔阂，在行军、作战中，强抢滥夺之事时有发生，导致民怨沸腾。

康熙为了稳定民心，特别强调军纪的重要性。屡次出兵，他都附带指示，要求士兵不得扰害地方。康熙三十四年（1695），他参考以前的规章，结合新的情况，制定军令十七条，其核心内容就是不得侵害百姓。

纵观康熙历次战争胜利的原因，除了战略战术外，无外乎民心相悦，将士敢于用命，敌将愿意归顺，没有这些，战略战术也就无从谈起了。

康熙三十五年（1696），康熙在昭莫多与准噶尔部噶尔丹进行了一场较量。康熙获得了胜利，他的归心术又一次发挥了作用。

康熙二十七年（1688），噶尔丹借口喀尔喀蒙古宗教领袖哲布尊丹巴和土谢图汗在调解喀尔喀两翼纷争的枯冷白尔齐尔会盟上，不尊重达赖喇嘛的代表为由，向喀尔喀发动进攻，二人南逃内蒙古，请求清政府保护。噶尔丹复以追击二人为由，兵进内蒙古，连败清军，提出内外蒙南北分治的议和条件，公然分裂清国。康熙命清军进剿，在乌兰布通大败噶尔丹。

康熙想乘胜招降噶尔丹，避免在北方不利的地理条件下用兵。他在给噶尔丹的敕谕中分析了噶尔丹的处境："你前次在乌兰布通大败之后，你的属下，都心生畏惧，纷纷说你的坏话。"希望噶尔丹罢兵归降。

但噶尔丹野心不死，拒绝归顺，反而杀清朝使者，勾结沙俄，准备发动更大规模的战争。

大败之后，往往有厌战之心，噶尔丹的一意孤行，让他的部众对他更为不满。

一开始，噶尔丹准备用"间"。他致信蒙古各部，尤其是科尔沁土谢图亲王沙津、达尔汉亲王班第，要他们协谋共举。

科尔沁部自清太祖努尔哈赤以来就归顺清朝（后金），与清室联姻，在蒙古各部中地位显赫，兵力最强，是清王朝重要的武装力量。噶尔丹争取科尔沁的希望不大，他意在制造清廷与科尔沁之间的不和，借机进兵。

噶尔丹与沙津之间的交往，确实使许多人心怀疑虑，黑龙江将军萨布素向康熙密奏科尔沁有异心。但康熙并不中计，而是决定将计就计。他召沙津来京，与其共商灭敌之策，拟诱噶尔丹于近地歼之。这样既向沙津表示了信用不疑，稳住了沙津，又向噶尔丹送出了诱饵。

但噶尔丹也并不轻易上当，只是以兵力在边境往来骚扰，寻找进攻时机，并不将沙津当作可靠的盟友。

康熙诱歼不成，便召集八旗武职官员商议灭敌之策。

鉴于八旗武官大多不愿远涉沙漠作战，康熙决计亲征，以此来激励将士的战斗精神。

康熙三十五年（1696）春，清军兵分三路，进剿噶尔丹。

东路由黑龙江将军萨布素率盛京、宁古塔及黑龙江兵，并科尔沁兵，由东向西，沿克鲁伦河进剿。

西路由大将军费扬古率领，由归化城进兵，将军孙思克由宁夏北上断敌退路。

中路由康熙自将，直袭克鲁伦河。

塞北的初春，仍然很寒冷，风雪袭人，行军艰苦。康熙身为表率，天不亮即起床，凌晨就撤营上路。遇上风雪交加的日子，如果军士尚未安营，康熙就穿着雨衣站在露天地里，等到士兵们结好营，才进行营安歇。士兵都开始吃饭了，自己才吃。尝言："士兵们还没安稳下来，我怎么忍心到帐房里求安逸呢？"运粮车在沙漠里行走很困难，遇有阻滞之处，康熙亲自率诸皇子、大臣推车而过。为节省口粮，康熙带头，每日只吃一顿。

康熙的这种作风，极大地震撼了将士的内心世界，将士们自然愿为其效死命。康熙对此也抱有信心，认为这些官兵已经培养多年了，兵锋所指，一定会不辱使命。

康熙的亲民作风拉近了康熙与将士彼此之间的距离，但恶劣的自然条件也对军队的行动造成了困扰。西路军受风雪所阻，不能如期前进，导致中路军突前，很快追上驻在克鲁伦河的噶尔丹，形势很紧张。

克鲁伦河虽易守难攻，但由于噶尔丹人数较少，武器落后，无法渡河去击败清军，清西路军又在背后逐渐压进，两军对峙下去对其不利。正当康熙积极备战之时，噶尔丹却悄悄撤走了。

噶尔丹的撤退并非不战而败，他在退兵途中将帐房釜鬶一切器物尽皆抛弃，意在暗示退却路线，诱敌深入，寻机歼敌。

这一着果然奏效。康熙以为他不守克鲁伦河，是惧怕皇帝亲征，于败退中自行向清军敞开了门户，急令平北大将军马思喀率数千轻骑追赶。

噶尔丹本想于拖诺伏击，后又改在额黑穆布哈苏台，但由于清军西路军已经赶到，这才改变主意，舍中路而击西路疲惫之师，冲出包围，下令向土拉出击。

西路军受风雪所困，减员非常严重。孙思克在军粮不继的情况下，为避免不必要的牺牲，冒着死罪带着精壮者两千人与费扬古会合，其余全部遣回。因此清军在兵力上不占优势。

西路军行至土拉的昭莫多，与噶尔丹相遇。

昭莫多是漠北兵家必争之地。其北为肯特山，山岩壁立，山下为一马平川，森林茂密，森林前有马鞍形小山，下有土拉河沿山根围绕。

两军在林旁接战，噶尔丹攻至小山前，企图占据有利地形。提督殷化成见此，向费扬古请示夺取小山，费扬古以天晚欲待来日，在殷化成的力主下，方才同意。殷化成率所部登上山顶，噶尔丹正从另一侧登至半山腰，双方在山上展开激烈搏斗，费扬古遂以全军上山布阵，两军相持不下。这时殷化成看到敌军阵后人马甚盛，却不前来助战，断定是敌人妇幼辎重所在，遂派一部士兵从后绕出劫营，敌人果然阵脚大乱。噶尔丹兵败西逃。

昭莫多之战，康熙胜非在计，而在于德，其以皇帝之尊，甘受奔波之苦，冒锋镝之险，又事事以将士为念，孙思克自作主张遣回士兵，康熙亦持理解态度，将士自然全力以赴。至于噶尔丹，其计本在康熙之上，但由于部众厌战，再加之游牧民族无根据地以安置家属财物，对行军作战造成了拖累，从而酿下了失败的苦果。

昭莫多大捷后，康熙总结胜利经验说："我这次凭的是天理，靠的是人心，因此不贪图安逸，不以尊崇的地位凌驾他人之上，与士兵一样吃简单的饭，每天只吃一餐，渴了就喝脏水，甘于忍受劳苦，所以军士愿意效命。"

◇首恶必办，胁从不问

两兵交战，是没有固定的模式来遵循的，战场风云变幻，不可预料。因此，要对主次矛盾进行分析，以便集中兵力，打击元凶。

古人云"擒贼先擒王"，不打击主敌，毁其根据地，灭其主力，敌人仍会重整旗鼓。对于次要矛盾，要不失时机地加以争取，促进其向己方转化。

康熙在平"三藩"的过程中，依此方针，逐渐稳定了政局，孤立了"三藩"之首吴三桂，从而彻底底定南疆。

所谓"三藩"，系指清朝分封的三个汉族异姓王：留镇云南的平西王吴三桂，留镇广东的定南王尚可喜，留镇福建的靖南王耿精忠（耿仲明之孙）。

"三藩"兵力雄厚，雄踞一方，对中央政权构成极大威胁。其中以吴三桂为最，不仅兵力众多，而且把持了云贵等省官员的任免，世称"西选之官遍天下"。

康熙亲政后，为了加强中央集权，意欲铲除"三藩"。康熙十二年（1673），尚可喜上疏归老辽东。吴三桂、耿精忠也上疏试探。不料康熙顺水推舟，下令"三藩"俱撤。

吴三桂恼羞成怒，首揭反叛大旗，耿精忠及尚可喜之子尚之信也相继起兵。吴三桂分布各地的党羽望风蜂起，占据要津，许多朝廷命官被迫从逆。长江以南尽皆失陷。

清政权大有风雨飘摇之势，朝野上下一片慌乱。

康熙力排众议，决意申讨，派八旗劲旅前往荆州，阻截吴军过江，又发兵驻扎要地，固守江西，割断耿、吴叛军的联系。同时发动政治攻势，对耿、尚以及吴的部下进行招抚，借以全力镇压吴三桂。

康熙首先谕告云贵文武军民，进行策反活动。要求各守本分自保，不要听从威胁利诱，有误入叛军的，如果能够认真悔罪归顺，以前的错既往不咎，不再惩处。如有能在军前擒斩吴三桂的，就把吴三桂的平西王爵位封给他，有能斩杀或擒获吴三桂党羽的，以及带领兵马投诚、献城归顺的，按功劳从优任用为官。

康熙十三年（1674），耿精忠响应反叛后，康熙命定南将军希尔根、平南将军赖塔、平寇将军根特巴图鲁，分别由江南、浙江、广东三路进军福建，又派军驻于江南、京口待命，同时降旨招抚，遣工部郎中周襄绪前往福建宣谕，诏曰："你耿精忠肯定是一时无知，落入奸计当中，与吴三桂是不同的，因此我将吴三桂的子孙正法，对你耿精忠在京的弟弟们仍然照旧宽待，对你属下的官兵也未加罪，如果能幡然悔悟，将攻犯内地的海贼郑经速速剿灭立功请赏，我就赦免你以前的罪过，仍像以前那样对你。"然而耿精忠拒绝归降，反而关押了周襄绪。

康熙遂命康亲王杰书与国山贝子傅拉塔由浙江进击，连败耿军。

乘着胜利之机，康熙再次颁诏耿精忠，并派其弟耿聚忠至杰书军前招降。诏书回顾耿精忠祖、父功劳，陈明利害，说："你要是真心悔罪归顺，就马上恢复你的王爵，仍让你镇守原来的地方，你属下的人员职任俱各如故，兵民人等照前安插。如果能够消灭郑经等海寇，好好辅佐我，仍从优任用，加官晋爵。上次派出的使臣周襄绪等人你不让回来，一定是有别的原因，我并不在意，我以真心待天下，绝不食言。"

然耿精忠一意孤行，不见其弟，调兵遣将如故。浙江战场出现僵持局面。

就在此时，耿精忠方面的形势发生了变化。与其一同受吴三桂之约进攻江南的郑经，试图吞并福建，耿精忠被迫调江西兵回闽，清军遂借此时机长驱进入福建。耿精忠受两侧夹击，势力穷蹙。

康熙见时机成熟，遂令杰书前往谕降。九月，耿精忠遣子耿显祚于福州向杰书请降。康熙命其仍保留王爵，随清军征剿郑经，立功赎罪，耿部众纷纷献城归顺。康熙十六年（1677），清军将郑经逐回厦门，福建、浙江、江西被平定。

尚之信起兵后，处境并不比耿精忠强。吴三桂不断向其索要饷银，又派亲信董重民取代金光祖为两广总督，冯甦代佟养钜为广东巡抚，马雄驻肇庆，欲取而代之。此外郑经受吴三桂支持，占据广东惠州。

而此时耿精忠投降，清军压向广东。尚之信一下子落入困境。

耿精忠的归降为他作出了榜样。康熙十五年（1676）十二月，尚之信派人到简亲王喇布军前乞降。喇布上奏康熙，康熙降特旨曰："把你以前的罪和你部下官兵的罪，全部赦免，如果能借机进剿叛军，立功自效，仍然加恩从优任用。"

康熙十六年（1677）五月，尚之信率省城将士归清，其部将亦以城池归顺，董重民被擒献。康熙命尚之信继承其父平南亲王的王爵，所属部将各复其职，董重民等也被免死释放，表示叛乱罪在吴三桂一人，与其他人没有关系。

吴三桂是清军重点讨伐对象。康熙曾连下谕旨称"湖南是吴三桂的根据地，四方群寇都以湖南的形势为进退"。因此，清军的绝大部分部署在湘黔川陕一带同吴三桂作战。

康熙对吴三桂的部下，同样采取招抚政策。他说，逆贼吴三桂反叛，所在地方的文武各官，因兵单力微，对他的胁迫不能反抗，想要弃城归降，却又惧怕国法难以饶恕，迫不得已而追随他的人是有的，也有被他的奸计所迷惑，因为无知而服从他的，应该不避前嫌，广为招抚。

在康熙招抚的吴三桂部将中，以王辅臣最费周折。

王辅臣，山西大同人，曾隶明大同总兵姜瓖麾下，随姜瓖降清，于顺治五年（1648）又随姜瓖倒戈反清，被击败降清。姜瓖死后，清廷授王辅臣侍卫，隶汉军正白旗。顺治十年（1653），随洪承畴南征，升为湖广总兵。顺治十六年（1659）平定云南后，吴三桂镇守该地，奏补王辅臣为援剿右镇总兵。康熙九年（1670），王辅臣被提升为陕西提督，移镇平凉。

王辅臣与吴三桂素来关系亲密，吴三桂反后，立即派人与王辅臣联络，不料王辅臣首发"逆札"，向朝廷告发，致使吴三桂大失所望。但当吴三桂攻下四川、湖南以后，王辅臣却举兵响应，杀经略莫洛。

康熙听到奏报以后，大为震惊，立即颁谕王辅臣，将其反叛原因归咎于自己，他自责说："这次兵变以后，我当面问过你儿子，才知道你和莫洛两人有私人恩怨，嫌隙很大，才有今天的情况发生。这是我识人不明，让你遭受意外之变，让你的忠心无法表达，错误在我啊。"并表示，如果王辅臣反正，仍复提督原任，既往不咎。

但王辅臣在观望中。在得到吴三桂饷银二十万两后，遂继续发兵。康熙急命张勇、王进宝等率兵进剿，将王辅臣压制在平凉、固原，久攻不下。

直到康熙十五年（1676），图海奉命进攻平凉，以红衣大炮炮击王辅臣军营，王辅臣被迫投降。固原等地相继归顺，西北局势得以稳定。

康熙命王辅臣恢复原职，加太子太保衔，封靖寇将军，令其立功赎罪。

王辅臣的归降具有榜样的力量，清军逐渐振作起来，在战场上渐渐得势之后，吴三桂部下也纷纷归诚。

敌水师将领林兴珠降于湘潭，指挥清军攻陷久攻不下的岳州，吴三桂部下的将军、总兵、文武官员，归降者甚多，自此湖南门户大开。

吴三桂先是失去耿、尚的帮助，后西北王辅臣又被困，清军围攻湖南，其势不得伸展，又兵粮乏竭，子孙被杀之事时时袭扰其心，在百无聊赖之中，吴三桂遂在衡州称帝，改元为周，帝号昭武，力图以称帝重振士气。但仅仅五月余他就在忧病之中死去了。吴三桂死后，吴部派系斗争激烈，又失岳州咽喉重地，无力抵抗清军进攻，其孙吴世璠遂撤往贵州，企图负险苟存。

康熙十八年（1679）末，湖南、广西、四川平定，康熙命兵分三路，由三省分别进击云贵。一路上势如破竹，直抵贵阳，吴三桂孙吴世璠逃往云南，其文武官员二百余人及贵州总管李本深归降。清军直入云南，包围昆明，吴世璠等被困城中。

康熙令招抚云南各府州县吴属官兵，临安、永顺、姚安、大理等诸路敌总兵相继归顺，敌各路援兵亦被击败，昆明成为一座孤城。

康熙二十年（1681）十月二十八日，吴军诸将线域、吴国柱、吴世吉、黄明，原任都统何进忠、巡抚林天擎等谋擒吴世璠，吴世璠闻变自杀，二十九日，诸将开城迎降。清军擒获怂恿吴三桂起兵并为其谋士的方光琛，于军前正法，这是开战以来清军处死的第一人。

吴三桂祖孙虽死，亦不宽贷，吴世璠被戮尸传首，吴三桂遗骨被拆解示众。

至此，"三藩"平定。

康熙的打击元凶战略，对于分化敌人阵营，孤立首要敌人，改变敌我力量对比具有重要作用。

法国传教士评论说，康熙"不仅使一些尚未公开表示支持吴三桂的人服从他的命令，而且还能使大部分曾经背离朝廷的人也重新站到他一边来"，"他的聪明才智，很快弥补了他力量的不足"。

但康熙对招抚中所作的承诺却未能完全遵守，其实这些都只是他的计谋而已。平定云南以后不久，尚之信、耿精忠就以大逆不道的罪名被处死了，吴三桂所部亦分别以情节轻重被处以死刑、革职、流放等，各藩属亦被疏散安插。只有叛而立功之人才被授以官职。但这也足以显示他的宽厚、不事株连的一面了。

经过此番整顿，"三藩"的余部就烟消云散了。

◇岳钟琪之兵道乘机

在康、雍、乾三朝，涌现出许多杰出将领，他们为清朝平叛除逆，靖国安边，立下了不朽的功勋。其中以岳钟琪最为著名，被称为"三朝武臣巨擘"。

岳钟琪（1686—1754），字东美，号容斋，四川成都人，据说为岳武穆后裔。自幼爱好兵法，对孙吴兵法颇有心得。以文职改为武职后，在历次征战中，以谋略见长，惯于以少胜多。

岳钟琪历经三朝，先后参与平定西藏、青海等地叛乱，他将孙吴兵法灵活应用于战争中，创造了一个又一个奇迹。

康熙五十八年（1719），岳钟琪奉命随定西将军噶尔弼征剿里塘喇嘛达哇蓝占巴，以四千绿营兵往驻察木多，等候主力到达，一同进剿。

岳钟琪由巴塘起兵，途中抓获敌人逃兵一名，得知敌人欲调重兵守饶耶三巴桥，据险自固。

三巴桥为入藏第一险，敌若断桥而守，纵有精兵强将，亦无法通过。此时，主力还未到达，又无法与主将取得联系，无法请示。

岳钟琪断然决定强占三巴桥。为避免敌人闻讯做好准备，岳钟琪定出"以番制番"策略，选出会说藏语的士兵三十多人，着藏服，疾驰敌营，擒获敌使者五人，杀死六人。此次进兵神速，藏人以为是天兵天将自天而来，都吓得趴在地上乞降。

清军遂占领三巴桥，为入藏铺平了道路。

由于蒙古兵未能如期到达，全权指挥的大将军允禵命各部原地待命，噶尔弼等不敢有异议。

军粮是按计划携带的，此时已然逾期，军粮不足的不利条件很快就会威胁到驻军。岳钟琪向噶尔弼建议说，目前军粮只够支持半个月的，如果要等大军到齐共同进军，那么军粮一旦耗尽，将处于进退维谷的境地，况且公布在西藏各部落中号称强大，不如趁此兵威，对他先进行招抚，然后调各地藏兵共同进剿，先断其右臂，就可早有胜算。

岳钟琪提出招抚西藏部落，"以番制番"。噶尔弼采用了他的建议，公布大头目三人果然畏惧清军初胜之威，率两千藏兵前来归顺。

岳钟琪主张趁此时机入藏，但噶尔弼不敢有违军令，岳钟琪知道机不可失，失不复得，就心情激动地说："现在是势在必行，还讨论什么呢？我只有用我这一腔热血，报答朝廷，请求马上出兵。"于是首先率军进击，出其不意，平定了西藏。

西藏叛乱平定不久，雍正元年（1723），青海又爆发了罗卜藏丹津的叛乱。

岳钟琪以四川提督率兵驻松潘，协助抚远大将军年羹尧进剿。

罗卜藏丹津进攻西宁，岳钟琪往援，大败上寺、东辙叛军。归德城西的果密番部，闻讯聚兵于大石山，凭借天险固守。

岳钟琪下令队伍伪装撤离，扎营于山口数里之外，表现出不愿进攻险要之意，使敌人放松了警惕。到了夜里，岳钟琪兵分三路，两路登山，一路断山口，敌人措手不及，纷纷向山顶奔逃，岳军乘胜追击，斩杀两千余人，坠崖死者，不可胜计。史载此次战后，"自松潘至西宁，五千余里，烽烟肃清，青海为之夺气"。

与此同时，年羹尧亦在周密部署，开展对敌人的进攻，经过一个冬天，敌人十万人投降，罗卜藏丹津逃往柴达木。

年羹尧与诸将商议进军方略，欲调兵二万，分四路进讨。

岳钟琪认为青海地域辽阔，敌军尚有十万，若深入其境，不但军粮难以补给，而且会四面受敌，不如以精兵五千，攻其不备，直抵贼巢。雍正认为其方案可行，命他为奋威将军，参赞军务。

雍正二年（1724）二月八日，岳钟琪率兵五千深入敌境，五月以三千兵火烧郭隆寺，大破罗卜藏丹津叛党万余人。行军途中当他得知罗卜藏丹津驻扎于一百五六十里外的乌兰木呼儿时，立即下令将士就地安营，秣马厉兵，傍晚发兵，黎明突至敌营。

当时叛军尚未起床，马未勒衔，忽闻大军到达，慌乱异常，罗卜藏丹津穿妇女服装，带着妻妾，狼狈逃往准噶尔部，其母阿尔太喀屯及其妹夫克勒克济农藏巴吉查被俘。

至此，青海平定。

岳钟琪的用兵之道在于谋机，而非谋势，是以出其不意的行动来弥补力量的不足，以少胜多。

岳钟琪深谙孙吴兵谋七法，如大军速战（乌兰木呼儿）、以迂为直（果密番部）、伐谋为上（平藏）、知彼知己等，是对传统兵法的发扬光大。乾隆朝，岳钟琪被重新起用之后，基本上也是以此平定了金川叛乱。

◇施琅平台湾之兵机

明朝灭亡以后，郑氏集团仍在台湾，奉明正朔。"三藩"平定以后，清王朝解除了后顾之忧，将收复台湾、消灭郑氏海上势力的目标提上了日程。

康熙二十年（1681），郑经死，台湾发生内讧，权臣冯锡范杀郑经长子郑克臧，拥立郑克塽。郑氏集团"彼此猜疑，各不相下，众皆离心"。康熙认为进取台湾时机业已成熟，便派内大臣施琅为福建水师提督，相机进取。

施琅原为郑氏降将，对台湾形势很熟悉，又擅长水战。他到达福建以后，整船练兵，联系旧部，等待进兵时机。准备了一年多时间，康熙二十二年（1683），施琅施展谋略，一举收复了台湾。

施琅谋略的要旨在于"出其不意，攻其不备"，即兵家诡道，一切逆常行事，没有按照习惯思维和定势以及一般原则和常规，不给敌人以充分准备的机会。

施琅的这次行动主要是在进军的时间和地点上下功夫。

他选择的时间是夏季。夏季是台风盛行时期，为兵家之大忌，但夏季的南风，却有很大的优点，夏季的南风轻柔而海浪平稳，将士没有晕船的隐患，并且顺风顺水，进军之势如破竹。不像北风那样风势刚硬，突然起风又突然停息，没有一定的规律，难以掌握。

他选择的地点是铜山（今东山），而不是习惯上的厦门，此地近澎湖南大门八罩岛，且不容易被郑氏间谍侦知。

这些逆常措施都服务于一个目的：进攻澎湖列岛。此地为台湾咽喉，郑氏集团派刘国轩以重兵驻守，"扼守澎湖诸隘"，如果清军直取台湾，"即抄袭其后"。因此"澎湖不破，台湾无取理，澎湖失，则台湾不攻自溃"，在主攻目标的选择上，施琅充分运用了"地利"。

康熙二十二年（1683）六月十四日，施琅统率清军水师 2 万多人，大小战船 300 余艘，从铜山起锚，向澎湖进发。

此时此地向台湾进兵，确实出乎刘国轩的意料，在没有准备的情况下，不得不仓促应战。清军很快就攻占了花屿、猫屿、草屿等岛，进泊八罩岛。

在以后的几天里，清军又取得了虎井、桶盘二屿，取得了立足之地。

二十二日，施琅以"惑敌之术"进攻。首先派总兵董义率 50 艘战舰由西面进攻牛心湾，作为疑兵，做出要登岸的样子。自己则亲率 58 艘战舰，直趋娘妈宫，80 艘战舰殿后。另派总兵陈蟒率战舰 50 艘从东面攻打鸡笼屿、四角山。

此时南风大作，清军扬帆速进，火器齐发，郑氏海船相继起火。经过激烈战斗，焚毁郑军大小战船 200 多艘，歼灭 1.2 万余人，清军占领了澎湖列岛，刘国轩逃回台湾。

澎湖一失，精锐复尽，台湾震动，一时市井风声鹤唳，人心惶惶。施琅乘机展开政治攻势。他将俘获的郑氏士兵，给以医药、口粮，放回台湾。

这些人回到台湾后，把事情经过相互转告，大家都欢声雷动，敌将敌兵听后争相前来投降，郑氏集团完全没办法阻止。

康熙也派侍郎苏拜前往招抚，刘国轩主张接受招抚，回归祖国，力劝权臣冯锡范，反对逃往吕宋的论调。

施琅又遣曾蚩等人赴台，冯锡范终于同意派人赴闽谈判。由于郑氏集团怕回大陆后得祸，康熙接受总督姚启圣的建议，敕谕郑克塽、刘国轩、冯锡范等："你们率领所属官军民人，全部上岸后，就将你们从前所犯的罪过，全部赦免，仍然从优任用官职，所部官员民人，加恩予以安插，让他们各得其所。"

七月十五日，郑克塽派遣冯锡硅等到达施琅驻地，缴册印请降。施琅领兵从澎湖入台，自此，台湾孤悬海外数十年后，终于回到了祖国的怀抱。

◇ 雍正用兵西北之失策

雍正元年（1723），青海和硕特蒙古贵族罗卜藏丹津为在青海、西藏地区称王而发动叛乱，他强令和硕特各部放弃清朝加封的亲王、郡王、贝勒、贝子、公等封号，自称达赖珲台吉，率众进攻清朝驻军，侵扰青藏各部。

清军在年羹尧、岳钟琪的指挥下，迅速击败叛军，恢复了青藏地区的秩序，罗卜藏丹津逃往准噶尔策妄阿拉布坦处。清政府要求引渡，策妄阿拉布坦竟拒不交出，而且不时侵扰东邻喀尔喀蒙古，这就进一步加剧了康熙末年以来清朝与准噶尔部的敌对状态。

然而，雍正初年，清廷内部事务繁多，雍正锐意整饬，暂时无暇用兵。策妄阿拉布坦亦新败于清军不久，而且北受沙俄的强大压力，西与哈萨克部交兵，东又与喀尔喀部不和，无力与清廷对抗。双方都有缓和休战的需要。

于是，策妄阿拉布坦一方面在境内大力发展农业生产，加强实力，一面派人到北京与清廷谈判。雍正则顺水推舟，对来使热情接待，厚给赏赐以示笼络。同时，也派出使臣佛保到准噶尔议和。由于策妄阿拉布坦并无和谈诚意，加上罗卜藏丹津的干扰破坏，谈来谈去，根本没有什么进展。其实，双方心中都有各自的数术，都在密切注视对方的动静，暗中筹划着攻击对方的对策。

雍正五年（1727），策妄阿拉布坦死去，其子噶尔丹策零为准噶尔部领袖，仍然继续其父的内外政策，一面遣使朝清，一面继续收容罗卜藏丹津，且整军秣马，有蠢动兴兵之势。

而雍正朝到这时已整饬结束，雍正的统治走上正轨，政局稳定，财力亦渐渐充裕起来。特别是他一直牢记其父康熙生前对准噶尔部和西藏地方分裂势力的态度，即国家之隐忧，必须加以铲除。他认为，策妄阿拉布坦的死提供了可乘之机，于是，开始部署用兵西北诸事宜。

自雍正五年（1727）年底开始，雍正为用兵西北进行了长达一年半时间的准备，从各地挑选、训练士兵，任命将领，购买战马驮骡、备造战车等，而且是秘密筹划，当初参与者仅有怡亲王允祥、大学士张廷玉以及岳钟琪、户部尚书蒋廷锡等人。到雍正七年（1729）二月，准备基本就绪时，才公开发表上谕，宣称继承康熙帝的遗志，对罪恶多端且一直无悔改之意的噶尔丹策零用兵。

他说："当今国库充实，士卒用命，实为出兵的大好时机。"同时，命令大臣们讨论出兵事宜。然而，有不少人对用兵表示了不同意见。大学士朱轼、散秩大臣达福等认为：噶尔丹策零颇能用人，上下一心，内部并未出现分裂倾向。似乎可以说是无衅可击，无机可乘，也就是说用兵准噶尔部的时机并未成熟。更有人说对准噶尔部用兵是穷兵黩武，毫无意义。因为，得其地不足耕，得其人不足使。大学士张廷玉、鄂尔泰等人极力支持出兵，更何况雍正本人早就是主意已定，岂容半途而废？不过，经此一番集思广益，却也暴露了雍正用兵西北存在的问题。

雍正七年（1729）三月，雍正任命三等公、领侍卫内大臣傅尔丹为靖边大将军；公爵、振武将军巴赛为副将军，顺承郡王锡保管理振武将军印务；侯爵、都统陈泰，公爵、散秩大臣达福，前锋统领衮泰等为参赞大臣；法敏、伊都立、巴泰、西琳、傅德等专门经理粮饷，组成北路军，屯阿尔泰山。任命三等公、川陕总督岳钟琪为宁远大将军，由四川提督纪成斌参赞军务，出师西路，屯巴里坤。

六月，雍正专门在太和殿为出师举行隆重的授钺礼，并检阅车骑营。雍正当时赋诗二首，其一云：

陈师鞠旅卜良朝，万里糇粮备已饶。

习战自能闲纪律，临戎惟在戒矜骄。

剑莹鹏鹕清光闪，旗绕龙蛇赤羽飘。

听彻前锋歌六月，云台合待姓名标。

岳钟琪也上疏称此次出师有十胜之机，如所谓主德、天时、地利、人和、糇粮广储、将士精良等等，断言可以"指日荡平"。

尽管雍正诗中有"临戎惟在戒矜骄"句，但是，从雍正到岳钟琪等，无不明显地流露出轻敌、矜骄的情绪。从雍正并未征求多数朝臣意见便专断决定用兵，而且对准噶尔部的情况也不甚了解，到岳钟琪夸大天时、地利、人和，都没有把噶尔丹策零放在眼里，似乎一出兵即可凯旋。

准噶尔方面对清廷方面的举动似乎早已了如指掌，并作了周密的部署。

当清军出师进军途中，突然有准噶尔派出的使臣特磊来到西路军岳钟琪部，声称罗卜藏丹津企图谋害噶尔丹策零未成，已被噶尔丹策零囚禁，本来要将其押送清朝，但是，听说清朝出兵了，才暂行中止。如果清朝能原谅噶尔丹策零，既往不咎，他愿意听从清朝廷的命令，押送逃犯罗卜藏丹津到北京。

这显然是编造出来的假话，意在迷惑清廷，松懈清军斗志，以行缓兵之计。但是，当岳钟琪将情况向雍正皇帝报告后，雍正竟然相信了，他命令将特磊送到北京，暂缓进军，同时，召傅尔丹、岳钟琪进京商议军情。

然而，就在缓兵期间，准噶尔出兵两万突然袭击清军西路军大营，劫掠马驼等十几万头，清军满洲副参领查廪逃遁，总兵曹勃出战，又大败。当准噶尔兵突袭科舍图之时，负责牧放马驼的是查廪，他"日置酒高会，挟娼妓以为乐"，可见松懈、轻敌到什么程度。

雍正九年（1731）四月，北路清军在傅尔丹统率下进驻科布多，噶尔丹策零侦知后，于同年六月派大小策零敦多布率军三万前往攻击。

噶尔丹策零利用清军骄矜轻敌的特点，故伎重演迷惑对手。先派人到傅尔丹军中诈降，并说什么噶尔丹策零大军未到，仅有小策零敦多布所部兵马不过一千，驻扎在距清军营地只有三日路程的察罕哈达地方。而大策零敦多布因为中途生病，留驻在和博克山。如果清军乘机发动进攻，肯定大获全胜。

对于敌谍的这些话，傅尔丹不加核实就信以为真了，因为他本来就是个有勇无谋的人。据说傅尔丹长得高大魁梧，虽身任领侍卫内大臣，却没有什么大本事，只会耍耍刀枪剑戟，岳钟琪就曾说他是个恃勇不恃谋的不称职的大将。

傅尔丹不仅无谋，而且骄矜，当他听信敌谍诡计，要率一万人马前往进击之时，副都统定寿、海兰等都曾劝谏，以防中敌人奸计，被他斥之为懦弱，"蹈汉儿弱习"。主事何溥扣马苦谏，他怒斥道："你们这些汉儒，懂得什么兵事！"傅尔丹竟然用马鞭子抽何溥的手，然后扬长而去。本来已堕入敌计，又如此骄矜浮躁，其败已定。

果然，傅尔丹率部进至和通泊，突然间敌笳大作，敌骑四合，箭矢如雨，清军被两万准噶尔兵包围冲杀，惨败而逃，回到科布的仅两千人。副将军巴赛、查弼纳等大批将领阵亡。此战不仅损失惨重，而且大大影响了清军士气，以致许多将领在很多场合都畏敌如虎，不敢出战。

此后，虽经喀尔喀亲王策凌率部在光显寺等战役中重创准噶尔军，但从总体上看，清军终是败多胜少，难以从根本上取得胜利，不得不于雍正十二年（1734），决定撤兵议和。

雍正用兵西北历经六年之久，出师十万余众，供役亦不下十万，耗费帑银数千万两，损兵折将，都没有达到目的，从这个意义上讲，西北用兵是以失败而告终的。

雍正之败，败在既不知己，又不知彼，从兵道上讲，即已无一胜算。

其不知己——尤以用人不当为显著。傅尔丹之无能，马尔赛之庸劣；对岳钟琪则是先信后疑，致使西路军无所作为。

其不知彼——屡屡轻易上当，先是不了解准噶尔实际情况，仅凭策妄阿拉布坦之死就以为有机可乘，决定用兵；又中噶尔丹策零之缓兵之计，推迟进军时间，置清军于不进不退之中，既折锐气，又懈斗志。

而不能知己知彼的根源在于骄矜。康熙、雍正之交，清军在西藏、青海的平叛中一举成功，冲昏了雍正的头脑，对准噶尔部的问题没有给予足够的重视。他之所以轻易中了噶尔丹策零的缓兵之计，思想上无疑是以为敌手慑于大清王朝的兵威，不能不屈服求和。至于西路军科舍图遭袭，北路军和通泊惨败，无不有将士骄傲轻敌因素的作用。

羁縻与归流

在云南、贵州、广西、湖南、湖北、四川等省，自古居住着许多少数民族，其居住的地方经济、文化落后，处于极端封闭的状态。元明以来，政府在这些地方推行土司制度，土司由部族首领担任，世代相袭，但必须由中央政府批准，这是中央政府将行政触角伸向这些地区的开始。

土司拥有很大的权力，他们可以自行征收赋役，对属下民众有生杀予夺大权，土司之间为了争夺土地和财产也不断发生战争，甚或侵掠汉族居住区域，这导致了他们和中央政府的矛盾。

明朝以来，中央政府就在一些地方取消土司世袭，设置府、厅、州、县等地方政权，派遣流官治理，进行改土归流，但收效不大，完成的地区有限。

清朝建立以后，对少数民族主要采取羁縻政策。但随着土司制弊端的日益严重，清王朝必须找到更好的解决办法。

雍正和他的宠臣鄂尔泰经过认真的考察、论证，将改土归流的政策大规模地推行下去。西南大部分地区在雍正一朝都完成了改流，从而促进了中央集权的加强，少数民族地区政治、经济、文化的发展。

◇羁縻为驭夷首策

羁縻是汉族中央政府对少数民族实行的传统政策。清政府在东北时期，明朝统治者亦对其采取羁縻政策，主要方式是"众建而分其势"，不允许有任何部族过分的强大，使他们在相互对抗中相互削弱，同时假以名号，使其对中央政府产生更强烈的依赖情绪；另外还"以物驭夷"，利用互市及朝贡贸易，提供给少数民族赖以生存的必需品，并以此作为调节中央政府与少数民族关系的手段。

清朝入关以后，不仅承袭了明朝的政治体制及文化体制，对待少数民族的政策也因袭下来，值得一提的是，乾隆朝平定新疆叛乱之初，仍然是试图将准噶尔部分成四部，以分其势，其羁縻政策的政治心理可谓一以贯之。

清初对西南地区的羁縻政策，从雍正元年（1723）的朱批中可见一斑。

雍正元年（1723），礼部掌印给事中缪沅就处理苗民事务，疏请令土司诸子分袭以杀其势，雍正把它交给湖广总督杨宗仁议奏，杨宗仁认为此法会导致土司以强凌弱。雍正朱批道："驾驭少数民族，从来都是多立诸侯以分化他们的势力为上策，一时突然实施，他们自然不愿意听从，如果慢慢想办法，让他们服从，将权力逐渐分割继承，似乎也是潜移默化安定边防的一个办法。至于对其以强凌弱的担忧，何必考虑那么多呢！我说的是他们的势力既然已经分化了，那么一定就相互疏远，日后即使有人在其中不安分，也会相互掣肘，或者因为畏惧而相规劝，那么他们的阴谋自然而然就会破产，对于我们来说，也是很有益处的。"雍正认为应该用一种潜移默化的方式，逐渐完成对土司权势的分割，使其互相牵制。

但羁縻政策只能治标而不能治本，只能解决一时，而不能利长远。

清朝本身就是突破羁縻而发展起来的，历史的经验足以让人担忧。况且很难找到一种比较缓和的"分势"办法，许多部族都对政府抱有敌视态度。

雍正三年（1725），云贵总督高其倬奏准在贵阳府广顺州仲家族的村寨建设营房，增置防汛，当即在宗角盖造完毕，后又计划在长寨建筑，该寨头目用大石堵塞路口，不容清军进驻。政府和土司的矛盾，促使其考虑改变对土司的统治现状。从明朝时已渐渐萌芽的改土归流政策，自然赢得了雍正君臣的赞同。

与此同时，改土归流的社会条件也日益成熟：中央政府的强大，军事力量的加强，为改土归流提供了重要的政治保障；汉族人民渴望获得少数民族地区的土地；土人日益不满土司的残暴统治，希望得到解脱。

雍正四年（1726），鄂尔泰出任云贵总督，首先对长寨用兵，九月上疏请求将原属四川的东川、乌蒙、镇雄三大土府，就近划归云南，实行改土归流，得到雍正帝的支持。至此，清朝对西南少数民族的羁縻政策告一段落，开启大规模的改土归流时期。

◇改土归流

鄂尔泰是以剿抚兼施的方式进行改土归流的。

他主张对土司要以抚为主，上策是用计招抚，下策是用兵胁迫，上策是让土司自己投诚，下策是责令土司投诚，但无论被动还是主动，对于投献者都要给以奖励，对土司的统治区域也只是编查户口、征收赋税，土司仍然要受到供养，给予终身的职位和荣誉。

实行过程中，还根据实际情况的不同有所侧重。

雍正元年（1723）四月，鄂尔泰对抵抗清军设营的贵州府广顺州长寨用兵，设立长寨厅。长寨用兵，成为雍正朝大规模改土归流的开端。

十月，雍正任命鄂尔泰为云贵总督，加兵部尚书衔，以利于他在辖区内进行改土归流，又将广西划归他管理。云南、贵州、广西三省的归流事务就全在鄂尔泰的管理之下了。

清政府首先将原属四川的东川、乌蒙、镇雄划归云南，进行改土归流。此三地自明洪武十五年（1382）平滇后，分别设府，改隶四川。各府均由当地彝族首领世袭土知府，和归流前区别不大，只不过是每年纳税而已，设府的目的也只是表示中央政府对此地在法理上的约束力。

但实际上此三地受政府的约束很小，并且因距四川首府太远，天高皇帝远，得不到有效控制，因此时叛时顺。

雍正四年（1726），鄂尔泰命曲寻总兵刘起元，带兵移驻东川，将巧家等六营地方，一切由少数民族首领世袭的官员全部裁撤，改由流官管辖，东川府最先真正实现了改土归流。

乌蒙在东川北面，是三大土府中势力最强的一个。鄂尔泰恩威并用，一面派人说服乌蒙实际掌权者禄鼎坤服从政府决策，一面派刘起元等先赴东川，联合东川府官员到威宁会审乌蒙土知府禄万钟。

十二月十三日，鄂尔泰前往东川，禄鼎坤父子迎至百里外。鄂尔泰赏给缎匹银牌，并委为土守备，令随同游击张鹤传唤禄万钟。

但禄万钟被汉人主文、刘建隆等挟制，不肯出来归顺。鄂尔泰遂派官军前往攻取，刘建隆等不敌，纷纷出逃，乌蒙各寨沿途归附者三千余户，乌蒙归流。

对镇雄鄂尔泰亦以同样办法，先是收服有实力的陇联星，土知府陇庆候逃往四川。

雍正五年（1727）正月，清军进驻镇雄。乌蒙、镇雄改设流官，派兵驻守。雍正八年（1730）又剿灭东川、乌蒙、镇雄的联合叛乱，稳定了三地的局势。

贵州是苗族聚居的地区，清朝的统治力量很薄弱，尤其是有许多既无土司，又无流官的部族，完全处于清朝统治之外，被称为"生苗"，被视为化外之地。

雍正四年（1726），清军进攻仲家苗，总兵石礼哈在镇压长寨苗民的反抗后，乘势招抚了广顺、定番、镇宁、永宁、永丰、安顺等地千余处苗寨。

接着鄂尔泰齐集大兵，向黔东苗岭山脉及清江、都江流域的"苗疆"进发。

雍正六年（1728），鄂尔泰派熟悉情况的张广泗带兵赴都匀、黎平、镇远、清平等地劝导苗人各部落，相机剿抚。张广泗驻兵于险要关隘，广泛招抚，对不肯降服者，以武力征服。剿抚之下，贵州省四境之内的苗寨基本上完成了改土归流。

在鄂尔泰于云、贵以及广西边界改土归流的同时，湖南、四川等地也相继完成了改土归流。

清政府对革职土司采取优待政策，那些本人或祖先有功于清王朝者，仍授以官职，其他则分给一定的土地和房屋，让他们能够自给，不至于流离失所。

但许多土司的势力根深蒂固，不愿交出自己的统治权，被革去土知府官职以后，仍然保持着对部属的联系和影响，企图东山再起，恢复以往的统治。

鉴于此，雍正决定采取调虎离山的策略，对影响较大的土司及家口，进行迁移，将他们迁至内地安置，断绝他们与旧部的联系。

雍正五年（1727）以后，这种大规模的内迁开始付诸实行。如镇沅土知府刀翰家属被安置在江宁，泗城土知府岑映宸被安置在浙江，保靖宣慰使彭御彬被安置在辽阳，桑植宣慰使向国栋被安置在河南，邓川土知府凭远被安置在江西。

改土归流是清政府的重大政策之一，改土归流的成功，有效杜绝了大大小小的分裂势力，加强了中央政权对少数民族区域的控制力，促进了中央集权的发展。改土归流以后，原本封闭落后的少数民族区域与外界的联系日益紧密，对于这些贫困落后地区经济的开发、文化事业的发展具有重要的意义。

但改土归流在实行的过程中，由于在执行层面出现了偏差以及民族、阶级歧视等原因，也伤害了当地少数民族的感情。如对土府用兵时的大规模屠杀，改流之后贪官污吏的勒索，土司迁入内地后，地方官不予妥善安置等，曾一度引起矛盾的激化，发生土民暴乱以及土司逃回等事件。

◇（藏区）金瓶掣签制

金瓶掣签是清廷确认蒙藏黄教大活佛继承人的法定制度，这是针对黄教僧俗贵族的辗转攀连，垄断政治、宗教的统治地位的现实情况而设立的。

西藏长期以来实行政教合一的体制，宗教领袖往往也控制了世俗的权力，并通过各种姻亲关系，对西藏形成稳定的统治，游离于中央政权之外。

如西藏六世班禅贝丹意希之兄仲巴呼图克图罗桑金巴是班禅主寺札什伦布寺的主管，其弟却朱嘉措是噶玛噶举派的沙玛尔巴十世活佛，他们的姊妹也是噶举派的女活佛，他们的外祖父是拉达克土王。

一门之中四个活佛，都是最高教主级活佛，外祖家又是土王，声势显赫。甚至八世达赖也是由六世班禅在自己的亲戚中认定的。六世班禅死后，八世达赖又从自己的叔伯家认定了七世班禅。值得一提的是，八世达赖的侄子是著名的喀尔喀蒙古的最大活佛哲布尊丹巴。

大活佛之间密切的血缘和姻亲关系，很容易导致某个家族对西藏的政治宗教的独控权力，严重威胁清朝的中央集权，同时他们为争夺财产与权位的纠纷，也经常引起西藏的动荡和外族的入侵。

乾隆时，六世班禅之弟沙玛尔巴就因为没有从其兄处得到财富，遂引廓尔喀兵入侵后藏，焚毁札什伦布寺。乾隆帝命大将军福康安前往平叛，才告平静。

这种情况，迫使乾隆必须想办法加强中央政权对西藏的统治。

他在了解到活佛传袭的程序后，知道出现这种状况的原因在于吹忠（西藏巫师）对达赖和班禅的指定权。

一般活佛圆寂后，由吹忠等四人降神指定若干转世灵童可能出现的地方、人家，然后再由吹忠降神，指定真正的转世灵童。这样西藏的政教人士，就可以货贿吹忠，任立私人。要改变这种状况，首先就应该控制并废除吹忠的指定权。

乾隆最初认为第一次降神指定无碍大格，遂在第二次降神指定上做文章，决定采用掣签制度代替它。

掣签具有很大的随机性，能有效防止吹忠受人之托、信口雌黄。谕旨道：以后在认定转世活佛程序上，先让吹忠等四人认真降神作法，指出可能是转世活佛的灵童若干人，把他们的生辰年月日，各写在一张签上，放在金瓶内，然后让达赖喇嘛和清政府驻藏大臣一起，当众抽签，抽中的作为转世灵童，不准再像以往那样胡乱指定，造成私相承袭的情况。

为此，清政府特别制作了金瓶。乾隆五十七年（1792）九月，乾隆派御前侍卫惠伦、乾清门侍卫阿尔塔锡第把金瓶送去拉萨，供在大昭寺内。

十月，福康安在给乾隆的奏折中，对选择转世灵童的方案又进行了完善：由吹忠降神指出若干灵异孩童，在驻藏大臣的监视下，写候选幼儿名姓于签上，贮签入瓶，由互为师徒的达赖或班禅抽签选出；如果吹忠只指出一名幼童，除名签外，另加一空签，倘若掣出空签，即另寻转世灵童，另行掣签；选定达赖班禅以外的西藏大活佛的转世灵童，由驻藏大臣会同达赖照例掣签。

但乾隆接到奏报后，却有了新主意。他主张废除吹忠的降神指定权，由驻藏大臣与活佛找出若干灵童，然后采用金瓶掣签，选出其一。是蒙古事件刺激了他，让他重新审视这项制度。

本来蒙古、西藏两地在宗教、政治上的联系传统很早就形成了，蒙古的活佛转世灵童由西藏达赖或吹忠指定，而西藏的达赖也有蒙古各部出来担任的。

如四世达赖系蒙古土默特部俺答汗的曾孙，康熙时更发生了蒙古、西藏封建主争立达赖喇嘛的斗争，引起西藏的内乱。所以清朝要保证对蒙古和西藏统治的安定，必须割断两地政治上的联系，将他们的联系限制在宗教上的传承关系上。

于是乾隆决定，在北京雍和宫内也安设一个金瓶，当蒙古各部找到大活佛的转世灵童后，必须将幼童姓名呈报理藩院，由理藩院堂官会同掌印札萨克达喇嘛共同在雍和宫举行金瓶掣签，以决定真正的转世灵童。这样就将确定蒙古转世灵童的权力从西藏转移至理藩院，割断了蒙藏上层以宗教身份进行政治联合的渠道。

但这个决定刚刚发布，喀尔喀蒙古赛因诺颜部活佛就圆寂了，其管家僧人竟无视谕旨，径自到西藏，求指定转世灵童。结果，他们通同作弊，指定了蒙古土谢图汗之子。乾隆查明此事后，立刻宣布无效，派官员亲赴赛因诺颜部选出五名灵童，送雍和宫掣签指定，并宣布以后转世灵童不得在蒙古王公子弟中选出，将蒙古的政教严格分开，也禁绝蒙藏上层的勾结。

在这件事中，吹忠是公开露面的人物，同时也是问题的关键，所以难怪乾隆对他很恼怒。

借此机会，乾隆废除了吹忠对两大活佛——达赖和班禅的转世灵童的指定权，但由于当时尚未出现两大活佛圆寂的情况，也就没有产生太大影响，甚至所设金瓶一事也渐渐被淡忘了。

直到嘉庆九年（1804）八世达赖圆寂，三年后，西藏盛传出现了一位灵异的幼童，转世灵童该如何确定才提上了日程。

但这次，嘉庆帝竟接受班禅等免予掣签的恳请，使西藏僧俗封建主的阴谋又一次得逞。

但如此灵异的九世达赖，仅七年后就圆寂了，转世灵童须重新确定。

嘉庆帝这次斥责了免予掣签的请求，坚持金瓶掣签，严格按照当年乾隆时所设计之方案。但不久嘉庆去世，这件事就落到了道光身上。

道光二年（1822），按照乾隆时的规定，由呼图克图（其他活佛）先寻访出若干灵童，然后将幼童乳名、父名，开送驻藏大臣，然后在达赖主寺布达拉宫，由班禅带头诵经，副驻藏大臣将名签贮瓶，驻藏大臣拈出，遂选出十世达赖。

这是首次在西藏采用金瓶掣签制度选出的达赖，其后十一世、十二世皆如此选出，十三世由于只有一名灵异幼童，曾免予掣签。之后则由于英国势力侵入西藏，这件事不得不变通，金瓶掣签制度曾一度搁置。

转世灵童掣定之后，要经过披剃、取定法名，被称为达赖喇嘛"呼毕勒罕"，然后举行坐床典礼，正式迁入布达拉宫，启用金印，始称达赖喇嘛，满十八岁，才能成年任事。

清政府开始过问选定达赖喇嘛呼毕勒罕的重要活动，使许多原来纯属于达赖喇嘛个人的宗教修习次第上的例行事宜，以及披剃、取定法名的主持者，受小戒及大戒的师傅，从之学经的正副经师等等，也都要经过驻藏大臣奏报朝廷核准，明降谕旨，加委赐封，达赖喇嘛坐床典礼和成年接管事务的仪式，也都由中央派大员亲临监视，赏赐物品。这样清廷就将西藏宗教领袖的选定严格限制在宗教的领域内，阻止了蒙古、西藏僧俗扩张自己的势力。

"十全老人"的武略

　　乾隆帝素来以"十全老人"自居，这缘于他在位期间，曾发动十次大规模的战争，这些战争对于巩固国家的安定统一，发扬往圣之"继灭兴绝"的理想具有重要的作用，但这些战争除了国内平叛、驱逐侵略者之外，其他皆有炫耀武力、穷兵黩武之嫌，使国家财政遭受重大损失，也使乾隆朝成为清朝由盛转衰的转折点。

　　乾隆一朝这十次战争为：大小金川之役、初定准噶尔、再定准噶尔、平定回部、平定台湾天地会起义、征缅甸之役、征安南之役、两次廓尔喀之役。其中征廓尔喀、安南、缅甸、台湾等处战争主要是乾隆委托将领们相机筹划指挥，唯有平定西北等数次战争，乾隆参与筹划较多，从中可见其兵法方略之一斑。

◆掌握兵机，因粮于敌

　　传统兵法主张"兵马未动、粮草先行"，这是由于行军作战，如果不解决后勤供给问题，不仅军心不稳，而且不利在战场上自由调动。但在传统时代，兵粮的运输比较困难，花费时日较多，而战机则转瞬即逝。这就需要在二者之间作出选择，达到一个最佳的战事状态。乾隆征准战役对于此事的处理，虽不圆满，但可表现出他的胆识和认准时机、掌握兵机的谋略素质。

　　准噶尔部历来叛服不定，清廷与其对峙七十余年，间或取胜，但终未解决，始终是清廷在西北的一大威胁。

乾隆十八年（1753），准噶尔部内讧，杜尔伯特部受迫害，三位车凌归服清朝，紧接着阿睦尔撒纳被达瓦齐打败，也率众投奔清朝，这标志着准噶尔部的分崩离析。

准噶尔内讧，带来了千载难逢的削平割据、统一西北的机会。在力量对比上，清军远优于准噶尔部，但机会来到，还要人来把持。俗话说：旁观者清，当局者迷。清朝的官员没有看到这个机会，极力反对进兵。乾隆力排众议，主张进兵。单凭这一点，就足以表明他的卓越智慧和冷静头脑。

乾隆对阿睦尔撒纳等的归来非常重视，指出阿睦尔撒纳乃最要之人，如果他能归降，对下一年对准噶尔的用兵，会有很大的益处。于是从盛京祭祖回来，就立即风尘仆仆赶至热河接见阿睦尔撒纳。由于少数民族到北京易染天花，因而选取热河为接见各族首领之地。

乾隆面询进兵事宜，阿睦尔撒纳主张春季进兵，因为春季塞外草未发芽，非进兵时机，达瓦齐不会防备，大军突至，可一战而擒之。乾隆同意了他的建议，遂定于乾隆二十年（1755）春分两路进兵。

由于这个进兵时间是仓促之间决定的，以至于清朝也没有进行任何准备。前线既无大军，更无粮秣屯贮，短时间内绝对来不及办理粮草转运事宜。

西北运粮费用很昂贵，北路运粮，从张家口至乌里雅苏台5300余里，每石运费高达九两八钱，相当于内地粮价的十倍，西路运粮费用更高，运输更加艰难，时间更来不及。

在这一难题面前，乾隆抛弃行军常规，而采取"因粮于敌"的方针，命令每个士兵带两月口粮，食用不敷，则取给于厄鲁特牧民。命令官兵在前进途中，可以打猎或杀掉病弱的牲畜，用来弥补口粮的不足。至于那些已归顺的厄鲁特牧民的牲畜产业，虽然不宜于直接索要征用，但可暂时取用，把数量登记下来，将来战后再换给他们其他物品，或者补给银两。事实上，"补给银两"是难以兑现的空话，乾隆对士兵的抢掠行为也持默许态度。

但并不是所有人都理解乾隆的想法，那些仍拘泥于"粮草先行"成法的官员，让乾隆很是生气。如定西将军永常就以运粮为急务，乾隆斥责他不知轻重缓急，荒谬至极。

乾隆"因粮于敌"的方针，使清军有效地掌握了进兵时机。叛首达瓦齐正值内部人心不稳，未能做好防范，清军进逼、准噶尔部纷纷归降，致使达瓦齐势力被孤立，很快被擒。

但"因粮于敌"也造成了对厄鲁特降民的骚扰过重，同时，军粮缺乏使清军平叛后难以立足，这就埋下了准噶尔再叛的祸根。

◇ "以番制番" 平准部

乾隆帝平准，主要是利用"以番制番"的谋略，即用准噶尔降将、降兵来对付叛军，利用他们共同的民族心理，来分化瓦解敌人阵营。

乾隆在热河接见阿睦尔撒纳时，阿曾建议清军使用自己的军旗，这样，每到一个地方，当地的牧民容易识别，易于招降。

乾隆采纳了他的建议。

乾隆二十年（1755）春，清军发兵，派降归的阿睦尔撒纳、萨喇尔、亲王车凌、郡王车凌乌巴什、贝勒车凌孟克等随军出征。

这一年二月二十日、二十五日，清军两路出兵：北路由定北将军班第统帅，阿睦尔撒纳为定边左副将军，出乌里雅苏台；西路由定西将军永常统帅，萨喇尔为定边右副将军，三车凌为参赞，出巴里坤。两路军约定会师于伊犁东北之博罗塔拉。

此次出征专以新降的厄鲁特为先锋，使用厄鲁特旗帜，以分化敌众，招纳降人。两路清军均以副将军阿睦尔撒纳和萨喇尔率厄鲁特降众先行。此时，厄鲁特连年内战，人心厌乱，清军所至，纷纷归降。

大军刚刚出动，就有札哈沁部1300户来降，德济若等头目亦归附，称"我等为达瓦齐残害，愿率属效力"，又有准噶尔大台吉噶勒藏多尔济称："达瓦齐非常残暴，大家都不支持他，我屡次劝告都不听，好多年不联系，去年向我调兵，我不同意，今年又令我准备一万士兵，我也没准备。现在听到皇上对我们的恩旨，我愿意率领部下归顺。"

噶勒藏多尔济是大台吉，部属众多，势力强大，他的投清，使乾隆帝十分欢喜，增加了平叛的信心。

接着又有阿巴噶斯、哈丹等重要领袖率 1600 户, 衮布札布率 4000 户, 和五集赛宰桑等迎降。

五月, 两路清军会师于博罗塔拉, 向伊犁挺进, 伊犁人众亦纷纷迎降, 连做生意的回人阿卜达莫米木也愿意派兵三百协同进剿, 伊犁佛寺喇嘛以及维吾尔族人 2 千余户也来迎降。

达瓦齐众叛亲离, 无力抵抗, 撤出伊犁, 仅率 1 万人, 退据格登山。清军、厄鲁特兵尾随进剿。

有敌营中投降过来的人来报告, 说达瓦齐军军心涣散, 军械不整。已归顺的厄鲁特勇士阿玉饧等 25 人前往侦察, 确定情况属实后, 阿玉饧等人遂直闯敌营, 达瓦齐军不知敌方实力, 慌乱自溃, 阿玉饧等 25 人竟获大胜。

达瓦齐逃至乌什, 被当地维吾尔族领袖霍集斯擒获, 初次平准遂告胜利。

乾隆平准之初就打算在平定达瓦齐后, 对准噶尔众建而分其势, 拟分厄鲁特为四部, 以车凌为杜尔伯特汗, 阿睦尔撒纳为辉特汗, 班珠尔为和硕特汗, 噶勒藏多尔济为准噶尔汗。平定达瓦齐后, 遂如此设立。

但阿睦尔撒纳颇有野心, 想总统四部, 在征剿过程中, 即广泛搜罗部众, 不穿官服, 不用官印, 自用珲台吉菊形篆印。

乾隆知其阴谋, 平叛后命其到热河觐见, 意图俟机捕杀, 不料被其发觉, 中途逃脱, 遂举反叛大旗, 西北风云又变。

这确实是清朝"以番制番"之初未曾想到的, 这一政策实际上造成了阿睦尔撒纳势力的增长。

乾隆二十一年 (1756) 二月, 清军分两路出击: 西路由策楞、玉保率领, 为主力军; 北路由哈达哈率领, 为牵制之师。

厄鲁特未叛的噶勒藏多尔济、巴雅尔等人均随西进, 已叛者亦有降附者, 三月收复伊犁, 阿睦尔撒纳逃至哈萨克。

此时, 由于乾隆的政策出现了重大失误, 处死了因监视阿睦尔撒纳赴热河而失职的蒙古札萨克和硕亲王额琳沁多尔济, 此人是大活佛哲布尊丹巴和土谢图汗的兄弟, 致使清朝和蒙古贵族之间出现裂痕。

札萨克图汗的部众以及辉特部领袖青滚杂卜利用这种情绪, 乘机起兵,举起反清大旗，支持阿睦尔撒纳，另有札萨克王公 23 人聚集于克鲁伦河畔，酝酿起兵抗清，在乾隆的极力安抚下，才告平息。

但此时新封四部之汗中的准噶尔汗噶勒藏多尔济、辉特汗巴雅尔也起兵叛清，阿睦尔撒纳闻讯，急忙从哈萨克赶回，与新叛领袖会盟于博罗塔拉，自立为总台吉，乘势扩张自己的势力，乾隆不得不为自己的失误付出代价。

乾隆二十二年（1757）三月，清军进行第三次平准战争。这次乾隆吸取了进军缺粮的教训，筹集了大批军粮，运至前线，并建立了后方补给系统。此时厄鲁特饥荒乏食，疾病流行，死亡甚多。因此清军进展顺利，很快克伊犁，阿睦尔撒纳复逃入哈萨克，巴雅尔亦被擒。

乾隆严令擒拿阿睦尔撒纳，派人至哈萨克汗阿布赉处，表明平叛决心，阿布赉汗迫于清军声势，答应与清廷合作，但同时密告阿睦尔撒纳，阿遂逃入俄罗斯，不久染天花而亡。平准战争最终以清军胜利告终。

清军在平叛过程中及平叛以后，为防止其再叛，对厄鲁特人民进行屠杀，使厄鲁特几至灭族。但平准战争确实粉碎了准噶尔贵族分裂祖国的阴谋，平叛后，清廷在这里设官驻兵，加强了中央和西北地区的联系。

乾隆"以番制番"的谋略可谓有得有失：迅速平叛，但又平而复叛，不得不再次平叛。直至三次，方告平息。

◇恩威并重，瓦解叛回

战争是敌我双方矛盾斗争的统一体，敌我双方的各种因素不断相互转化，这就是战争的阴阳观，阳中有阴，阴中有阳，怎样促使各种因素向有利于己方转化，是兵家必须考虑的问题。

中国传统的兵家大都以政治攻势和军事攻势相配合，达到瓦解敌营、消灭敌人的最终目的，乾隆在平回部叛乱时，基本上就是利用了这个策略方针。

回部指居住于天山南路塔里木盆地周围的维吾尔族，他们都信奉伊斯兰教。明朝末年，这里的伊斯兰教分化为两个派别：黑山派、白山派。他们与政治领袖相勾结，互相争斗，此消彼长。

康熙末年，准噶尔军队攻入天山南路，将黑山派领袖达尼亚和白山派领袖艾赫麦德拘系于伊犁，后达尼亚因降顺较早，被释回故土，艾赫麦德则死于伊犁，其子布拉尼敦和霍集占仍被拘执。

乾隆二十年（1755），清军初次平准，攻下伊犁，将布拉尼敦和霍集占释放，希望能借助二人的宗教地位，不战而定南疆。

但事与愿违，颇有野心的霍集占不愿听从清朝命令，很快走上了附同阿睦尔撒纳叛乱的行列。布拉尼敦虽不主张反清，但其势力远逊于霍集占，同时因受其鼓动，也走上了反清的道路。这样，清朝在平定准噶尔之后，不得不进行平回的战争。

乾隆二十三年（1758）正月，清廷以雅尔哈善为靖逆将军，额敏和卓、哈宁阿为参赞大臣，率满汉官兵一万余，攻库车，同时发动政治攻势，宣布霍集占罪状，并言明："大军此来专为一人，其余若降归，仍赦其罪。听说霍集占起来叛乱，布拉尼敦被迫跟随，已命令对二人分别对待。他们兄弟二人属于至亲，我对他们所犯的罪尚能区别轻重，希望不会冤枉他们，何况你们跟这件事没有任何关系，岂有株连之理？只是霍集占这个人很狡诈，知道自身犯有重罪，可能想苟延残喘，谣言惑众，常拿厄鲁特被剿杀来说事，却不知道你们都是无罪之人，怎么能放在一起比较呢？但是如果你们执迷不悟，还听叛乱者的指挥，那么大军所过之处，就没办法区分好坏，都要剿除了。"

雅尔哈善本是书生，不谙兵法，攻库车屡失机宜，致使霍逃走，仅得空城。乾隆一怒之下，将其正法，改派定边将军兆惠进军南疆，越来越多的维吾尔族人受清朝政策感染，不愿跟随霍集占等作乱。

原在哈密的玉布素，在吐鲁番的额敏和卓、阿克苏的鄂对，早已归顺清朝；曾经擒献达瓦齐的乌什领袖霍集斯也派人迎接清军，拒绝霍集占的败军入城；鄂对又前往和田招抚，和田回人遂将霍集占所派之数十人，悉行驱逐；哈拉哈什、玉陇哈什等五城伯克，亦来归顺。

形势的转变，使乾隆产生轻敌情绪，急命兆惠迅速进军。兆惠无奈，遂孤军深入，结果困于黑水营，清军奋战三月余，援军到达方才解围，霍集占败入叶尔羌城。

清军经过休整，攻打叶尔羌，霍集占自知力不能敌，遂弃城西逃，与从喀什噶尔逃出的布拉尼敦会合向帕米尔高原窜去。

清军平定回疆，乾隆再三谕令，强调"攻心之术"："大兵进剿，唯欲擒获布拉尼敦、霍集占，与回众无涉。"

布拉尼敦、霍集占对民众课税征兵，使人民负担沉重，不得人心，清政府却减少赋税，与民生息。准噶尔每年在喀什噶尔收税6.7万腾格，清朝当年只收6000腾格；准噶尔在叶尔羌收税10万腾格，清朝当年只收1.2万腾格。由于清廷减轻了维吾尔族人民的负担，实行宽大政策，故清军再次进入回疆，兵不血刃，所至望风归顺。

乾隆二十四年（1759）七月，清军四千，追敌至霍斯库岭阿尔楚、伊西洱库尔淖尔（叶什勒池），经过三次战斗，先后击败敌军。在强大的政治攻势下，叛军纷纷归诚，土崩瓦解，霍集占兄弟逃向巴达荒山，被巴达克山汗素勒坦沙击杀。清军平回历时五年，大功告成。

◇骄矜轻举，受挫大金川

平定大小金川，在乾隆皇帝的十全武功中占有二功，这就是乾隆十二年（1747）的征讨大金川之役和乾隆三十六年（1771）开始的征讨大小金川之役。

然而，究其实际，在金川问题的处理上，乾隆皇帝的运筹以及军前将帅的谋略都不乏"败笔"，以至于"金川二功"在"十全老人"的功劳簿上大有凑数之嫌。

大小金川本是大渡河上游两条支流的名称，因沿河诸山多有金矿而得名。

其地每走一步都是悬崖峭壁，气候寒多暖少，雨雪无常。该地区西连康藏，南接云贵，北至青海，东通成都，为藏族居住区。

明代在此地设杂谷安抚司，入清以后，继承明代制度，于顺治七年（1650）授小金川头人卜尔吉细为土司，同时，继续推行"以番攻番"的政策。

雍正元年（1723），为分小金川土司之势，经川陕总督年羹尧奏准，新设大金川安抚司，颁给封号、印信，与小金川抗衡，彼此牵制。

不料，此一分立举措，竟然酿成日后纷争的后患，实为雍正君臣始料不及。

大金川土司从一开始就恃强凌弱，不安于住牧，不断对邻边土司进行侵扰，而且藐视清廷的权威。

乾隆四年（1739），因小金川不遵约束，四川地方官谕令邻边的杂谷、梭磨、木坪、鄂克什等土司合兵攻打小金川。而大金川却乘机三次发兵攻打邻边的革布什咱土司。

当时，清廷朝臣有人提出将大金川乘机参革，实行改土归流，却因遭到署理四川巡抚的反对而搁置。

到了十八世纪中叶，随着少数民族地区，特别是内地少数民族地区经济、社会、政治的发展，土司地区已非昔日高度隔绝的状态，少数民族尤其是首领们亦已日益开化，文明程度日益提高。再完全照搬传统的"众建而分其势""以番攻番"的治理策略，显然已经行不通了，至少是不灵验了。

不过，乾隆初年若能乘势改土归流，事情恐怕会好办得多。

因为此时的金川，其桀骜不驯、强横而不安分之德行已暴露无遗，不应再对其抱幻想。从势力上讲，此时的金川还不至于如日后那样强大，金川与邻边各土司的关系也不会如后来那样复杂、微妙。遗憾的是，清廷错过了这次机会。既失策于前，复失机于后，日后的大麻烦就无可避免了。

金川地区各土司间关系错综复杂，宗族的，姻亲的，各种关系犬牙交错，因此有时既易起争纷，又易结联盟。

大金川土司莎罗奔与小金川土司泽旺本为叔侄关系，大金川虽然得封较迟，却后来居上，势力膨胀迅速，且野心勃勃，竟然想将小金川吞并。为了达到目的，莎罗奔先将侄女阿扣嫁与泽旺为妻，而泽旺生性懦弱，很快为阿扣控制，掌印管地等主要权力都由阿扣掌握。泽旺的弟弟、土舍良尔吉素与阿扣私通，自然站在了莎罗奔一边。

乾隆十年（1745），良尔吉勾结莎罗奔，里应外合，颠覆了小金川。莎罗奔囚禁了泽旺，理由是"小金川无理，应该给以教训"，真是欲加之罪，何患无辞！然后，莎罗奔夺取小金川的敕封印信，交由良尔吉掌管，并将阿扣也改配给良尔吉。

在清廷看来，如果大金川吞并小金川成功，其势将更不易制，这正与"众建而分其势"之方针相悖，清廷肯定是不能容许的。川陕总督庆复会同四川巡抚纪山前往查办调解后，大金川虽然口头答应和解，却一直拖到乾隆十一年（1746），清廷平定了瞻对土司叛乱之后才无可奈何地释放泽旺，交还敕封印信，其桀骜不驯、恃势观望之意甚明。

情势已发生变化，但乾隆皇帝的思想认识却没跟上形势发展的需要，还在死死抱着传统的"以番攻番"的策略不放，其顽固程度简直不可理喻。他在一次诏谕中讲到对金川土司问题的看法，可以理解为他处理金川问题的总方针。

他认为：苗族这些少数民族，好勇斗狠是他们的天性，各土司之间发生一些打打杀杀的事情都很正常。对待一些事出偶然的纠纷，朝廷可以视而不见，听任其自行化解，没有必要因此兴师动众，大动干戈问罪。只要他们不侵扰土司范围外流官治理的地方，不影响到进藏的道路和塘汛的畅通，仅仅在土司区内争斗，甚至就可以置之不问，随他们去斗。如果仇杀日深，某部势力渐见膨胀，也许就应该进行一些适当的训导、劝解，令他们息事宁人，各安生业。具体如何办理，应当相机行事。总的原则是朝廷的声威要宣扬得足以慑服其心，使他们不敢造次，方为尽善。之所以这样做，主要是这些土司的地方无足轻重，而且这些苗人顽固无知，得到他们的人，也不能让他们尽人臣的本分，得到他们的地，也不值得去守御。如果有什么抗拒统治侵害社会秩序的事，不得不宣布一下皇威，以保全国家的尊严，也要对形势进行充分的考量，谨慎从事，不可轻举妄动。但也不能因为曾经按照我的要求因有关国体问题向他们宣示过国威，动用过武力，就使之成为约定俗成的惯例。

乾隆皇帝还举出刚刚结束的平定瞻对土司叛乱的事例，总结了经验教训，他指出："（平定瞻对土司不力）都是因为事前没有成算，所以抚驭远夷，全在于要有合适的时机。驻守边境的官吏喜于生事，营弁又没有远谋，往往过于张皇失措，因为小事酿成大乱。难道不知道千钧之弩，怎么能仅仅因为一只小老鼠发动呢？现在要做的是加强守备，改善守御，积累声威，让他们因为畏惧而遵守法律，再用恩德去安抚他们，使他们各行其道。凡事要事先做好准备，好好筹划，才不会有轻举妄动之举。"

很显然，朝廷的主要意见就是不轻易介入土司内部争端，而且特别强调了对瞻对土司叛乱一事之措置"事前没有成算"的教训，强调要慎之于始，不轻举妄动，这个方针对于当时金川土司的实际情况来说无疑是具有针对性的。然而，说起来容易，真正具体把握起来就难了。

乾隆十二年（1747），大金川土司莎罗奔先后攻占邻边的明正、鲁密、章谷等土司地，进驻毛牛、杂谷、丹坝等地方。

川陕总督根据金川四面环山、运粮维艰、军队行动不便等实际情况，按照传统对策，奏请仍然采取"以番攻番"之法，命令小金川、革布什咱、巴旺等土司发兵进攻大金川，同时命令杂谷、梭磨等土司扰乱大金川后路。四川巡抚纪山以大金川"小丑跳梁"，要除逆安边为由奏请出兵弹压。

地方督抚显然对问题的严重性估计不足，特别是对金川的实际情况不甚了了。此时的乾隆帝也头脑发热，将自己刚刚讲过的"慎之于始""先事豫筹""不可轻为举动"忘到了脑后，很快就决定要"大加惩创"以靖边氛。调云贵总督张广泗为川陕总督，要他"以治苗之法治蛮"，以期一劳永逸。

张广泗曾在云贵办理苗疆事务颇成功，乾隆认为大金川蛮人与苗人习性相近，故有张广泗之任命。

张广泗亦认为此事轻而易举，于是调动三万大军，分南西两大路、七小路进剿大金川。但是，大金川境内山高路险，碉卡林立，大金川兵恃险顽抗，清军无计可施。张广泗急于建功，督责过严且调度失宜，连连损兵折将，进剿经年，不得寸功。

乾隆和张广泗一样，起初并未把大金川土司放在眼里，至此时此景，却着急起来，越着急脑袋越发热，便于乾隆十三年（1748）四月，命大学士讷亲为经略，前往督办金川军务，钦差内大臣班第、领侍卫内大臣傅尔丹、扩军统领赛因图、乌尔登等随营效力。又起用老将岳钟琪统兵行阵。

讷亲到任后，更是骄矜气盛，限令将士三天内攻克刮耳崖，有劝谏的，动不动以军法从事，全军惊惧，不得不极力进攻，将士损伤甚多。至此，讷亲才感到事态的严重性，不敢再发出军令，每到战时，就躲在营帐中遥控指挥，惹得大家耻笑，军威因此受到严重损害。一晃半年过去，清军仍无尺寸之功。

乾隆一怒之下，先后杀张广泗、讷亲二人，又派大学士傅恒为经略将军，调集精兵三万五千人，采用岳钟琪的进军方略，继续进剿。

傅恒到任后，把金川境内的险阻情况及清军与土司的攻守情势、主客形殊、劳逸势异等实情向乾隆作了汇报，到这时乾隆才知道当初大动干戈的决策太过草率。

不了解金川土司的实际情况是乾隆决策失误的根源所在。如对金川险阻情形，事前根本没有估计到。在得到傅恒奏报后，庄亲王允禄等上奏请求撤兵，指出金川地方，道路险阻，本不是用兵之地，即使士马云集，也无法施展。现在既然已了解实在情形，似乎就不应该再耗费钱财，调空内地的兵力，去蛮荒之地做这样难做之事。庄亲王等的意见已足以说明张广泗等失败的原因。

再如金川各土司之间的复杂关系。如前所述，各土司间多有宗族性质的、姻亲性质的牵连，如巴底安抚司纳旺，既是大金川土司莎罗奔的姻亲，纳旺的叔叔汪札又是革布什咱土司的外甥。这种复杂关系的存在，又造成了各土司立场的变化无常。张广泗重用小金川的良尔吉吃了大亏即是显著的例子。

良尔吉为小金川的土司，是土司泽旺的弟弟，但因与莎罗奔侄女阿扣私通，早已与莎罗奔相勾结。张广泗却用他为向导，实际上是用的莎罗奔的间谍，莎罗奔通过他暗通消息，往往能对清军的动向了如指掌。

乾隆决策失误的另一原因是轻敌。乾隆没把大金川放在眼里，导致了决策失误；张广泗、讷亲等骄矜轻敌，导致了战场上的失败。

其实，自乾隆决定用兵金川之时起，清军就已骑"虎"难下，其后，在进剿不能取胜的情况下，又不能轻易言撤。因为，在没有击败大金川的情况下撤了兵，各土司作何感想？既然天朝都无法制住大金川，依附者肯定会多起来，这样，局面就难以收拾了。

好在最后依靠岳钟琪建了功，与莎罗奔订立了条约，得以和平平定金川。按照约定，大金川土司返还所有攻占的各土司的土地，呈缴枪炮等军器，送还所掠人口牲畜，永不再侵犯邻近各地；清廷赦免莎罗奔的罪过，仍任其为大金川土司。

尽管如此，终因大金川非被清廷战败，启土司藐视清廷之渐，大金川更是如此，愈益桀骜难制。此后的大小金川狼狈为奸，肆无忌惮，与此役不无关联。

◇温福失机，兵败木果木

乾隆十四年（1749）大金川的降附，并非真正心服，更未从此消除野心，安分守己，绝大程度上是一种缓兵之计，他需要重新部署、积蓄力量。事实上，他一刻也没有放弃要吞并周围土司、称霸金川地区的野心。

乾隆二十年（1755）六月，大金川联合绰斯甲布攻打革布什咱等土司。

乾隆二十三年（1758）二月，大金川又攻革布什咱，并占领其全部地方，同时侵扰小金川属地。

乾隆二十七年（1762）九月，大金川又围攻丹坝官寨。

在大金川看来，革布什咱、明正等土司属地，原本就是金川的地方，后来才分割出去建立了土司，一定要把这些土地收回来才行。据事后大金川大头人丹巴沃杂尔及聂垄喇嘛舍纳斯丹增等供称：大金川一直就想开拓土地，得一处是一处，将各土司逐渐吞并。

在乾隆三十年（1765）以前，乾隆皇帝及四川地方督抚等，基本上仍然恪守"以番攻番"的策略。

乾隆二十七年（1762）九月，大金川郎卡勾结丹坝头人出兵围攻丹坝官寨，四川总督开泰等人曾饬谕有关各土司速派士兵助丹坝抗击。对此，乾隆帝指示开泰，对于这类事情，断不可有先事部署、官兵协力资助之计。番蛮挟仇攻击，正可听其各自为计，不必官为应援。地方文武驾驭各土司，必须光明正大。次年，以开泰庸懦无能，将其革职。

"以番攻番"的传统策略，已不太适应土司地区政治经济发展趋势，如前述。而此时的金川地区，情况更为复杂。一是大金川周边各土司，如巴旺、丹坝、革布什咱等，地小兵单，鄂克什、从噶克、梭磨等又相距遥远；二是力量较强之小金川、绰斯甲布等土司，与大金川则非同族即姻亲，所谓可因一言不合而仇杀攻劫，亦可因一言而重归旧好，特别是在有共同利益之时，更是如此；三是此前清军兴师攻打大金川竟不能全胜，致使部分土司对清廷的威信大打折扣，遇事迟疑观望，生怕受大金川报复。

乾隆二十三年（1758），大金川兴兵攻打革布什咱和小金川，占领革布什咱全境，四川总督开泰命令鄂克什、杂谷、丹坝等土司分兵助小金川防守，又令绰斯甲布土司乘虚攻击大金川，并且允许以火药大炮相助，所攻取大金川之地方，赏给各土司所有。就这样，各土司与大金川相持两三年，竟没有取得大金川一卡半碉。

另外，地方官在处理土司事务中的失误，也加剧了土司地区的复杂性，如开泰的依违两可，阿尔泰的平庸无能、处处息事宁人等。

乾隆三十一年（1766），因大金川先后发兵攻打丹坝土司格藏官寨，巴旺土司巴巴卡卡碉寨等处，四川总督阿尔泰前往处理。他为了让大金川退兵还人，答应了大金川一系列的条件，如朝廷新颁印信，大金川与绰斯甲布联姻，放还被清朝拘留的大金川喇嘛，保留博噜古战碉五座，与小金川联姻等等。

乾隆三十五年（1770），小金川出兵强占鄂克什土司鄂克什官寨等处，阿尔泰在处理时亦稀里糊涂地答应照蛮家罚服规矩自行清理，实际上是默许小金川割占鄂克什官寨等地方。阿尔泰以为大金川与绰斯甲布联姻，又将自己的女儿得什尔章许配给小金川土司僧格桑，是大金川与各土司和睦相处的表现。其实，大金川与有关土司联婚，特别是和小金川联姻，不仅在同族的基础上进一步牢固、加深了关系，而且大小金川土司若相互勾结，清廷的"以番治番"的策略就更加难以实施，因为，各土司之间的均势将被打破，出现"附近十八家土司推两金川为雄长"的严重局面。

乾隆三十六年（1771），大金川莎罗奔之孙索诺木诱杀革布什咱土司，小金川僧格桑则发兵攻占鄂克什及明正土司属地，不仅不听受四川总督、提督的约束，退兵还地，而且公开与清廷作对，围攻清军在达围寨的驻兵，迫使乾隆皇帝又一次下决心用兵金川，要"大加惩创，永靖边圉"。总体战略是先征讨小金川，擒其首恶，治以重罪，以儆效尤，特别是要震慑大金川。

之所以先从小金川开刀，是由于小金川势力既不像大金川那样强大，其地形条件亦远不如大金川那样有险可凭。显然是以先易后难为原则的。

然而，此时的大小金川已不能分别孤立地对待，两家结姻以后，关系非同一般。

就像后来大金川番兵干布鲁所供称："大金川与小金川本是一家，如今小金川土司僧格桑是索诺木的姐夫，又成了亲戚，想来土司因此帮着他。"

对于大金川而言，其最终目的是吞并小金川。由于小金川土司僧格桑没有儿子，也就没有了嫡系继承人，大金川是最有可能、最有资格接管小金川地方的。当年索诺木将其姐嫁到小金川，未必没有这方面的考虑。

大金川的人就曾宣称："我们帮小金川抗拒官兵、攻打其他土司是理所当然的，小金川的土地早晚是属于大金川的，就是官军，打到没法打的时候，也要撤兵的，我们帮助小金川，实际上就是帮助我们自己。"

事实上，自清军开始攻打小金川，大金川就一直在帮助小金川，清军不能很快平定小金川，与大金川派兵驻守有很大关系。

后来，清军于乾隆三十七年（1772）底平定小金川，次年六月却遭到木果木之惨败，将军温福一路几乎全军覆没，所攻占小金川土司地区及小金川强占鄂克什等土司属地尽皆丧失。其关键就在于大小金川土司的筹划、配合，加上清军，特别是温福、董天弼未能严密防范，使大小金川合谋反击成功，致使前功尽弃。

温福等人的失误在于虽得小金川属地，却未得小金川属民，或得其人而未得其心，对土司地区番众受传统约束的严重性估计不足，凡得土众皆收用，或置不问。他们中有不少是金川土司的间谍，在大小金川反攻、大败清军的过程中起着非常重要的作用，正是由于这些人的存在，为大小金川反叛提供了准确的情报，而且得以里应外合，一举反攻成功。

而清军方面对金川土司的预谋却一无所知，甚至将营寨中的清军全部调到前线作战，留下来驻守的全是降附的土众，以至于索诺木、僧格桑的复叛一起，竟能一呼百应，造成清军很快在占领区没有立足之地的被动局面。

不仅如此，由于大小金川势力在诸土司中处于突出的地位，又由于金川与各土司的联姻越来越多，其余各土司无不心存恐惧，而金川则俨然各土司之宗主，或唆使，或胁迫，要诸土司与清军为难。据后来的土司兵供称：绰斯甲布、丹坝两土司都是金川的亲戚，绰斯甲布娶的是索诺木的妹妹，丹坝娶的是索诺木的姐姐。朱窝土司也说过："我女人是金川家的，我儿媳妇也是金川家的。"在征讨金川的过程中，诸土司大多都有士兵随清军作战，但是，绰斯甲布、三杂谷等土司都暗中派人向索诺木通告："我们不会生外心，打仗时我们放的都是空枪，你若捉住我们的人，也不要杀害他们。"

此前，大金川土司曾向丹坝土妇阿日噶宣称："我们金川家族在当地犹如大石头一样不易动，汉兵来了也打不进来，你丹坝以后能不能做土司，由我金川说了算。"

温福一路清军遭木果木之败撤军后，大金川索诺木派人到绰斯甲布的卡子上喊话，威胁绰斯甲布说："你们帮助清军打我们，现在官兵走了，我们将要发兵攻打你们。"他还派人到巴底巴旺对巴旺土妇进行威胁："我们两家本是亲戚，你为什么随天朝官员到处散发帖子，惑乱我们百姓的心，如果你现在不顾我们，将来大军撤走以后，我就发兵攻灭你。"

在金川的软硬兼施之下，不少土司并不能或者不敢实心实意地站在清军一边，为清廷效劳。对于这样的情况，清军将帅皆一无所知，仍然信用随军作战的各土司兵马，对战斗中兵马每每先溃的现象亦不做深刻思考，更未有任何警觉。这样，木果木大营失事惨败就在情理之中了，清军征讨大小金川的难度之大也就可想而知。

木果木之败，清军损失惨重，定边将军温福以下将士，战死数千人，失粮 2 万石、银 5 万余两、火药 7 万余斤、大炮数 10 座，清军军威大受挫损，为清中期清军最重大的失败之一。

◇ 知己知彼，阿桂终定两金川

木果木惨败之后，清军重新部署了军事力量，决心彻底讨平大小金川。于是增派京师健锐、火器二营，吉林、黑龙江、索伦、伊犁、厄鲁特以及西安、荆州、成都等地驻防满洲兵 9500 人；贵州、云南、陕西、甘肃、湖北、湖南等省绿营兵 11000 人。以阿桂为定西将军，丰伸额和明亮为副将军，兵分南、西、北三路进攻，仍先取小金川，于乾隆三十八年（1773）十月底全面开始军事行动，到十一月六日克复僧格宗，讨平小金川地方。

乾隆三十九年（1774）正月初十日，各路约定同时进攻大金川，至乾隆四十一年（1776）二月初四日攻克刮耳崖，大金川全境荡平，共历时 2 年有余，若与上次克复小金川合计，则历时近 5 年。

清军第二次平定大小金川之所以能够一举成功，从战略上讲，最重要的有两点：

其一是在此前多次战斗过程中，了解了金川的实际情况，充分体会到平定金川的困难程度，基本上得以知己知彼，有针对性地进行战争部署，是谓有准备乃至有把握之战。

此前于木果木战败之先，乾隆皇帝就有派拨京兵计划，由于温福等人以为无大必要，而且京兵之费较绿旗兵要多达数倍，因此中止。此次进兵，阿桂首先就请求调拨满洲劲旅 1 万名。后来，乾隆帝又派选长于带兵的侍卫章京数十员赴军前，更换军中年老的领队大臣侍卫。

为对付金川的碉卡，特地委任侍卫阿弥达运带炮式、炮子并精于测量技术的西洋人赴军营效力。这不仅在实际上大大加强了进攻的力量，更表现出对平定金川事务的高度重视，彻底抛弃了此前曾经存在过的不同程度的轻敌，甚至认为可以轻而易举地平定金川土司的麻痹观念。

其次，吸取了前次失败的教训，采取了一些断然的措施。

前次在战争过程中，温福等对于金川土司的降众，只是一味地收降，而从不问是真降还是假降，以致有许多间谍、奸细和假投降者混入官军营伍，成为一支危险的力量。木果木之败，除了奸细的情报作用外，降众的里应外合是一个非常重要的因素。

此次进兵过程中，阿桂一改温福的做法，在克复小金川，查明降众人数、状况后，分别赏给瓦寺土司 670 余人，赏给鄂克什土司 200 余人，拨往杂谷脑屯兵处 590 余人，赏给巴旺土司、布拉克底土司、明正土司共一千余人，对有已降复叛行为的小金川土民约四千人，派兵加以剿灭，以绝后患。

同时，将美诺、底木达等地已克复的大小碉堡寨卡，一并拆毁削平，使土民无碉卡凭依，即使是反叛也无险可守，欲叛不能。这就解除了进剿大金川的后顾之忧，官兵得以全力进击。

清军进攻大金川的过程中，大金川索诺木曾多次施出乞降的缓兵之计。先是将小金川僧格桑毒死，将其尸体及妾等交出；又将拘留之汉土官兵20余人交出；后来又答应清廷派大员驻金川，情愿缴纳青稞；最后，请求清廷准许他兄弟只做个头人，仍留在刮耳崖居住。

但清廷吸取以前的教训，无论如何不许其降，担心遗下无穷后患。

索诺木一边乞降，一边却在密谋日后计划，并表示了必死的决心。因此，清军在平定大金川阶段，历尽千般艰难，死伤亦多。阿桂等人曾经叹称金川土司兵"凶悍坚忍，实为自来所罕见"。当平定金川的捷报传到乾隆那里时，这位颇为自负独断的皇帝竟然"几欲坠泪"，可知此役之艰难程度。

嘉庆初政的谋略

嘉庆朝（1796—1820）时处康乾盛世之后，往往被人们视为清王朝由盛转衰的转折期。此时，清王朝在全国建立统治已达一个半世纪之久，封建社会所固有的各种矛盾经过较长时间的酝酿，已开始不断复杂、尖锐起来，内部战乱频仍，外部危机四伏。而这一切，实不自嘉庆朝始，而是乾隆朝"盛世"留下来的遗产之一，嘉庆皇帝也不像有些人想象的那样昏庸无能，他亲政初期，在内政整饬方面还是有所作为的。

◇皇太子：不谋之谋

乾隆六十年（1795）九月初三日，乾隆皇帝来到勤政殿，召见诸位皇子、皇孙和王公大臣，正式宣布册立皇十五子嘉亲王颙琰为皇太子。同时宣布次年（1796）正月元旦举行授受大典，禅位于皇太子，改元嘉庆，自称太上皇。

由乾隆而嘉庆，大清王朝数百年间唯此一次以禅让的方式实现了帝位的交接，只是这次看上去极其自然的过渡，却也不是那么风平浪静。

中国历史上之皇位承继，往往发生剧烈争夺，乃至于流血事件屡见不鲜。清王朝也不例外，自皇太极到雍正，弑父杀子、兄弟相残之事层出不穷。

雍正鉴于教训深刻，创立了秘密建储之制，目的是既立国本以固人心，又避免宗室间因争储位进行残忍的争斗。乾隆即位后，对其父的创制奉行不悖，颙琰早在乾隆三十八年（1773）就被内定为储君了。只是这位皇十五子得以最终册立却不无曲折，尤其对于乾隆来说更是如此。

颙琰很早就被立为皇太子，由内定为储君到即位为嗣皇帝，中间经历了二十三年之久，二十三年间可以发生多少事情、变故？

从另一个方面讲，乾隆三十八年（1773）才定颙琰为皇太子，可以说已经很晚了，试想，能够享位三十八年的皇帝又有多少？

所以说，从乾隆到嘉庆的帝位交接是不寻常的。

颙琰被立为皇太子，有他的机遇，也有他的机智。

乾隆共有过十七个儿子，颙琰排行第十五。他出生于乾隆二十五年（1760）十月，生母魏佳氏，乾隆十年（1745）才被封为令嫔。魏佳氏之父清泰，为官仅为不入传的内管领，且本属汉军，其后才抬入满洲旗。因此，颙琰既非嫡子，又非长子，其生母家也说不上身份尊贵。因此，他既不符合皇位继承立嫡立长的条件，也不能子凭母贵。

如此说来，他只是个不显眼的皇子，但他的机遇也很特别。颙琰出生时，他前面的十四位兄长中已有八人夭折，卒年最大的二十六岁。更为关键的是，乾隆的两位嫡子亦在夭折之八人当中。

乾隆当初是有志于立嫡的。

其嫡长子、皇次子永琏生于雍正八年（1730），乾隆元年（1736）元月，乾隆便遵照其父雍正的秘密建储之制，将七岁的永琏内定为皇储，亲书其名，密置于乾清宫"正大光明"匾之后。但是，永琏没有做皇帝的运气，只活了九岁就死了，当时是乾隆三年（1738）十月。

八年后，乾隆十一年（1746）四月，嫡次子、皇七子永琮出生，乾隆立嫡希望复燃，不过，永琮活的时间更短，只有一年零八个月就因出痘而死。

两个嫡子的死，对立嫡心切的乾隆打击颇大，加上乾隆十三年（1748）皇后富察氏去世，就基本上粉碎了乾隆立嫡的念头。

接着，生于雍正六年（1728）五月的皇长子永璜也于乾隆十四年（1749）去世。

所以，到颙琰出生时，虽然排名是十五，其实已是老七。而且至关重要的是，永琏、永琮、永璜和永璘的死，使乾隆立嫡立长的计划破灭，从而只有立贤一途，这也就为颙琰通过自己的努力争取成为储君提供了机会。

命运特别垂青颙琰。就在颙琰为理想奋斗的过程中，他发觉竞争对手越来越少。

从颙琰出生到乾隆三十八年（1773）被秘密立为太子的十四年间，皇四子永珹于乾隆二十八年（1763）被出继给康熙第十二子履亲王允祹为嗣，皇六子永瑢于乾隆二十四年（1759）出继给康熙第二十一子慎郡王允禧为嗣。而乾隆曾经属意立为储君的皇五子荣亲王永琪亦于乾隆三十一年（1766）不幸去世。

也就是说，到乾隆三十一年（1766），有可能立为储君的皇子就只有八子永璇、十一子永瑆、十二子永璂、十七子永璘和十五子颙琰五人了。

不去打击对手，就得提升自己的品质。颙琰走的是阳谋的路线，似乎没有什么残酷的斗杀、权谋，而是通过读书学习提升自己的优势，这种优势体现在自己的品行、德行、学识等方面，而要取得这方面的优势，非一日之功。

颙琰准确地把握了乾隆在立嫡立长不成的局势下，以贤明为选立储君条件的标准。

乾隆一朝是众所公认的太平盛世。大清帝国正如日中天，为这样的时代选择储君，自然是太平盛世的标准，继业守成的标准。颙琰一开始就处在这样一个环境中，必须适应这个时代的要求，培养自己的素质，锻炼自己的能力，提升自己的修养。

颙琰自六岁始，至嗣皇帝位，在长达三十年的时间里，基本上过的是书斋生活，先后有奉宽、谢墉、朱珪等有名学者辅导，他自己又克勤力学，通经、工古文、古诗，特别喜欢读《资治通鉴》和其他史书，对三千年来治理国家的经验，了然于胸。

嘉庆一朝，可以说是以传统儒家仁术治国的典型时期，这当然有时代的因素，却也与颙琰年轻时期读书形成的思想、风格有关。颙琰努力追求、塑造守成君主的标准，在他即位前的诗文中多有体现。如所撰《宽而有济论》《劝赏而畏刑论》《哀敬折狱论》《中者天下之大本》《慎刑论》等文中，明显地贯穿着他主张平、和、宽、中的思想。

清廷自康熙、雍正、乾隆三朝，对行政之宽严互济颇为注重，然而，仍能从大体上分别出各自的宽、猛偏向。颙琰之较于其父，偏宽的倾向更为显著。他在《宽而有济论》中说：为政之道，不出于宽、严两条路，如果一味提倡宽柔，就会不受义理约束，造成政治废弛，慢慢就会导致颓败而无法挽救。他借用孔子的话说：政治宽柔则百姓怠惰，百姓怠惰，就要纠之以严；政治严苛，百姓就会受害，百姓受害，就要对他们施行宽仁之政。用宽仁来调节严苛，用严苛来治理宽仁，政治由此而呈现出和谐局面。

其《劝赏而畏刑论》又说：为政的手段，不外乎赏和罚。善于治理百姓的，该赏的绝对不能过，该罚的也绝对不能滥，一定要符合标准。如果不幸而产生偏差，那就宁可多赏也不能滥罚。滥施刑罚的君主，一定会重用酷吏，以杀人树立威信，残害正直之人，百姓无法生活，就会祸乱丛生，即使想要制止谣言、安抚百姓，能做到吗？秦朝就是用法家之术和刑罚治国。因此汉文帝虽然滥赏，仍不失为贤明的君主，而秦政滥用刑罚，注定会亡国。

在他的诗作中，曾一再表明"守成继圣王""守成常念拓基难"的心态，并著有《守成论》。从某种意义上讲，正是他这种指导思想，适应了清代乾隆朝以后的需要。

◇太上皇：禅位不让权

嘉庆元年（1796）正月，颙琰正式登基即皇帝位。

这一天，在太和殿举行了十分隆重而又热烈的仪式，乾隆皇帝亲手将"皇帝之宝"授给颙琰，并由礼部、鸿胪寺等官在天安门城楼上宣读了太上皇帝的传位诏书，从此，颙琰就成为嘉庆皇帝了。

然而，事情并不如此简单，有了皇帝之名的颙琰却没有皇帝之权，尽管"皇帝之宝"已传入他的手中。在此后的三年多时间里，朝廷大权仍然掌握在其父太上皇手中，嘉庆只是一整天聆听太上皇圣训，随太上皇侍游陪宴的嗣皇帝。

不仅如此，在乾隆身边还有一位大权臣和珅，自恃出纳帝命，耀武扬威，不怎么把嘉庆放在眼里。于是，嘉庆为等待时机，即等待太上皇过世，开始了甚至比即位前更为痛苦的，也是历史上不多见的皇帝隐忍不发的韬晦生活。

其实，乾隆帝的禅位本身便是一种策略。他在即位之初曾发下宏愿：如果蒙上天眷顾，能在位六十年，一定传位给自己的儿子，绝不敢与自己的祖父康熙皇帝一样在位六十一年。实际上，当初的六十年之约，与其说是诺言，还不如说是对自己的一种祝愿，甚或说是一种贪权的欲望。

检阅史籍，能够在位六十年以上的帝王有几个？其祖康熙皇帝在位六十一年而逝，但是，不要忘记他即位时年仅八岁。而乾隆即位时已是二十五岁，六十年后，将达八十五岁高龄，试想当时能够享此高寿者，特别是在历代帝王中，又有几人？"人生七十古来稀"乃古代流传的俗谚，康熙在位六十一年还尚未臻古稀之年。

至于顺治皇帝和雍正皇帝，在位和享寿都更短。前者六岁即位，在位十八年，享年二十四岁。后者四十五岁即位，在位十三年，也只活了五十八岁。

也许当时乾隆压根就没有想到兑现之事，或者说如果真有六十年兑现的机会，自己也满足了。不管怎么说，立此不易达到的六十年之约自己不吃亏。

岂不知权力这东西就有这么大的魔力，一旦着了魔，大多是不死不休的。等到乾隆的年号一年年地积累到一个花甲时，他的心情应该是既兴奋又不免遗憾。兴奋的是他的期望实现了，欲望满足了，遗憾的是他要履行诺言，不能再做名副其实的皇帝了。尤其是要放弃权力，对他来说是痛苦的，甚至是不能容忍的。两全其美的办法便是做太上皇，让位不让权，或者说真让位，假让权。

对于乾隆的心思，颙琰和一些王公大臣是理解的。

史称颙琰曾经率领王公大臣们奏请乾隆到百岁时再行禅让，乾隆不准，执意要如期禅让。

就当时清王朝的情势而言，如果乾隆以皇太子及王公大臣固请挽留为借口，延迟让位时间，恐怕谁也无可奈何。但是，乾隆没有这样做，为什么？因为一是他要履行诺言，取信于天下，哪怕是表面上的。二是他已经安排好了让位的计划。我们可以看到，从册立皇太子的上谕到传位诏书，乾隆从来没有表示过要放弃权力，安度晚年。

乾隆六十年（1795）九月的册立皇太子上谕称："我蒙上天眷顾，身体运气都很好，一天不厌烦，就一天不敢荒废朝政。传位后，国家大事以及用人行政大事，怎么能不过问呢？仍应该亲自指点，让继位的皇帝早晚聆听教诲，将来才知道怎么做，不至于出差错，难道不是天下和国家的幸事吗？"

嘉庆元年（1796）正月的传位诏书则称："皇帝继位后，可以称我为太上皇，至于上尊号的问题，称呼太烦琐了，就不要上奏了。凡是军国大事、用人行政等问题，我还没有厌烦，也不敢让自己躲在一边休息，各部、院衙门以及各省奏报的事，仍然按以前的要求办理。"

乾隆到底是乾隆，他要揽权，却还有冠冕堂皇的理由，不仅是为"不敢懈弛""不敢自逸"，更是为了嗣皇帝"不致错失"，是利国利民的大好事。

当然，乾隆并不是一点权力都不给嘉庆，新皇帝还是有权的。前揭乾隆六十年九月上谕云："至于每年春季的郊外坛祭及祭祀宗庙之事，我已经快九十岁了，再去爬上爬下、行跪拜之礼，恐怕精力已经不够用了，已不能够表达十足的敬意，应该由继位的皇帝亲自去行礼。各部、院衙门及各省交来的奏折，以及引见文武官员觐见这些平常事，都由继位皇帝审阅，报告给我来办，替我分忧，让我能颐养精神，多活几年，以不辜负天下臣民对我的期望。"

新皇帝的权力就是行跪拜仪节之礼以及处理行政上的寻常事件。一句"为朕分劳"，已摆明了两人的位置，似乎是由于乾隆皇帝年纪大了，尤其腿脚不方便，为了他的身体健康、长命百岁，才需要嘉庆皇帝来帮忙。

细细品评乾隆皇帝的禅位之举，其得有四：

一是兑现了他即位之初的诺言，捞得了如期归政、说到做到、不失信的美名。

二是得到了一个真正的嗣皇帝帮忙，料理一些繁杂细事，有益于他的身体健康。

三是最关键的，即仍然大权在握。

四是由于他处处要嘉庆侍奉跟前，成了可以使唤皇帝的皇帝，比以前更威风、更神气、更风光。

乾隆在"上谕""诏书"中是这样说的，也是这样做的，对于有违反其旨意的行为，他是不会马虎的。

嘉庆元年（1796）正月二十日，湖广总督毕沅等在奏折中将皇帝写在了前面，太上皇写在了后面，这样细小的事情却犯了大忌，受到乾隆的严厉指责。他说："本年举行了传位大典，去年秋天已明降谕旨，并向中外进行了宣告：一切军国事务，仍然由我亲自处理。继位的皇帝只是聆听教诲，跟随我学习。各省奏报事件，军机大臣已经制定了统一的格式，并且下发了，毕沅不按规定办事，是怎么回事？即使办理苗匪一事，从去年二月开始，一切军务事宜，都是我亲自研究指示的，现在军营的奏折，我也没有不亲自审阅的。改元嘉庆以后，京城内的部、院衙门，京城外的各省督抚大员等的奏折，也是我亲自审阅，随时指示。难道就因为举行了禅让的典礼，就让自己躲清闲，把政事丢在一边不管不顾吗？"

乾隆在实际行政过程中是如何独揽大权的，于此可见一斑了。更有甚者，乾隆甚至连年号都不愿完全放弃，尽管在册立上谕中已明确宣称颙琰即位，改元嘉庆，但这只是外廷所用，在内廷，仍然沿用乾隆年号，如乾隆六十一年、乾隆六十二年等。由此看来，乾隆六十年（1795）的禅让，连位都没有完全让出来，更不用说让权了。

◇诛和珅：嗣皇帝韬光养晦

乾隆朝权臣和珅之专擅与贪黩，几乎无人不知，但是，终乾隆一朝，他却能专宠不替，地位屡屡上升。

乾隆五十三年（1788），和珅晋封为忠襄伯，嘉庆元年（1796）乾隆帝禅位后又晋封公爵。一身兼声望最高的内阁大学士、权力最大的军机大臣、与皇帝最接近的御前大臣、内务府总管大臣以及吏部尚书、户部尚书等许多重要职务，所有军政大事，无不参与，连乾隆准备禅位给颙琰这样的事情，他事先也能知道，而且敢于泄露给颙琰，想借此讨好、巴结新皇帝。

其实，嘉庆对于和珅的为人及其不法行为早有所知，据说诸皇子都怕他，颙琰也多次受过他的欺侮。宗室永锡要承袭肃亲王的爵位，还要给和珅行贿，送了前门外两处铺面房子。

和珅倚恃乾隆皇帝的宠信，从不把其他任何人放在眼里，包括嗣皇帝嘉庆在内。

颙琰于嘉庆元年（1796）嗣皇帝位后，乾隆诏征其为皇子时的师父朱珪来京，准备擢升为内阁大学士。嘉庆与朱珪关系很是亲密，禁不住赋诗祝贺。

但是，诗未写成就被和珅弄到了手，并拿在手上到乾隆面前告了嘉庆一状，说什么嘉庆帝要在师父面前卖人情。

刚刚禅位且仍然大权在握的乾隆一听大怒，如果不是军机大臣董诰劝谏，朱珪就要倒大霉，但是不久，乾隆还是找了个借口，把朱珪降职为安徽巡抚，让他待在外地，不得进京。

当时，乾隆是这样问军机大臣董诰的："你在军机处、刑部待的时间都很长，对刑律了解吗？"董诰连忙叩头，壮着胆为嗣皇帝解脱说："皇帝并没有说错话，办错事。"

乾隆半天不吭声，显然考虑到刚刚禅位，关系不能搞得太糟，最后才对董诰说："你是朝中大臣，应该好好辅佐新皇帝。"

看来，当时若非董诰保驾，说不准新皇帝还真有一关要过呢。

和珅专横跋扈，可以想见。

嘉庆虽非历史上有名的英主，却亦非昏庸无能之辈，对于乾隆朝晚期的弊政，他作为旁观者还是有比较清醒的认识的，而且立志要整饬内政，振刷风俗，来一番革新。

然而，他名义上已嗣帝位，实际上是太上皇大权在握，自己能够做的只是些侍游、陪宴、行礼之类的事情。

乾隆晚期的弊政，当然与乾隆的骄奢荒纵、宠信权奸有关，但具体一些讲，当时有"内坏于和珅，外坏于福康安"之说，特别是吏治的腐败，贪风日盛，实与和珅之贪黩有关。整饬内政、吏治，必自和珅开始。但和珅仍受到太上皇的高度宠信，一日有太上皇在，和珅就一日无法扳倒。

因此，为了等待时机，嘉庆只有忍耐，忍耐中既要应付太上皇，又要应付乃至于迷惑和珅。

嘉庆即位之初，陪太上皇游宴是重要事务之一，可以说几无虚日，有时甚至一日数宴。这种状况被朝鲜使节看到，并记载了下来：宴会之时，皇上侍坐于太上皇之侧，眼睛只注意观察太上皇的动静。其态度极其平静洒脱，终日宴戏，坐在太上皇边上，太上皇高兴他就高兴，太上皇笑他就笑。

朝鲜使节据此认为嘉庆帝人品不好，岂知嘉庆帝以仁孝著称，其无可奈何的应付态度也是非常明显的。

至于对和珅，嘉庆采用的则纯粹是一种隐忍甚或欲擒故纵的策略。

礼亲王昭梿在《啸亭杂录》中记述了嘉庆初年嗣皇帝与和珅的关系：

嘉庆元年（1796）的第一天，皇上受禅继位，和珅认为嘉庆继位是自己在乾隆面前拥戴的结果，所以出入宫廷态度非常狂傲。皇上对待他很宽厚，遇到有事要奏请乾隆的，往往托其代奏，左右有指责和珅的，皇上说："我依靠和珅处理天下事，你们怎么能轻视他呢？"和珅又推荐自己的老师吴稷堂（字省兰）替皇上抄录诗作，以观察皇上的动静，皇上了解他的用意，在诗作中一点破绽都没露，因此和珅内心非常安稳。

据此可知，嘉庆在太上皇及权臣和珅权势的笼罩之下，完全处于不得已而韬晦的状态。

而和珅又是何许人物，岂会毫无防备？吴省兰的角色无异于一高级间谍，而最终嘉庆之所以能够麻痹和珅，一是嘉庆的韬晦之术功夫到家，二是和珅自己实在太狂，可能一开始就没把嘉庆这个对手放在眼里。就像乾隆自认为在位时间长、功勋卓著，致使晚年骄奢、独断一样，和珅专权时间长，闯过不少大风浪都安然无恙，怎么也不会想到会轻易被初出茅庐的嘉庆蒙住。

可事物的发展就是这样，盛而易浮，浮则骄，而骄兵多数是要吃亏的。

嘉庆好不容易熬到了头——嘉庆四年（1799）正月初三日，八十九岁的太上皇乾隆在养心殿病逝。

嗣皇帝终于做到头了。

和珅的靠山倒塌了，嘉庆不再顾忌，新皇帝可以按照自己的意愿行事了，和珅的末日也来临了。

铲除和珅是嘉庆亲政后做的第一件事，而且是在大丧之日、重孝在身期间，由此可以想见嘉庆韬晦日子的痛苦难耐，以至于如此迫不及待。

乾隆去世之次日，嘉庆便革去了和珅的军机大臣、九门提督等职务，命令他昼夜在乾隆灵堂当值，不得随便外出。

正月初八日，以给事中王念孙、御史广兴等列款纠劾和珅，宣布将和珅革职下狱治罪。同时调整了军机处、内阁、吏部、户部、兵部等重要部门的官吏。任命皇兄仪亲王永璇总理吏部，成亲王永瑆总理户部兼管三库。

正月十五日，公布和珅的二十大罪状，列在首位的便是乾隆六十年（1795）九月初三日册立颙琰为皇太子，在尚未宣布谕旨的九月初二日，和珅就通过递如意给颙琰的方式，"漏泄机密，居然以拥戴为功"。

经过大学士、九卿等会议，决定将和珅按照大逆律凌迟处死。后来，在嘉庆之妹和孝固伦公主（和珅的儿媳妇），大学士董诰、刘墉等人的请求下，从宽免其公开处决，赐令其自尽。

和珅生于乾隆十五年（1750），至此嘉庆四年（1799）自尽，正好五十岁。和珅临死前还赋诗一首，其意亦明亦晦，耐人寻味。其诗云：

> 五十年来梦幻真，今朝撒手谢红尘。
> 他时水泛含龙日，认取香烟是后身。

当时在中国的朝鲜使臣书状官曹锡中曾经根据自己收集到的情况，向国内报告人们对嘉庆皇帝除和珅一事的反映，报告说："和珅处置后，人皆谓皇帝有三大德。皇帝自即位以来，知道和珅一定会加害他，所以一切政令都听和珅的，以表示对和珅的信任，让他不生疑心，这是智；一日之内把和珅解决掉，不动声色，使朝廷气象一新，奸佞之徒为之一空，这是勇；不处罚和珅的党羽，一个人都不株连，让大小臣工全部洗心革面，各自安心任事，因自己的妹妹是和珅的儿媳，又另加抚恤，这是仁。"和《啸亭杂录》等清人的记载一样，对嘉庆皇帝行韬晦之谋、对和珅欲擒故纵的运筹给予了充分的肯定。

◇挽颓势：嘉庆以身为则

嘉庆皇帝亲政后，面对乾隆晚期造成的积弊乃至于危机局面，决心整饬一番。除去贪黩之首和珅，实际上标志着整饬已经开始，而且是非常关键的一步，也是一个好的开端。

然而，整饬积弊、消除危机又谈何容易？

别的不论，作为嗣皇帝，其为政的方针、指导思想、政策措施，都有一个和前朝——也就是和自己父皇为政的关系问题。

回顾康熙、雍正、乾隆诸朝，都曾对自己上一朝的行政有过较大刷新。如康熙之宽，雍正之去宽从严，乾隆之改严从宽等。但是，虽然他们个个都称得上有才有略，甚或雄才大略，却没有一个敢于或者愿意公开言明要革新皇考之政，尽管事实上他们对皇考时期的政策、措施多有改正、变化，名义上却不明言任何否定之词，相反，多是歌其功、颂其德，宣称自己为皇考政治的继续。如果实在不得不言，也要打着皇考的旗号，借皇考之诏谕来进行，最典型的是乾隆假借皇考遗诏来推行自己的方针，以达到改严从宽的目的。

嘉庆皇帝以仁孝著称，更以守成继业自命。因此，对于有违祖制的名义更是讳莫如深。

他亲政之初，看到国子监祭酒法式善的奏折中有"亲政维新"等言辞后，无论如何是不敢接受此好名声的。

他说："试想一下，我以皇考的想法为想法，以皇考的政策为政策，一切遵循旧制，还常怕赶不上皇考，哪有什么维新之处呢？"

而且，对于嘉庆来说，由于和珅的存在，乾隆去世时，他还不具备像乾隆那样在雍正去世时通过遗诏为自己变更旧政制造舆论的条件，他也不具备其祖雍正当年过人的胆略和手段。但他仍然凭着自己的一腔热忱和务实精神，为清除乾隆晚期的弊政做出了最大的努力。

这个过程体现出他治国行政的最大特点，即以身作则，行仁政而治天下。

嘉庆之身体力行，首先表现在勤政、务实方面。他不仅作了《人道敏政，地道敏树》《勤政殿记》《勤政论》《勤政爱民论》《存诚戒伪说》等文章，对勤与怠、实与虚之关系、道理论说详尽，而且在实际行政过程中力求勤、实，反对怠、虚。

他认为：自古以来国家治理得好的君主没有不勤政的，国家治理不好的君主没有不怠惰的。勤政，国家就会治理得好；怠惰，国家就会变乱。治和乱的根本就在于是否勤政。勤政为爱民之本，有务实的想法才会有务实的政策，有务实的政策，才会给百姓带来实惠，这才是真正的爱民啊。

对于各衙门玩忽职守、拖拖拉拉的作风，嘉庆曾多次申饬。

嘉庆十三年（1808）的端阳节，刑、吏、工部因过节而有事不奏，被嘉庆帝查出，即被指为"应奏不奏，任意积压"，命令都察院严加议处，而且声明，再有类似情况发生，就不是议处了，而是"必行革职"，坚决不讲情面。该奏之事，哪怕拖延半天，在嘉庆这里都是不允许的。

《仁宗实录》称其"夙夜忧勤"，天不亮就起床，秉烛批阅奏章，并非过誉之词。

乾隆晚期，粉饰太平、弄虚作假、报喜不报忧的现象相当普遍，即如嘉庆所云"自以皇考高年，惟将吉祥之语入告"，对此，嘉庆可谓深恶痛绝。

如对祥瑞之说，他认为只有风调雨顺才是最好的祥瑞，从来不敢铺陈符应，粉饰太平。他要求官员们据实直陈上方垂戒、天象示警类的现象，用来提醒自己修身修德。至于麟凤来游等嘉祥征兆则多属附会，不可全信。对于那些有意隐瞒实情而以虚文应付之行为，更是严惩不贷。

嘉庆六年（1801）六月，京畿地区大雨成灾，永定河多处决口，北京城内大面积受淹，很多地方"村落荡然"，嘉庆立即派出专员分赴各地查灾赈济。但直隶总督姜晟的奏报却说本年永定河河流未断，汛期之前涨水，实为好兆头，而且雨量充沛，庄稼并没有受灾。

看了这样的报告，嘉庆非常生气，指责姜晟是辜负皇恩，尸位素餐，头脑昏乱，如果是有意为之，真的是丧尽天良，如果是不了解情况，那就是形同木偶。立即派人将姜晟及永定河道王念孙等革职拿问。

次年，山东境内又发生蝗灾。山东巡抚和宁为了隐讳灾情，竟然奏称山东间或有飞蝗，并不吃庄稼，因此无灾可言。岂不知嘉庆对灾情已有了解，便以讳灾不报、玩视民瘼等罪，将和宁革职，发往乌鲁木齐效力赎罪，而且要自备差旅费。

在崇俭黜奢方面，嘉庆更是以身作则，尽量为臣民作出表率。

嘉庆四年（1799）正月中，他在刚刚亲政、查处和珅的过程中，就发布了禁止进呈宝物的命令。谕令中说，内务府中所陈设的东西已经够多了，已经没有地方可放了。寥寥数语，可知乾隆朝竟尚奢华、呈贡之风剧烈的程度。

嘉庆深知进呈之金玉玩好诸物，无不是来自百姓血汗。进呈越多，民间越穷、负担越重，而且为贪污腐化制造机会、提供条件。因此，禁止进呈宝物可以一举多得，不禁不行。

当时，新疆和阗地方贡呈内廷的重达数百斤的宝玉正在解运途中，行至陕甘一带。嘉庆知道后，命令将所贡玉石，走到哪里，立即就地抛弃，不许解呈。关于此举的效果，当时有"珠玉之价骤减十之七八"之说。

嘉庆五年（1800）二月，肃亲王永锡趁三阿哥绵恺入上书房读书的机会，准备了一套玉器陈设物件，私自送给了绵恺。嘉庆得知以后，谕令革去了永锡的镶蓝旗汉军都统及管理圆明园八旗事务的职务，交宗人府议处。同时革去永锡之子敬敏的副都统散秩大臣职务，敬叙的额外散秩大臣职务，并且召集各亲王、郡王，将永锡呈送的东西，当着大家的面丢还。尽管不是呈献给自己的，嘉庆帝处理起来也还是极其严厉。他自己每逢过生日、节日，都提前打招呼，禁止进呈礼品。

嘉庆帝曾作《节用而爱人》《节以制度》等文，论及量入为出、以有余补不足等收支原则，同时，从自己开始，倡导节用、俭朴，不铺张浪费。

每逢他出巡、谒陵，都预先颁下谕旨，不准沿途供张。他说，各地的行宫不过只住一宿，所有游廊、山石、山洞、厂亭、水池等项，都不许再建设。

他的原则是：能节省一点就节省一点，积少成多。如果一处能节省三四万，十处就能节省三四十万。自己的生日，也不许广陈戏乐歌舞之类，一切从简办理。

嘉庆十六年（1811）九月，御史景德奏请在十月嘉庆五十二岁寿辰期间，令京城演戏十天，并且每年如此，以为定例。嘉庆对此奉迎讨好的建议，不仅不予采纳，反将景德革职，发往盛京派当苦差。

与乾隆朝大肆铺张、游宴不断、大兴土木等崇尚奢华的行为相比，不能不说嘉庆以身作则、崇俭抑奢的举措是难能可贵的。其他方面如治河、救灾、禁烟等，也不同程度地体现着嘉庆求仁政、行实政的作风。

嘉庆二十五年（1820）九月三日，嘉庆皇帝病死于热河，其次子旻宁奉遗诏即位，是为道光皇帝。道光继承了其父的传统，甚至可以说有过之而无不及。据说他非常俭朴，身为皇帝，衣服穿破了还舍不得丢掉，穿着打补丁的裤子。他在位三十年，孜孜于大清帝国的政务，经常带病上朝，临死的当天上午，还在召见朝臣，真可谓是鞠躬尽瘁。然而，和他的父亲一样，他也不能挽救清朝的颓势。

以夷制夷的外交

中国传统的外交是内政的延伸。儒家的王道以"仁""礼"为其内容与形式。它反对强制，主张一种平等的应对关系，以此作为纲常伦理道德的支撑机制。它反映在内政上是"德政"，反映在外交上就是怀柔主义、和平主义，其具体举措则是羁縻、以物驭夷、朝贡贸易等。

中国传统外交方式的形成也是基于这样一种前提：中国远古文明发源于黄河流域，是在与世界其他主要文明发源地基本隔绝的状态下发展起来的。特别是以黄河中下游为中心，率先出现发达的农耕文明，与周边地区的游牧、渔猎文明形成了鲜明的对照。在辽阔的东亚地区，没有哪一种文明堪与其媲美，这种情形自然会使历代统治者无比坚定地认为，中国乃世界文化及地理之中心，甚至中国就是世界。相对于中原华夏文明而言，周边的游牧采猎民族，则统统被视为东夷、南蛮、北狄、西戎等所谓"四夷"，以区别于文化高度发展之"诸夏""诸华"。

对于"夷"，中国有责任给予提携，"以德柔远方""恩泽四夷"。秦汉以来的国家扩张，将许多"夷"纳入其内，使他们完成了汉化、"华化"的过程。对于那些朝廷势力未能加强的地区，中国则用羁縻的办法，赐给他们粮食等生活必需品，借以笼络他们。为了防止他们势力变得强大，政府也采用"以夷制夷"的策略，分别假以名号，使他们互相牵制，这可以说是国际关系中"均势"原则的萌芽。

◇华夷之辨

华夷之辨是儒家思想的一个重要内容。儒家士大夫没有认识到不同特质、不同发展程度的文明的存在，在他们的眼中，只有文明和野蛮两种类型，非此即彼。自然，他们所生存、所熟知的儒教的中华，被他们看作是文明的象征，而其他文明下的所谓"夷"族，则被认为是不懂文明、不行仁义、不遵圣化的野蛮人。

华夷之辨起于孔子，他在赞扬管仲保卫中华文明使之免受夷狄侵害时说："微管仲，吾其披发左衽矣。"到了理学宗师朱熹的手上，夷狄则更被看作是与牲畜同列，在他创立的五级体系中，"蛮"（夷）列于"汉"与"畜"之间，其顺序为汉、蛮、畜、植、矿。明末清初的思想家王夫之则公然提出"华夷大防"，认为天下之大防有二：华夷之防，君子和小人之防。并直言夷狄为禽兽，"欺之而不为不信，杀之而不为不仁，夺之而不为不义者也"。当然，其中包含他对清王朝的切齿痛恨，但并没有影响他对两种文化演进程度关系的探讨，这是值得注意的。

中华关于蛮夷的这种观念，大概源于中华与其北方诸游牧民族的长期冲突。落后民族的挑衅不亚于一场文明的浩劫，这在汉族人民的心里是挥之不去的阴影。

自周朝以来，北方民族就成为困扰中原政权的一个难题，但至少在唐以前的大部分时间，汉族政权遇强则可以征剿，遇弱则可以羁縻，到了宋代以后，辽金起于夷狄，将中华一分为二，不久蒙古贵族统治者入主中原，对汉族文明进行了一次彻底的破坏。明朝对旧秩序进行重建以后，清王朝又崛起于东北。

明清之际，是华夷之辨非常激烈的时期。许多汉族士大夫以此作为反清的旗帜，如前述之王夫之。清王朝的统治者一面发动大规模的文字狱，试图进行思想控制，消灭汉人对满人的公开抵触，一面以继承者自命，对中原文化采取继承态度，重新抬出朱熹的正统学说，把它当作一种中国皇帝拥有政治主权和文化等级制度的指导思想，借以使清政权合法化。与此同时，清朝统治者力图在中华为自己寻找一个位置。如雍正曾利用曾静投书案，发布《大义觉迷录》，对华夷之别进行重新阐述。在对待少数民族与外国的关系上，清朝也往往以中华自居，称他们为"夷"。

此时，中华的外延扩大了，不仅包括汉族，还包括居于统治地位的满族，这对于一个涵盖广泛的中华民族的确认与表述是可喜的进步。这也是清朝统治者与元朝统治者在见地智慧与思想境界上的重要区别。

✧ 《大义觉迷录》之华夷观

《大义觉迷录》是雍正针对曾静的反清言论而推出的辩护措施，它从策略性的角度对汉族传统的华夷观进行了重新阐述，使其向有利于清朝的合法统治方向发展。

首先，雍正确立了一种人德一致的判断，将民族等同于地域，又将一定历史时期特定的民族内涵忽略，从而在儒家的典籍中寻找解决问题的办法。

他针对汉人反对少数民族领袖掌握皇权的观点，提出不应以地域作为区别君主好坏的标准。"舜为东夷之人，文王为西夷之人，曾何损于圣德乎"，清朝"之为满洲，犹中国之有籍贯"，当然也就可以同虞舜、文王一样成为君主。《诗经》之所以说"戎狄是膺，荆舒是惩"，是因为他们"僭王猾夏，不知君臣之大义"，而不是"以其为戎狄而外之也"。况且孔子并无华夷之别的观念，"若以戎狄而言，则孔子周游，不当至楚应昭王之聘；而秦穆之霸西戎，孔子删定之时，不应以其誓列于周书之后矣"。

接着，他又对曾静的言论大做文章，以彼之矛攻彼之盾。曾静曾言：华夷中外之分别大于君臣之伦常，华人与夷人的区别是人和物的分别，这是世上的第一要义。雍正指出："你所写的逆书《知新录》里不是说天下一家，万物同源吗？怎么还会有中华和夷狄的区别呢？"

他还指出所谓华夷之别乃为互相攻讦，如同南北朝时，北人诋南人为岛夷，南人指北人为索虏，这是国家不统一造成的。清朝将各民族统一在一起，满、蒙、汉一体，皆为清朝政权服务，自然也就无所谓华夷之别了。

雍正主张不分地域，以德为王，在理论上，在实践上，对维护多民族国家的统一甚有益处，也甚有积极意义。但他以地域观念代替民族观念，回避清朝的民族压迫和民族歧视问题，则见其统治手段的本来面目。

华夷之别的淡化是历史发展的必然趋势。雍正虽然试图证明华夷无别，但还不是基于这种目的，故此他没有找到解决这一问题的正确理论，而只能通过思辨，来为清朝统治的合法性辩护，这也导致清朝在继承了"华族"的观念以后，对其他少数民族仍持歧视态度。

◇ 朝献列国与互市群番

中国关于世界秩序的传统构想，是把安全和权力的实际现状与理论和观念上的中华中心论结合起来的。

中华中心论是中国文化优越性在制度上的表现形式。中国历代王朝对这一点的强调都是不遗余力的。早期的历史学家就提出同心圆式的等级理论，认为中国是世界的中心，距中国地理距离越近的外国蛮夷与皇帝（中国）的关系就越亲密。每个国家总会在中国的金字塔等级结构中寻找到一个位置，这就是中国人传统世界秩序的华夷体系。"华"即中国，"夷"即藩属，亦即中国周边的诸王国，中国是皇帝的直辖领域，周边诸王国是受皇帝册封，并向他朝贡的自治领域，两者有道义上和文化意义上的宗主与臣服关系，但不存在政治上的统治和被统治关系。

华夷体系产生的历史背景，是中国远离世界其他主要文化中心，在东亚又据有特别优越的地位。华夷体系是将秦汉时期皇帝与诸侯的上下关系，折射到皇帝与"夷狄"国家君主的关系上，执行敕封朝贡体制，遵奉"事大""交邻"伦理，并结合儒家王道思想和"兴灭国、继绝世"理念，而构想出来的独特的国际秩序观念。其内部机制墨守成规、缺乏张力。秩序的形成和建立，完全取决于皇帝"德化"力量的大小，并不受周边夷狄国家相互对立和斗争的影响。

作为国际秩序的华夷秩序在明代迅速建立。

明朝推翻元朝统治者，复苏了汉人传统的优越感，增强了向心力，自古以来世代相承并曾在汉唐时期得以充分显示的帝王观念，开始作为一种现实的国际秩序明显地表现出来。

明太祖即位之初，便力图体现帝王天子所拥有的"一视同仁"的包容之心，把毗邻的朝鲜、安南以及占婆的山川视作应纳入中国版图的自然地域，立碑为记，大事祭典，并且诏谕四方各国促令速来朝贡。凡接受诏谕的国君，授予封号和金银印章，承认其在东亚国际秩序中的安定地位，让他们采用中国历法，使用中国文字，并发给贸易"执照"，让其享受通商的利益，并对贡期、进贡土产及应付代价作了详细的规定。

永乐元年（1403），明成祖称帝以后，更是采取"德以柔中国，刑以威四夷"的传统做法：一方面动用武力，进军安南，讨伐鞑靼，招抚女真；另一方面，派遣郑和率领规模宏大的船队多次下西洋，航迹遍及东南亚、红海，直至非洲东海岸，在世界范围内争取各国朝贡，结果有 40 多个国家派使者随船前来。

这样，在东亚，以中华大国为中心，已经形成了一个国际秩序，其范围东起日本列岛、琉球群岛、东南亚各岛，南至印度洋的南海各岛，北抵黑龙江、漠北，西达阿拉伯海岸，直至非洲东岸诸地。

清朝对华夷体系进行了进一步发展。

还在未入关以前，清朝就已在满洲设立理藩院，入关以后，则全面继承了明王朝的遗产，立即与周边诸国建立了关系。到乾隆年间，东亚重新构筑了一个其规模虽不如以前，但关系更为明确的中华世界秩序。其范围西起帕米尔高原，北至外兴安岭、恰克图、巴尔喀什湖一线，南跨喜马拉雅山，至缅甸、暹罗、老挝、安南和南海诸岛。

根据与皇帝关系的疏密，他们被分为"朝献之列国"和"互市之群番"。

前者指具有"朝圣"义务的属国，其国王一般须受朝廷的敕封。"朝献之列国"在乾隆朝共有 24 个，分别受礼部与理藩院掌管，其外交的政治意义非常明显。其余还有 20 个"互市之群番"，即只有通商关系，没有朝贡关系的"属国"，其臣属的意味要淡于前者，如柬埔寨、柔佛、亚齐、吕宋、文莱、西洋各国等。

这种华夷体系是通过朝贡、互市以及必要时的武力来维系的，它具有臣属的象征意义，表示优越的中华大国对他们的恩惠，他们应该俯首领受。中华大国将这种朝贡贸易看作羁縻诸夷，使他们"向化"的手段。

长期的封闭使中国皇帝、士大夫和百姓认为只有中国才是世界上最富有的地方，至于其他地方，则只是蛮荒贫瘠之地。直至十八世纪末，乾隆皇帝还在说："天朝抚有四海，惟励精图治，办理政务，奇珍异宝，并无贵重……其实天朝德威远被，万国来王，种种贵重之物，梯航毕集，无所不有。"中国不需要别国的东西，相反，中国的茶叶、大黄诸物却是西洋诸国所必需。

所以说，朝贡贸易只是中国对诸夷的单方面施恩。到了英国打开中国大门以后，许多朝廷重臣仍然这样认为。他们甚至要求中国断绝茶叶、大黄的贸易，认为英国人一旦失去茶叶，就会得肠疾。基于这种原因，来华的贸易国，就应该对中国感恩戴德、恪守臣子之道。

中国构筑了华夷体系，将自己居于这个体系的顶峰与中心，并认为这种体系是万能的、不朽的，这阻碍了它对于世界局势的正常认识，自高自大代替了冷静的思考。殊不知朝贡制度的性质随着世界大势逐渐改变了。

随着资本主义的发展，各国已经将"朝贡"作为一种谋求同华通商的手段，他们通过对"华夷体系"的表面认同来赢得中国皇帝的特许权。而这反而进一步加强了中国皇帝"德被四海"的信心。

乾隆五十八年（1793），英国遣使马戛尔尼来华通商，清政府照旧将它当作朝贡之国，主张英使行臣子之礼，遭到英使拒绝，乾隆遂认为英使妄自骄矜，并断然反对英使提出的驻使于京、开口通商的要求，认为他们超越了定制，要求的东西太多，远远违背了天朝大国对偏远之人施以恩惠、抚育四方夷人的政策。结果不欢而散。

战争是英国自十八世纪末以来以政治、经济、外交手段打开中国市场大门的企图一再受挫之后采取的极端手段，英国强迫中国签订了不平等条约。这是欧洲国家体系对中国华夷世界体系的强烈冲击，它标志着中国已与欧洲体系中的主要国家处于法律上的平行关系，中国的华夷世界秩序处于崩溃的边缘，中国不得不为它过去的世界观付出代价。

要不要行三跪九叩之礼只是形式，它体现了以中国为天下中心、以中国皇帝为天下共主的狭隘的封闭的"天朝心态"与新的世界性交流关系的冲突。清朝官员对英王三世致乾隆皇帝的信的理解、翻译，颇能体现当时情景，给人的印象就如同英王向乾隆表示顺诚，请求恩赐：

"如今闻得各处惟有中国大皇帝管的地方，一切风俗礼法，比别处更高，至精至妙，实在是头一处，各处也都赞美心服的。故此越发想念着来向化输诚……所以趁此时候，得与中国大皇帝进献表贡，盼望得些好处。"

与此相应，乾隆皇帝在给英王的敕文中这样谕令：

"你这个国王要好好体会我的意思，对我更加忠诚，永远恭敬顺从，才能让你保有你的国家，共享太平之福。我对那些诚心入贡的国家，没有不加以体恤的，以表示我的怀柔之意，有恳求的事，只要不伤体制，没有不从其请求的，况且你这个国王处于偏远的重洋之地，来纳贡表示忠诚，我对你的赐予比其他国家更多。"这完全是对中国藩属训谕的口吻。

论者或以为马戛尔尼叩响了清朝中国的大门，却一无所得地空手而返，其实不然，马戛尔尼通过此次接触，对清朝中国了解了许多，在完成"对中国实力加以估计"这一任务上收获颇丰。

相反，清朝虽然收下了诸如地球仪、天象仪、反射望远镜、大型战舰模型等代表当时欧洲科学技术水平的礼品，但是，对这些物品体现的以及马戛尔尼使团带来的欧洲现代文明的重要信息却毫无反应；对于大英帝国对清王朝、新的国际关系观念向传统的华夷世界秩序提出的挑战亦完全没有意识到。

如果说，此次马戛尔尼使团来华是清朝中国了解世界、走向世界的一次机遇，那么，清王朝在这次交往中竟是真正的一无所得，从而不得不在以后的历史进程中为此付出代价。

第
五
章

CHAPTER5

从"师夷制夷"到"中体西用"

鸦片战争的失败及随之而来的丧权辱国结局，迫使并无思想准备的中国人不得不面对突如其来的灾难，目睹无情的现实，不得不对国家、民族的前途进行深入的思考。

与以往曾经发生过的"蛮族"侵扰、盗寇掠民相比，这次冲突具有完全不同的性质，军事、政治冲突的背后，更深层次的是两种文化的冲突。它被称为"数千年未有之变局"，不仅对"天朝上国"的统治形成威胁，而且使中华民族一向自尊自信的文化心态受到了前所未有的挑战。

因此，如何救亡图存的问题，同时也就与如何对待西方文化、如何对待本国固有文化、如何对待中西文化关系的问题联系在一起。由于面临的问题是全新的，又由于处于仓促危急的环境中，仁人志士们有关寻求救国方案的思考不仅带有显著的浅近功利性，而且没有摆脱中国传统的谋略思维模式。

从严夷夏大防到师夷制夷

从严夷夏大防到师夷制夷是中国传统文化观念迈出的关键一步，它根源于对中国固有文化的痛苦反思。

鸦片战争打破了自尊自大的天朝梦，即使顽固的守旧派也不得不承认所鄙视之夷远远非中国所能比。

为了恢复以往的秩序，一些有识之士，被迫将嘉、道时期复兴的经世致用精神，应用于处理外国事务上，逐渐形成了"制夷"——"悉夷"——"师夷"的思路。这种思路一旦形成，文化就以其固有的规律，逐渐在越来越高的层面上冲击着中国人的精神世界。文化观念（传统的或西方的）的合理性，就成为关心国家命运之人们不断思考、探讨的重要课题。

◇洞悉夷情，以夷攻夷，以夷款夷

鸦片战争以前，中国一直奉行以中国中心论为基础的华夷体系，在人们心目中，中国是一个无远弗届的大国，代表着文明，中国有责任输出文明，使四夷"归化"，但绝不允许被夷风浸染。

清朝统治者入关以后，逐渐在华族内为自己找到了位置，随即由极其忌讳夷夏之分，转变为"严夷夏大防"。他们心安理得地以华夏文化的正统继承者自居，奉行文化排外主义，从康熙的"禁教"（基督教）发展到雍正的"禁学"，民间胆敢与外国进行文化交流，就会被视作大逆不道的里通外国的不赦之罪。结果导致对国门之外世界的茫然无知，就像一只井底之蛙，正如魏源所说："徒知侈张中华，未睹寰瀛之大。"

鸦片战争的爆发，使一些敢于面对现实、注重考察真实情况的人士，在实践活动中，开始逐步改变了观念。他们首先认识到英国等西洋之夷是强大的，是应该认真加以应付的，再也不能靠着"天朝"的声威来慑服了。什么样的策略和措施才能"制夷"，成为处理中外关系的头等大事。

这就推动一些明智之士按照"知己知彼"这个较量常规，尽可能深入地考察"夷情"。这些人当中，以林则徐、魏源、姚莹、徐继畲等最为著名。

早在 1839 年，林则徐在两广任上负责查禁鸦片，就抱着实事求是的态度，着手"细察夷情"。他从"遍访鸦片来由"开始，不断积累关于外国的知识，逐渐校正对外国认识上的偏差，遂成为中国近代史上开眼看世界的第一人。

他在广东设立译书馆，召集翻译人员，其中包括后来著有《海国四说》的梁廷楠。他们广泛搜集外国书报，举凡新闻动态、对华评论、历史地理、经济律例、军事技术、科学文化，无不在编译之列。后来林则徐将其中部分成果编成《四洲志》一书。

林则徐的活动具有开风气之先的作用，意在对"制夷"提供参考。其后"欲制外夷者，必先悉夷情始"这一论断更加成为开明人士的共识。继林则徐之后，魏源著《海国图志》，梁廷楠著《海国四说》，姚莹著《康輶纪行》，徐继畲著《瀛环志略》，使对外国的了解渐成系统。

开明之士的这些活动受到本集团保守势力的非议，迫使他们不断在著书中表明自己的观点。

魏源在《海国图志》中一再强调办理外国事务一定要了解外国的情况，要了解外国的情况一定要掌握外国的形势。不了解敌方情况，就不可以行军打仗，不了解外国情况，就不能筹划长远。同样是防御敌人，是否了解敌情，利害相差百倍；同样是和敌人谈判，是否了解敌情，利害也相差百倍。他尖锐地嘲笑了那些连兵家"知己知彼，方能百战不殆"的基本原则都视而不见，却以收集外国之书、了解外国之事为多事的愚蠢言论。

曾在台湾主持过抗英的姚莹也对读书人眼界狭隘、以谈外国情形为禁区的风气进行了反击，他说："自古兵法都要先了解敌情，没有做到知己知彼是不能取胜的，糊里糊涂做事，没有不败的。英国、法国、美国皆在很远的西洋，距离中国有五万多里。中国的地理条件和人文风俗，他们已经研究了数十年，没有不知道的。可我们中国竟然没有一人关注海外之事，不用等战争开始，胜负早就已经很清楚地摆在面前。甚至有澳门的外国人，著书笑话中国人不关心海外事务，他们轻视中国已到了猖狂的地步。我对这种情况太痛心了，因此从嘉庆年开始，购买外国图书，研究外国情况，近年来才基本掌握全部国家，对海外有名的大国，以及天主教、佛教等一一研究其情况，写成图说一书，告诉全天下的人，希望我们中国的老老少少都能有所见闻，了解他们的虚实，筹划驾驭外国事务的策略。"

既然"悉夷"的目的是"制夷"，就应该根据掌握的情况制订出"制夷"的方案。

魏源经过多年的研究，对国际上的风云变幻深有了解，因此他提出了"以夷攻夷""以夷款夷"的谋略，就是利用各国的矛盾，以利诱之，使之互相牵制，以减少对中国的威胁。

由于英国是最早入侵中国的国家，魏源遂以英国为预想敌人。他分析了俄、美、法、廓尔喀等国与英国的矛盾，指出俄、英是世仇，康熙三十九年（1700），英国曾由地中海攻俄罗斯，大败而逃，自后不相往来。英、法、美三国也有历史的积怨，明朝开国之际，法国曾开垦美国东北的土地，建设城镇，开设市场，可是英国人把它夺去了，因此法、美与英国仇怨很深。后来，英国人横征暴敛，美国十三州起义，以法国为外援，把它驱逐出去了。印度与英国亦有矛盾，它曾反抗英国的侵略，联合法国、荷兰两国，抵抗英国。与此同时，俄国也觊觎英属印度的鸦片之利。

针对这种情况，魏源制订了两个方案：一是唆使俄国与英国争夺印度，这样就会断绝侵华英军的物资来源；二是利用各国与华通商的利益，以英国野蛮侵略为借口，禁止洋货贸易，将美、法、俄等国的怒火引向英国，迫使英国在谈判中让步。此外，魏源还打算让暹罗、安南会攻英占之新加坡，二者与中国同受英国侵略，有共同合作的基础。

魏源的这些计划源于传统谋略思维模式，正如后来人们所讥讽的那样，是效纵横家之言。

但魏源的高超之处在于他对国际形势的了解，因此也就具有了近代均势外交的色彩。而对各国在侵华利益上的一致性的认识不足，是由于时代的限制，我们不能强求于他。

魏源并没有停留在"以夷攻夷""以夷款夷"之上，他知道如果没有较强的国力作后盾，这项策略不但无法实施，而且可能带来更大的灾难。要想利用各国间的矛盾，必须"严修武备"，建立自己强大的海防力量，寓战于守（这也是传统的主客奇正之谋，在传统兵法中，守为"主"，攻为"客"。"主"可以逸待劳，占尽地利；"客"则劳师远征，兵力损耗严重，故为兵家所忌。在当时海上装备处于劣势情况下，"守"是有其合理性的）。所以魏源说："不能守怎么能打仗？不能守怎么能谈判？靠守来打仗，外国人就会被我们牵着走，这就是所谓的'以夷攻夷'；靠守来谈判，外国人就会听我们的指挥，这就是所谓的'以夷款夷'。"这就使魏源能够围绕着"守"进行更深入的思考。

◇师夷长技以制夷

在了解外国情况之前，无论是开明人士还是守旧分子，都曾主张过"以商制夷"，这是古老的朝贡制度下"以物驭夷"政策的一个翻版。

在朝贡制度下，通商是驭夷的手段，中国人对待远方的国家，很早就利用开放或关闭市场来控制他们。

在鸦片战争之前，中国官员仍然坚持这种做法。他们错误地将茶叶、大黄等物看作与西方各国性命相关的东西，认为只要控制住"茶黄"，就取得了控制西方各国的主动地位。

因此他们特别强调如果外国不"杜绝鸦片之来"，中国就要"严断茶黄之去"，并以此作为有力措施堂而皇之地照会英国，其可笑的结局可想而知。

林、魏等人在"开眼看世界"的过程中，逐渐纠正了这种偏差，但鸦片战争后，那些以"悉夷"为耻的顽固守旧分子仍然大肆叫嚣"制夷要策，首在封关"，即禁止与外国的贸易。

林则徐、魏源等开明人士在"以守为战"方针的指导下，其"悉夷"活动围绕着"制夷"这一基本目的展开。他们考察的对象主要是外国的军事实力，这是最早使他们震惊并引起他们兴趣的东西。

在敌我双方力量的对比中，他们了解到外国的军事力量为中国所不及，中国要想操"制夷"之胜券，已非靠自身的扬长避短、以己之长攻彼之短可以奏效，而应该采取以长补短的办法，学习和采用外国先进的军事技术和装备，方能克敌制胜。

林则徐提出了"师夷长技"的观点，魏源在《圣武记》中进一步发挥了这一思想，主张"尽收外国之羽翼为中国之羽翼，尽转外国之长技为中国之长技，富国强兵不在一举乎"，在《海国图志》中，他又进一步把这一主张概括为"以夷制夷""以夷款夷""师夷长技以制夷"。

魏源"师夷"的主要内容在军事方面，他主张中国需要从外国得到的东西，一是战舰，二是火器，三是养兵练兵之方法。

值得注意的是，他看到军事技术在民用事业中的作用，指出学习军事技术的好处不仅在于军事，还有利于民用工业的发展。

在《海国图志·筹海篇》中，他说船厂除造战舰外，还可造各种工具仪器，如量天尺、千里镜、龙尾车、风锯火轮机等"有益民用者"。这使我们不能不想起他所说的"尽转外国之长技为中国之长技，富国强兵不在一举乎"，已超出了军事的范畴。

魏源学习外国的内容虽然停留在"器艺"的层面上，但在当时夷夏大防气氛浓厚的条件下，却有着振聋发聩的重要作用。面临大逆不道的指责，他不得不为推行自己的思想寻找合法的依据，其中也反映了他在认识上的局限性。

他首先搬出了清朝的老祖宗康熙皇帝。

康熙当政时，很注意采用西方先进的科学知识，曾任命西洋传教士掌管钦天监，采用西方推算律历的办法。魏源说他提倡学习外国先进技术，是仿照康熙的先例。有了这个依据，他就不怕指责了。

他还在儒家的经典中发掘有利的资料，为自己辩护。他说："我听说由余向秦穆公建议，善于向周围的夷人学习的，就能制服夷人，不善于向夷人学习的，就会被夷人制服。"

儒家重道义、轻功利，反对奇巧之术。在当时国内舆论界，还相当普遍地把外国军事技术鄙视为夷狄的"奇技淫巧"，为"上国""圣道"所不齿。

魏源在对此进行的驳论中，巧妙地运用了中国文明发展的实例。他说，古代的圣人，做舟楫来通航，做弓箭来震慑天下，难道不是形器之末吗？可是射御之术也列入六艺之中了啊。难道西洋的火轮、火器不相当于射御之术吗？指南制自周公，挈壶创自《周礼》，有用的东西，就是奇技而不是淫巧。西洋的器械同样是聪明智慧的结晶，主要是为了利民，不能视为"淫巧"，只有因其所长而用之，即因其所长而制之，才会风气日开，智慧日出。他又举了俄国彼得大帝亲历西洋，学习造船技术，使俄国强大的例子，指出学习"器艺"不但不会误国，反而是国家强大的必由之路。

另外，魏源承认西方科学的长处，可同时又把自己对西方学术的取舍褒贬，纳入清朝当局早已有之的对待西学的政策范围内。

乾隆时曾规定对西学要"节取其技能而禁传其学术"，即对西学的学习只限制在技艺上。魏源坚持这种观点，可能是出于策略性的考虑，但也暴露了其认识的不足，与前面观点结合来看，更反映了这一点。

魏源的《海国图志》刊行以后，由于其观点对华夷大防的突破，受到了知识界的广泛关注。但他的建议并未被政府采纳，反而成为守旧派攻讦的目标。但他开先声的地位，受到开明知识分子的大力欢迎，此后开明的知识界人士，几乎都承认自己之所以能够建立起世界眼光，自觉学习外国先进文明，是受到魏源"师长"之说的启蒙。

魏源的"师长"说在洋务派的最早奠基者沈桂芬那里得到了进一步发展。

他写的《校邠庐抗议》一书已具有不同于林、魏等先驱者思想的新的时代性质，它不是洋务思想的一般启蒙读物，而是新兴的"学西方、谋自强"的时代精神的论纲。主张中国要自强，无疑就是承认了中国落后于列强的现状，和林、魏当年承认在军事技术上西方有所长、中国有所短相比，对中西双方的认识显然上了一个新台阶。它标志着人们真正突破了以"天朝上国"自居的自欺欺人的观念，开始从世界范围内考察中国所处的地位与前景。

冯桂芬年轻时受知于林则徐，读过魏源的《海国图志》，留心西方的科技成就，积累了丰富的关于外国的知识。

他在林、魏"技不如夷"的基础上，提出了中西现状比较的著名论断：

"我们在人才的使用上不如外国，地利的开发上不如外国，君民之间的关系上不如外国，名实相符这一点也不如外国。在军事上船坚炮利不如外国，进退之法不如外国。"这样就在人才、地利、君臣、名实以及船炮、进退六个方面进行了比较，大大超出了魏源只在军事上进行比较的范围，涉及制度、观念的层面了。但在学习内容上，他却和魏源如出一辙，只挑选了船炮一项，至于其他五项，他则说只要皇上决心振作，很快就会迎刃而解了。

由此可见，他仍然是遵循魏源在"器艺"层面的"师夷长技"，这也可以理解为他的一种策略，因为在另一方面，他不顾他的立论的悖论性，相继提出了其他有利于工农业生产的主张和技术，并提出"采西学"。

他肯定了西学的丰富与先进，认为从明末以来翻译的英国书籍，除去宗教书籍，"此外如算学、重学、视学、光学、化学等，皆得格物至理，舆地书备列百国山川、厄塞、风土、物产，多中人所不及"。

他观察到先进的西学正是产生先进的技术和装备的基础，主张设翻译公所，从西方学术著作中选择有道理的翻译过来。他列举了西方用"地动新术"研究天文历法，以"海港刷沙"之法疏通海口河道，用机轮改造农具织具以及各种工具。这表明冯桂芬对"师长"说做出了重大突破，不仅所说的"器""技"不限于船炮，而且已从器艺层次进入了学理层次，即自然科学层次。

由于沈桂芬与曾国藩、李鸿章亲密的私人关系，他的思想对他们产生了很大的影响。曾国藩、李鸿章开始都是将目光停留在西方的船坚炮利上，认为这是唯一需要向西方学习的，他们冲破了守旧派的阻挠，将这一主张付诸实施。

1861年，曾国藩创设安庆军械所；1862年，李鸿章设置了上海洋炮局，次年又设立苏州洋炮局。

在创设这些生产机构的同时，他们逐渐了解到技术和设备的重要作用，有了这些，才可以避免洋人掣肘。

1867年，曾国藩派容闳买回"制器之器"，由李鸿章主持，成立了江南制造总局。在此之前，李鸿章等人建议在已经设立的培养翻译人才的京师同文馆中，设立专习西方的天文算学馆。洋务派的中央代表奕䜣在奏折中说：外国人制造机器、武器，以及航行、行军，都得益于天文、算学。

经过与守旧派艰苦的斗争，增设天文算学馆的建议在朝廷的支持下最终得以实施。这是洋务派"采西学"主张得以实现的第一步。以此为开端，洋务派在同守旧派的观念冲突中，面临以西方技术应用于军事制造所带来的一系列问题，不得不对西学进行全面审视，他们对西学学习的层面也逐渐提升到经济制度的层面。

在同治十三年（1874）的海防筹议中，李鸿章建议为解决海防所需的大宗经费，除增税收、借洋款，节"不急之需"之外，应该大力在国内开拓生计，增加财源，如设厂造耕织机器、开煤铁各矿，试办招商局。从而从"开源兴利以求富"的角度，设计出新的经济政策，给传统的自然经济、传统的宗法社会和传统的价值观念以一次强有力的震撼。

其后，郭嵩焘、郑观应等将这种思想进一步发展下去。郭嵩焘突破了李鸿章依靠官府发展经济的局限，指出西方是把"富民"作为重商的核心内容，认为只有给予商贾以有利保护，才能借商贾之力以养兵。商人在西方各国，因其经济地位重要而具有重要的政治地位，国家的政策方针，没有不告诉商贾的，这是西方各国比中国富强的根本原因，因此应以"重商富民"政策为范本，发展中国的经济。

"重商富民"思想在郑观应那里得到了更加深入的阐述，他主张按照西方资本主义的模式在中国实现全面经济改革。

应该看到，至此，洋务派对西学的认识已经达到了他们所能达到的最高点——经济制度及初步的资产阶级政治思想，实际上他们的实践活动远远未达到这种程度。

洋务派发展经济的愿望，除了为军事提供后盾外，还包含另一个目的——商战，以打击帝国主义的经济侵略，它与守旧派已往的"以商制夷"的实质已根本不同。

曾国藩曾提出过"商鞅以耕战，泰西以商战"的著名论断，但对如何应付这种"商战"，还没有拿出对策。李鸿章虽有官办企业的主张，也还没能抓住根本。

光绪四年（1878），湖广道监察史李璠在奏折中发展了郭嵩焘"重商富民"的主张，指出中国在与外国通商中受侵害，却既不能闭关绝市，又不能兴师问罪,唯一可取的对策应该是"以商敌商",即仿照西方的办法,鼓励民间筹集资金,设立公司,发展商业贸易和制造行业,与外国进行商业上的竞争,以夺回利权。他认为,商务盛则国势盛,兵力厚,才可以不战而屈人之兵。

郑观应系统地提出了商战的主张和措施。他在《盛世危言》中指出:"中国以农立国,外洋以商立国,外国不怕我们加强武备,但怕我们夺其利权,凡是和商务有关的,没有不争的。由此可知,要想制约外国人以求自强,不如振兴商务,怎么能说商务是末业呢?"

他认为,当务之急,一是政府设立"商部",南北洋再分设"商局",以支持和保护商人利益,统管商务;二是设立"商学",以培养商业人才。他强调"振兴商务",必须依靠具有充分经营自主权的民间商贾,进行大机器生产,这样才能兴利除弊,在国际竞争中处于不败之地。传统的农、牧、茶、丝诸业,也要采用先进的科学技术,增加产品中的劳动和科技含量,减少初级产品的出口,否则即使"十八省物产日丰",也只不过"徒弃己利以资彼用而已"。

◆西学中源,以古证今

开明人士了解西方、学习西方的主张,遭到守旧派的严厉指责。守旧派敏感地意识到,西学的价值观念会破坏他们借以安身立命的伦理纲常观念,他们的权力和利益将会受到威胁。因此,自林则徐等人"悉夷情"之始,他们就站出来,顽固地以坚持"先王之制""圣贤之道"的传统作理由,指斥引进西学是"师事夷人",是离经叛道,弃本逐末,用夷变夏,失体丧国。

随着开明派提倡西学的内容不断扩大,层次不断加深,他们反对西学的浪潮也不断高涨,态度也越来越坚决。

洋务派虽然在提倡西学上比较开放,将这看作"救国自强"之路,但他们同守旧派一样,在思想和道义上,是孔孟之道的忠实信徒,推崇封建的纲常伦理道德,只是由于他们还没有意识到西学对此的冲击作用,才敢于大力提倡西学。但他们毕竟害怕诸如"离经叛道"的指责,这样,他们在与守旧派的论争中,就不能客观地评判中学与西学的关系,而只能将自己放在一个回护自己主张的位置上，力图证明中学与西学的相容性、互补性，提出了"西学中源"论，为推行自己的主张寻找合法的依据。

"西学中源"的主旨是：西学是中国古已有之，后来才传到西方去的，可见西学本来就是中学，西学不是异端，更不是什么与华夏文明异类的夷狄之学。学西学无非是将祖宗所创而后来丢失了的文化遗产找回来。谈不上"师事夷人"，也无所谓"用夷变夏"。

"西学中源"论巧妙地利用了西方近代科技与中国古代文化遗产的某种契合关系，适应了文明古国优越的文化心理，易于为人们所接受，早在明朝，徐光启、李之藻提倡西学时，就引以为据。在洋务派这里，可以说是故技重演了。

同治四年（1865），李鸿章为了论证派人去学习西方机器制造的合理性，借用了"西学中源"论。他说："中国的文物制度，并不是西方人都能了解的，就是机器制造一事，也是以算术为主，而西方算术中的借根方，来源于中国算术的天元，他们也承认来自东方。而西方的代数，近来也从上海那边翻译出来，显然也脱胎于中国的四元术。"

"那么为什么还要学习西方呢？那是因为西方机器的制造非常精妙，与西方属金的五行本性有关，他们又专门研究，不断精进，才让我们几乎赶不上了。"又指出西方科技本来自中国，只是由于其地理、人文诸因素，现在比中国先进，那么向他们学习，可以说是继承和发展祖先的遗产，是无可置疑的。

"西学中源"论是洋务派反击守旧派的策略，也是洋务派对中西学关系的真实想法，他们还没有看到中西文化是两种不同特质的文化，正是这种认识上的局限性，增强了他们论战的信心。

旅欧归来的王韬，是一个典型的西化论者，号称海外布衣，他由于较少顾虑，抨击时政放言无忌。但对于西学，他也坚持"中源说"。

他在《原学》中说："中国，天下之宗邦也。不独为文字之始祖，即礼乐制度、天算器艺，无不由中国而流传及外。当尧之世，羲和昆仲已能制器测天，用璇玑玉衡以齐七政，而兄弟四人分置于东西南朔，独于西曰昧谷者，盖在极西之地而无所纪限也。"

如果说李鸿章、王韬等人论证"西学中源"是为了表明西学可以学的话，那么郑观应、黄遵宪等人则是主张西学必须学。

郑观应在《盛世危言》中，重申了"西学中源"论，指出"西学本由中国传去，在近年来取得很大发展，而中国却由于科举制度等种种弊端，侈谈性理，不务实学，使祖先的宝贵文化遗产遭到荒废，这实在是令人痛心的事情。西方人来到中国，带来了西方的科技文化，这正是中国人收回本国文化遗产的大好机会，如果无动于衷，那才是对中国固有文化的亵渎。西方人既然送回来了，我们如果拒绝，就违反了天意，违反天意是最大的不祥"。语气激烈，对反对西学者进行了严厉抨击。

黄遵宪不像郑观应那样乐观地认为西方人的到来是想物归原主，而是看到了西方侵略中国的现实。他指出那些本由中国传去的文明，经西方人的发展后，已经变成侵略中国的有力武器。中国要富强，必须虚心学习，否则"彼挟其所长，日以欺侮我、凌逼我"。那些不考察西学的来源，就认为是异端而否定的做法，不仅使中国背离了富强之道，而且是数典忘祖，忘了祖先辛辛苦苦所创之实学。

"西学中源"论是洋务派反击守旧派的有力武器，它对守旧派的立论起到了釜底抽薪的作用：西学既然源于中国，那么学习西学实际上也就是学习被西方发展了的中学，不但不是"用夷变夏"，而且是对祖先的负责。

但是，由于他们在论争中急于说服对手，逻辑思维存在着很大的漏洞，如他们夸张地说西学原是"中国之学"，将西学和中国古代之学完全等同起来，为守旧派提供了反对西学的借口：既然西学未超出中国古籍所载的范围，那么只学习古代中学不就行了吗？何必多生事端去学习西学呢？

"西学中源"论是一种不成熟的文化观念的产物，它只看到了中西文化的传承关系（其实这种传承关系也值得推敲，许多事物他们都是道听途说或牵强附会），而没有看到西学有着自己长期的文化积累，它在本质上秉承了旧的华夷体系的余绪。正因为如此，它也就不能正确处理中西文化的关系，也就不知道西学代表了什么，对中国意味着什么，学习西学也就只能是一个盲目摸索的过程。

中体西用

"西学中源"论者虽然证明了中西文化可以互补，可以相容，但对于中西文化在文化交流中各自应该处于怎样的位置，该保留什么、该学习什么，并没有一个解决的方案。

因此在学习西学的过程中，就不免存在着某种顾虑，即所学之西学会不会对中学造成冲击，或者会不会取而代之，这个问题不解决，学习西学的主张就不能顺利地实施。

洋务派作为封建君主的忠实臣仆，伦理纲常观念也是他们安身立命的精神支柱，虽然他们比较易于接受新思想，但在这个敏感的问题上，也是不敢越雷池半步。这就使他们无论在策略上，还是在道义上，都要注意所谓的中学精髓——伦理纲常观念的保存。

从沈桂芬开始，洋务派就注意考察中西文化的关系，逐渐提出"中学为体、西学为用"的文化观。它在形式上强调中学，实际上提倡西学，从而在舆论上，削弱了守旧派反西学的声势，也在自我心理上增强了学习西学的信心。

◇中体西用思想的滥觞

洋务派的"体用观"表述的观点主要包括：中学和西学哪个重要、哪个次要，哪个是主干、哪个是枝节，何者为主导、何者为从属，何者为原则、何者为方法等。

这种评判中西文化关系的提法，来源于乾隆时官方所编的《四库全书总目提要》（以下简称为《四库提要》）。《四库提要》成书于乾隆四十七年（1782），五十四年（1789）刊刻。在此之前，西学在中国已经有所传播，人们对西学已经有所认识。

明朝末年，罗明坚、利玛窦等耶稣会士就来到中国，他们以"学术传教"为方针，利用西方先进的科学技术来吸引中国的士大夫，进行传教活动。他们写了许多介绍西学的著作，其中有《西学凡》《西学治平》《民治西学》《修身西学》之类，为中西文化的交流作出了贡献，中国许多以实学为务的知识分子受其影响，走上了探索科学技术的道路，其中以徐光启为著，他曾跟随利玛窦等从事《几何原本》的翻译。

康熙时，西方的传教士更受到康熙的尊敬和重用，如白晋、张诚等，就被召入宫中，侍其左右，研讨科技知识。

随着西学的传播，西学在中国士大夫的心目中也就渐成影像，在官方也就形成了一种文化评估。这种评估在《四库提要》中有所表现，成为官方对待西学的政治哲学。

中国的儒家历来反对淫巧之术。《四库提要》对西学的性质作了如下评价：西方发展学术培养人才的方法一共有六科，主要做的也是以格物穷理为根本，以明晓原则、方法为目标，其次序与儒学的要求类似。只是他们所研究的物都是器物这些末流的东西，所探究的理也都是支离破碎、光怪陆离，这就是所谓的异端邪说。

《四库提要》也指出，西学虽为器数之末，但是他们的科学技术确实很有成就，如对天文历法推算的准确，工匠制造技艺的巧妙，确实超过了中国古代。至于他们的学理，则被认为是"夸诈迂怪"，是最大的异端。

据此，《四库提要》提出了对待西学的文化政策：选用它技能的方面，但禁止传播其学术。也就是禁防异端学术对中国奉为学理正宗的圣贤名教的侵害，但对其"技能"，即自然科学的成果，却可以采用。

《四库提要》对西学的评估原则及其所遵循的文化政策，在那个侈谈心性的时代，还是比较开明的。他们虽然对西方"学理"严加防范，但还没有迂腐到盲目坚持文化排外主义的地步，没有把西方文化简单地归结为只会招致丧国亡邦的奇技淫巧，而予以一律拒绝。

《四库提要》为中国人学习西方文化留下的这一线生机，在重性理、轻实学的时代，是难能可贵的。虽然它对西方技能也是否定多于肯定，称其为"末"，但有了这样一条经典性的依据，开明人士在"师夷"的过程中，就可以不断扩展"师夷"的范围，策略性地应用它，从而减轻来自守旧派的重重阻碍。

◇ 冯桂芬等中西学主辅说

在晚清开明人士当中，最早意识到要对中西文化关系进行处理的是魏源。魏源的"悉夷"活动以及"师夷长技"的主张，受到了守旧派的顽固指责，这迫使他不得不考虑舆论的压力，为自己的思想寻找切实可行的理论依据。

在《海国图志》中，他选取了两条古训：一条是康熙时杨光先维护孔孟之道、申斥天主教的《辟邪论》；另一条就是乾隆时所编《四库提要》对待西学的文化评估和文化政策"节取其技能，而禁传其学术"。

收录并肯定前者，表明了自己虽主张"师夷长技"，但还是坚决地反对夷教；收录后者，无疑是以此作为不学西学之义理，但可学西学之技艺的经典依据。反对夷教，反对西学之学理，无疑就是坚持儒家之言，坚持儒家的纲常名教，那么所学西方者，也就是西方的技艺。

因此，可以说，魏源在著《海国图志》时，虽然并没有形成明确的"中体西用"的论式，但是已经有了类似的理念。

《海国图志》转述的《四库提要》中有关西学的评估，对于晚清西学提倡者的影响很大。就是在这个前提下，冯桂芬提出了中西学"主辅说"，从而初步完成了"中体西用"的文化构架。

冯桂芬主张"以中国之伦常名教为原本，辅以诸国富强之术"，主要是以《四库提要》的西学评估为蓝本变通而成，他和魏源一样，也是为了宣传的合法性和适应当时文化心理的可承受程度。之后洋务派分别以不同的概念阐述了这种主张，基本上也是以此为理论支撑。

冯桂芬"主辅说"与魏源"师夷长技"以及《四库提要》中"节取其技能"的范围已有明显不同，他扩展了"辅"的范围。

《四库提要》虽对西方科技之长有所肯定，但总体上对西学是贬大于褒，将之视为异端，对介绍西学的书籍，也未加以收录，只是存目于《杂家类》，主要是为了批判之目的，并且根本没有认真学习西方技艺的打算；魏源也只是师夷之器艺。

冯桂芬"主辅说"的重心则是采西学。在他的论述中，不仅没有"禁传其学术"的说法，而且所提倡的内容实际上也突破了自然科学的范围。

他提出的"四不如夷"就突破了自然科学的范围，提醒人们注意考察西方诸国政治和社会的方方面面，并希望中国能够择善而从之，因而在他的思想中存在着明显的悖论：一方面只主张学习器艺，另一方面却充满了更深层次学习西学的愿望。这其实更进一步说明了冯桂芬采取类似于《四库提要》文化评估的基调，主要是出于策略上的需要，以及他在文化心理上的矛盾性。

冯桂芬在对中西学关系的处理上，继承了传统的思想，并加以变通，形成了他以尊奉伦常名教为主，以学习西方富强之术为辅的主张，从而具备了"中体西用"文化观念的雏形。

从此，"中体西用"文化观开始影响朝野上下，并逐渐成为中国的主流意识。它的主要特征为：在中学和西学兼容并蓄的文化结构中，以突出中学的主导地位为条件，确认西学的辅助作用的价值。也就是在确保中国固有的政治秩序和伦常观念不变的前提下，主张破除陈规陋习，采用近代西方国家的富强之术，形式上强调中学，事实上却为西学的引进，开辟了一条阻力最小的道路。

◇中体西用说

"中体西用说"是洋务派反对守旧派的精神武器，它在重视中学的伦常名分的前提下，提倡学习西学。它只是一种文化构架，并没有统一的概念。

在冯桂芬提出"主辅说"以后，洋务派的代表们又分别提出了"体用"

"本末""道器""形上形下"等不同说法，但他们的文化观念是基本相同的，都没有脱离"中体西用"的文化格局。

所谓"体""用"，是中国哲学特有的一对范畴，它被用来表述本体与作用的关系。"体"是内在的、根本的，"用"则是"体"的外部表征。洋务派的"中体西用"并不追求一种哲学的深思和文化的思辨，它只是用比较表层的语义来确认一种大众化的行为选择。

洋务派主张学习西学，却提出这样一种折中的方案，是基于他们认识的局限性和策略上的考虑。

洋务派是在镇压太平天国运动中兴起的，他们主要是在用兵的过程中才意识到西方武器的优越，主张购买武器、自制武器，然后才懂得西方之数术等为制器所必需。他们对西方的社会政治等等并没有进行考察，也不知道中国的声名文物、伦理纲常有改革的必要。

"中体西用"是在提倡西学和反对西学的论战中产生的，洋务派又是纲常名教的忠实信徒，这就使这种文化观念带有论战策略的色彩。

它之所以要借助"中体"来压低西学的作用，目的是削弱守旧派声称的西学有害于中学，有害于传统政治、社会秩序，从而造成朝野鼎沸的声势。

因此他们不仅要证明中学和西学可以相补、相容，而且还要证明西学有巩固中学这个根本的作用，即"中体"离不开"西用"。前者，"西学中源"论已基本达到了这个效果，洋务派则重在后者。

曾国藩、李鸿章与冯桂芬有亲密的私人关系，他们又是镇压太平天国运动的主导人，这使得他们成为冯桂芬主张的最早实施者和阐发者。

曾国藩主要停留在购器、制器之上，而对宋明理学尤为推崇。

李鸿章也基本上持此种态度。

李鸿章在办洋务之初曾言："中国的文物制度与外国那种野蛮的习俗有很大不同，而之所以能够治理国家，没有损害邦本国基，自然有它的道理，如果说转危为安、转弱为强，全要靠仿造机器，我也不会有这种一隅之见。中国文物制度是国家立国之本，这是仿习机器所不能办到的。之所以要仿习机器，就像一个人病正重，一定要先治标。"这和冯桂芬主以伦理纲常、辅以富强之术的提法几乎相同。

　　光绪二年（1876），李鸿章又进一步提出"道器"说，认为：中国最崇尚道，而西方最擅长的是器，要寻求御外侮的办法，首要的是自己要振奋起来，完善先圣所创制的制度，至于外国人所擅长的，也不要去设置障碍来禁止，这才会道器兼备，将四海之内合为一家就不难办到了。以器补道、道器兼备，其以中学为体、以西学为用的意思就更加清楚了。

　　汤震的"道器"说，则体现了以器卫道的紧迫感。他对中、西学从道器的角度进行了一番评价：中国所师者是形而上的道，西方所致力的是形而下的器，中国自以为掌握了道，而渐渐地却失去了器，而西方致力于器，有时却暗合于道。中学有道而失器，西学有器而合乎道，西学优越于中学自不必说，正因为如此才造成中国失败的惨痛教训。

　　汤震对中国伦理纲常的优越性产生了怀疑，与李鸿章的"道器"说已有不同之处。在汤震看来，中国要振作起来，就要善于发明器，以形下之器卫形上之道，否则，单凭中学之"道"，即伦常名教，不但不会自救，还会导致亡国的命运。

　　洋务派的强调西学可用和标榜"中体西用说"，随着他们对西学知识的深入认识而逐渐深化、逐步发展，学西学的层次也就不断加深。

　　郭嵩焘提出了"西洋立国，有本有末"的论断，意即西学不只是末，它也有其根本，中国学习西学不但要学习其器用之末，而且要由此入手，由浅入深，逐渐掌握西方的富强之道，学习其立国之"本"。

　　那么这个"本"是什么呢？郭嵩焘认为是西方的"重商富民"政策。郭嵩焘"西学有本有末"的提法是"中体西用说"发展的重要一步。

　　正当郭嵩焘为了学习西方"重商富民"政策发表议论时，王韬、郑观应等人也开始批评洋务运动学西学只限皮毛的失误，主张学习西方的立国之本，即经济和国政。

　　郑观应说："西方立国也有本末，虽然文物制度比不上中国，但其富国强兵也有体有用。如在学堂培育人才，在议院讨论政事，君民一体，上下同心，务实而不务虚，制定政策而后行动，这就是体。轮船、火炮、洋枪、水雷、铁路、电线，这就是用。中国丢弃其体而专求其用，不管怎么努力去做，也总是赶不上，即使海上有铁舰巡行，铁路四通八达，真的就足以依赖吗？"这就将郭的主张发挥发展下去，涉及政治制度的内容了。

钟天纬更是将这种观点发挥得淋漓尽致，他主张学习西方，改革政治制度。他指出练兵、制器、开矿等事宜都属于治标，不能彻底解决问题，只有从大本大原处着手，建立一种"通民情、参民政"的政治制度，才能挽救中国。

"中体西用说"既然已经深入西学之本，主张学习西方立国之体，那么怎么来对待本国之大本，中学之体呢？这两者是势不两立的。

郑观应为此设计了一个奇特的方案：将中体缩小，而将西用扩大。根据这个方案，中体已不包括政治、社会秩序，而只是抽象化了的传统的学理原则和伦理观念，西用则扩大到西学之本。即坚守尧舜文武以来的成法，继承其中的精髓，而学习西方的政治、经济、军事、教育、科技。

"中体西用说"主张进行政治、社会改革，但又不敢摆脱伦理纲常观念的束缚，从而呈现出自相矛盾的状态。因此，当一部分人从这个群体分裂出来，走上维新变法的道路时，他们就群起而攻之，从促进历史发展的积极面转变为阻碍历史发展的消极面。

张之洞就是他们的代表。

张之洞和维新巨擘康有为有着很好的关系，张曾引其入自己幕府，并支持了康的早期活动，但当康有为向封建制度发动攻击时，张之洞为了自保，作《劝学篇》同康、梁论战，以示同他们划清界限。

由于《劝学篇》作于洋务派思想成熟时期，它对"中体西用说"的阐述也就最为完备。《劝学篇》分内、外两篇，按照张之洞的设计，"《内篇》务本以正人心，《外篇》务通以开风气""《内篇》所言皆求仁之事也，《外篇》所言皆求智求勇之事也"，将"体""用"划分得清清楚楚。

在《内篇》中，张之洞着重论述的是推崇纲常、反对民权。他宣布三纲是神圣的、不可改变的，是中国世代圣人相传的最高教义、伦理政治的根本、区分人和禽兽的原则。那些实行资本主义政治改革的主张是十分荒谬的。他同时指出三纲是世界万国之公理，西方也有"君臣之伦""父子之伦""夫妇之伦"，所谓的民权平等观念只是西方政治和风俗中的糟粕，不应该引进。

我们姑且不管他的见识有多么浅陋，仅依照他的逻辑，既然各国三纲相同，那么引进适合于三纲的西方政治制度，不也是义中之事吗？这一点是他无法解释清楚的。

《外篇》说的是学习西学的内容。他主张在不触动"三纲"的限度内，实行兴学堂、广游学、译书办报、改革科举、开矿修路、设立农工商兵诸学等具体新政事项。

为了推进西学的学习、采用，他还专门论述了中、西学的相通性，认为西方立国的各项政策，如农、林、工、商等等，都可以从中国的《四书》《周礼》《左传》，以及其他典籍中，找到立义的依据，甚至议院制，也能从《周礼》中查出根源。但古代中学是不足以替代现代西学的，因此中国应该学习西学，而且有学习西学的基础。

张之洞的《劝学篇》以纲常伦理观念为根本来提倡西学，这和他的洋务派前辈侧重点已有不同，他意在抬出长期以来居于统治地位的宗法，来垄断舆论，给维新派设置了最难突破的障碍，甚至连赞同变法的光绪帝也对《劝学篇》大加褒奖。而其学西学的范围虽然广泛得和维新派几乎无大差别，但由于挖掉了民权之魂，实际上就没有能够真正地解决问题。

《劝学篇》标志着"中体西用说"的完备、成熟，也预示着它的没落、衰亡。这里有康、梁的作用，也有其本身逻辑混乱的导因。综观"中体西用"，它确实是一把双刃剑，既攻守旧派，也攻激进派。

以夷制夷的均势外交

"以夷制夷"是中国封建社会长期以来处理外交事务和少数民族事务的权术，从西方侵略者打破中国的大门以来，由于对近代外交的盲目无知，这种原则也常常被拿出来，作为挽救国家利益，减少列强勒索的法宝。

近代世界是一个讲实力的世界，西方列强为了自己的利益，往往和几个有共同利益的国家结成友好关系，来与竞争对手抗衡，这种关系处于不断变动之中。

1878 年的柏林会议对中国的影响很大，这次会议迫使俄国让出了它征服的大部分地方，从而防止了大国之间的战争。这一年，尚在巴黎留学的马建忠给国内写了一封信，第一次使用了"均势"一词，详细地阐述了西方的均势理论及其价值。

李鸿章是以夷制夷均势外交的重要鼓吹者和实践者，每遇外交事务，则以别国为调停者，甚至以敌国将要独吞之利权，付之他国，隐以使二者抗衡之意。曾纪泽完全同意李鸿章的主张，他认为均势政策犹如投羊羔以引虎斗，只要没有哪一只老虎能强大到抢走羊羔，这只羊羔便有了幸存的希望。

均势是以实力为基础的，中国没有实力，就不能成为均势的主体，它只能是列强建立均势的砝码。事实证明，投羊于虎，不能自存，反而会被分而食之。

◇ 中日"朝鲜问题"

朝鲜原为中国属国。1876 年 2 月，日本以武力强迫朝鲜政府签订不平等的《江华条约》，宣布朝鲜为自主国，与日本平等，双方互派使臣，开口通商，意欲将中国势力排挤出朝鲜。李鸿章不愿意中国卷入这场争端，但又不甘心失去在朝鲜的权力，遂展开均势外交，冀图在朝鲜保有宗主国的位置，避免失去朝鲜。

1879 年，英、美、德、法等国要求与朝鲜通商，朝鲜一片惊慌，纷纷反对。李鸿章遂致信朝鲜太师李裕元，令其与各国立约通商。

他在信中说："就目前来看，似应该用以敌制敌之策，陆续与西方各国订约，借以牵制日本。以朝鲜一己之力制约日本可能是不够的，但用与西方通商来制约日本，那就绰绰有余了。按照西方的惯例，不得无故灭掉别的国家，这是在各国势力较量中形成的公法。去年土耳其被俄国侵略，几近灭亡，英、奥等国站出来调解，俄国遂退兵。如果你们先与英、德、法、美等国建立外交关系，不但可以牵制日本，也可以防止俄国的觊觎之心。"

第二年，他就强行送美国水师总兵薛斐尔到朝鲜订约，并希望在条约中强调朝鲜是中国的属国，遭到薛斐尔的拒绝。到了 1882 年美朝签订通商条约，李鸿章坚持在条约中规定，如果有别的国家对朝鲜有什么不公平或轻侮之事，一经照会，务必相助，从中好好调解，以表示友好之意。这一条基本上是抄自中美《望厦条约》。李鸿章这样做，是他"以敌制敌"的一个做法。但这一条并不能牵制日本，相反在美国视其利益需要时，却可以任用这一条作为干涉的借口。其后，英、德、意、俄也签订了和美国同样的条约，使朝鲜进一步陷入半殖民地社会。

李鸿章没有通过签约来达到维护宗主国地位的目的，遂于 1885 年与伊藤博文在天津订约，言明今后若朝鲜发生事端，中日两国想派兵干涉，一定要互相照会。于是又似乎中日两国成了朝鲜共同的保护国。

1894 年，朝鲜爆发东学党起义，清廷照会日本，派兵入朝，日本也派兵于仁川登陆，两军未至时，起义业已平息，于是两国又开始商讨退兵事宜。岂料日本此次志在必得，绝无退兵之意，屡屡增兵，已达万余人。眼看一场战争已不可免，李鸿章却希望俄、英能出面调处。俄、英佯作应允，但并未有实际行动，而是坐待渔人之利。结果入朝清军未增一人，战备未具，而日军已占据要隘，敌我形势发生了变化。不久遂有大东沟之战、黄海海战，北洋舰队、淮军受到重创，日本长驱而入中国。

中日战争中国战败，梁启超评论其失误有十二，其中一点就是日本既然调兵入朝，其势必然是有进无退，李鸿章对这种情势不掌握，专想依靠他国调停，结果耽误了时机。因此，均势外交是其失误之一端也。

战败求和之后，李鸿章受命与日本签订了《马关条约》，其第一条规定："中国认明朝鲜国确为完全无缺之独立自主，故凡有亏损独立自主体制，即如该国向中国所修贡献典礼等，嗣后全行废绝。"中国在朝鲜的势力被完全排除了，日本实际控制了朝鲜。李鸿章的均势外交彻底破产。

◇《中俄密约》

甲午中日战争战败以后，清政府被迫割让辽东半岛给日本，此举引起中国各界的广泛震动，也阻碍了俄国的扩张。

1895 年 4 月，俄、法、德三国联合照会日本，要求日本将辽东半岛归还中国，并以武力威胁。迫于压力，日本同意清政府以三千两白银赎回辽东。俄国在还辽中的表现，赢得了清政府统治阶层的好感，他们纷纷要求联俄防日。

此时俄国正加紧向中国渗透，他们希望修建一条从西伯利亚取道满洲至海参崴的铁路，如果成行，将大大缩短西伯利亚铁路的里程，节省许多时间和金钱，还可以加速和平渗透。俄国公使喀西尼向李鸿章提出了这个意向，说修建这条铁路可以有利于俄国调动军队来保护中国。但由于东北乃清王朝的龙兴之地，清廷怕有碍于风水，因而此议暂寝。

但联俄已是当世者之共识。

刘坤一上奏道："日本的强大是不符合俄国的愿望的，日本侵犯我国东三省，尤其引起了俄国的忌惮，我们若趁此时与俄国建立亲密的外交关系，互相声援，给俄国一点利益，俄国一定愿意听我们的，即使不能保护我国沿海各省，也会因为东三省与其毗连，日本必定不敢生侵略之心。为此，凡是与俄国交涉的事项，一定要隐忍维持，有时意见相左，也要想办法弥补，不致发生冲突。"

张之洞上奏道："现在救急最紧要的策略，不如和强国建立密约。古代各国相互对峙之时，大多运用远交近攻的策略，目前中日之间的情势和那时很切合。现在中国的力量，绝不能和东、西洋各国同时抗衡。看外国的风气，于各国泛泛相交之中，必与一两个国家特别亲近，平时订立密约，有战事发生时，凡是军饷军火，都可以相互援助，如果没有订立密约，如发生战事，就只能坚守中立，不肯干涉。目前若想订立相互援助条约，当然只有俄国最为理想。历史上俄国与中国乃是两百余年的盟友，从未发生战事，况且俄国的作风比较光明磊落，也不是西洋各国比得上的。"这种情况下，主张"以夷制夷"的李鸿章对联英、联美失去了信心，自然就把联俄当作是中国外交的主要原则。

1895 年 9 月，前往俄国吊唁亚历山大三世的王之春回国，面见军机大臣、户部尚书、光绪的师父翁同龢，极力称赞俄国给予他的优待，并说俄国愿意联络中国以固邦交。翁同龢感到此时正是联俄之机，不可错过。俄驻华公使喀西尼也加紧活动，通过太监李莲英，贿赂西太后，取得了她的同意。

1896 年 5 月，沙皇尼古拉二世加冕，清廷欲派王之春前往，俄国却希望清廷派一贯得西太后信任，强力主张联俄的李鸿章。清廷遂改派李鸿章。

李鸿章临行之前，与翁同龢商讨了秘密联俄的问题，两人取得了一致意见。西太后也召见他，密谈半日之久，确定了与俄结盟的方针。

李鸿章到达彼得堡以后，沙皇命财政大臣维特全权与他谈判。谈判一开始，维特就利用清政府新近为日本所败，急于联俄的心理，逼使李鸿章在"借地修路"上就范。他大谈俄国在三国干涉还辽中给中国带来的"巨大好处"，声称中国依靠俄国的帮助，才得以保持了领土的完整。接着说，为了使俄国能够继续坚持帮助中国，俄国首先需要建一条直通海参崴的铁路。

李鸿章没得到朝廷的允准，没有接受对方的条件，提出铁路中国可以自修。维特遂以不帮助中国要挟，谈判进入僵局。

紧接着，尼古拉二世亲自接见李鸿章，对他说："俄国地广人稀，断不致侵占别人尺寸土地。中俄交情最密，东省接路，实为将来调兵捷速，中国有事，亦便帮助，非仅利俄。华自办恐力不足，或令在沪俄华银行承办，妥立章程，由华节制，定无流弊，各国多有此事例，劝将酌办。"

接见之后，沙俄外交大臣罗拔诺夫等人也对李鸿章轮番劝诱，并赠巨金。李鸿章在取得清政府的同意后，遂与俄签订了《中俄密约》。

《中俄密约》规定：中国允许俄国自赤塔修筑一条铁路到达海参崴，铁路可交由商办的中东铁路局管理，中国划出一片土地足够供铁路房屋修筑和管理之用，路局在该地区内拥有全权，包括设置警察权，满三十六年中国可以七亿卢布赎回该铁路，八十年后则无偿交还，日本如进攻中国、朝鲜或俄国在远东的土地，中俄两国应互相援助。

《中俄密约》使俄国势力侵入了中国东北。这是李鸿章等人为实施"以夷制夷"的均势外交所付出的代价，李鸿章回国后竟还得意地宣称，这个条约可使中国在二十年内保持无事。

但这个代价未免太大，其结果是俄国以铁路为纽带，逐渐将侵略魔爪伸入东北，俄日争夺东北的斗争也日益激烈。实际上，《中俄密约》只维持了不到两年的和平局面，俄国就派兵占领了旅顺、大连。

第
六
章

CHAPTER6

晚清的阴谋和阳谋

随着西方思想的传入，中国社会发生了许多前所未有的重大变化，许多人在审视现实的同时，对中国的传统谋略进行了一系列的整理，并在此基础上，提出了许多建设性的建议，进行了积极的实践活动，这是晚清社会变化的主流。其间，也不乏中国世俗化的韬略的发扬，以及为传播新思想、实施新方案的权宜之计。这使晚清的韬略文化表现出丰富与贫乏并存的色彩，许多文化心理要素至今仍影响着中国社会。这个时期可以说是中国传统韬略的繁荣发展时期。

太平天国的谋略

　　太平天国起义是中国农民战争的最高峰，太平天国的领袖洪秀全等人将世俗化的谋略发展到了登峰造极的地步，反映了我国传统谋略的博大精深及对社会的影响力。

　　太平天国运动从发起之初直至失败，其谋略丰富多彩，几乎各有出处，不能一一述及，只选其影响最深入者，略述一二。

◇政治谋略：宗教外衣下的革命

　　太平天国的革命行动是在宗教的外衣下进行的，这很适合当时农民阶级的心理状况。

　　洪秀全敏感地体察到在宗教情感和迷信观念影响下的被压迫群众的反抗热情，联系到落第之后由于遭受精神打击而产生的种种幻象，以及基督教传教手册在心灵上产生的共鸣，遂借助基督教的教义和形式，创立了拜上帝教，以此掀起了一场反清的革命浪潮。

　　洪秀全本是一介寒儒，四次应试，四次落第。在第二次落第时，他偶然得到一套名叫《劝世良言》的宣传基督教教义的通俗小丛书，他当时只是匆匆一瞥，并没有在意。第三次落第后，他大病了一场，在长时间的神志昏迷期间，他梦见自己升入天国，在那里获得了新生，一位长者交给他几面王旗和一柄剑，要他铲除一切恶魔。强烈的正义感冲击着他，他游遍了宇宙，在一位中年人的帮助下，降妖斩魔。

病愈后他和同窗冯云山一起研读了《劝世良言》，附会出上帝是宇宙唯一真神，即梦中的长者，而中年人则是上帝的长子耶稣，自己则是上帝的次子，耶稣的弟弟。上帝派他下凡，是要他斩除人世间的邪魔，重建人间天国。

但当时洪秀全对科举制度还抱有一丝希望，这种想法也只是困境中的自我安慰，等到第四次落榜，他对社会彻底绝望了，一种报复社会的冲动，鼓励着他以谋略的眼光重新审视基督教以及自己附会出来的理论。他看到了《劝世良言》中许多不同于中国传统的封建思想却符合农民要求的思想因素，而其中某些神秘莫测的语言正好能够引发迷信的农民的兴趣，用作阐发革命思想的最好外衣。宣传自己是上帝之子，又可以确定自己在宗教、政治上的神圣权威。因此不久，洪秀全就走上了传教的道路，建立了"拜上帝会"。

洪秀全根据自己的需要对拜上帝会的教义进行了阐述。他明确了拜上帝会的宗旨，是诛除一切恶魔，所谓恶魔就是一切压制农民群众的封建权威、偶像，借以号召被压迫的劳苦大众起来推翻清王朝的封建统治。从而将宗教上的信仰与现实的阶级斗争密切联系起来，借用神天上帝的名义，去打倒现实社会的一切权威，使之成为宣传和组织群众斗争的有力武器，表现了洪秀全独特的智慧和胆略。

为了动员群众，洪秀全利用基督教的平等思想来吸引农民群众。他将这种平等思想引入世俗社会，与中国农民传统的"等贵贱、均贫富"等思想相呼应，使之成为动员和吸引被压迫剥削群众参加起义的奋斗目标。

他从《劝世良言》里"人人都是上帝的子女，因此，他们在上帝面前都是平等的"这一教义中得到启发，认为现实社会应该不分尊卑贵贱，不应该互相吞并，"天下人人不受私，物物归上主，则主有所运用，天下大家处处平均，人人饱暖""天下多男人，尽是兄弟之辈，天下多女人，尽是姊妹之群，何得存此疆彼界之私，何可起尔吞我并之念"。

拜上帝会的目的，就是采用暴力手段，铲除一切不平事，建立一个"无处不均匀，无人不饱暖"的理想社会。

同时，洪秀全在传教过程中，时刻将自己打扮成上帝的代言人，这提高了他的宗教地位，也容易激发民众的宗教热情。

洪秀全信奉基督是和儒家的言论颇不相合的，这使他在广东故乡的传教活动受到了阻碍。1843 年，他和冯云山一起前往广西山村传教，但收效甚微，洪秀全遂失望返回，冯云山继续留在广西。

一个偶然的机会，冯云山来到桂平县紫荆山，那里的村社处于严重的分裂状态，每个村都有自己的武装，他们之间纷争不断，地方政府的势力则影响很小。那里的客家人仍保持着械斗传统，但由于没有强大的家族势力，居住分散，常常处于受侵害的境地。同时由于他们的意识形态受主流意识的影响很小，同土著居民又有语言的隔阂。强烈的归属感使他们比较容易接受拜上帝教的教义，以增强客家人的团结。当冯云山来到这里，经过一段时间的接触，他们便纷纷皈依了基督教。由此发展开来，队伍逐渐壮大，等洪秀全再次来到广西，发现这里几十个县都已出现拜上帝会的分会，金田成为总部，革命条件日益成熟了。

拜上帝会由于洪秀全的解读充斥着强烈的天命论色彩，给信奉者无助的生活处境注入了一针强心剂，增强了克服困难的勇气。而且，天命论还起到了维系部众的作用，这部分工作是由杨秀清来完成的。

1848 年，当洪秀全正忙于准备起义时，冯云山被地主团练捕获入狱，洪秀全不得不回广州设法营救。在洪秀全离开信徒的时候，拜上帝会群龙无首，处于涣散状态，地主阶级趁机发动进攻。

就在这时，杨秀清果断地出面利用当地流行的所谓鬼魂附身的迷信，装聋作哑两个月，然后突然开口说话，声若洪钟，侃侃而谈，自称天父第二子，声称"天父"下凡附在他的身上，他开始代"天父"发言。通过上帝附身显圣，发布各项号令，揭露敌人的阴谋，提出挫败敌人的各种办法，安定了群众情绪。

杨秀清在关键时刻，机智地顺应群众的心理，采用随手拈来的"下凡附体"的方法，维系了拜上帝会组织，显示了他的应变之才。

杨秀清为了促使太平军全军服从洪秀全的领导，大力宣传君权神授。他多次假托天父下凡，把洪秀全说成是奉天承运的真主，要求全体太平军一心一意地服从。

"天父"指示说："天父生全（洪）为尔主，何不尽忠妄修前？""天降尔王为真主，何用烦愁胆心飞。""天父"还规定洪秀全的话就是天命，不能违抗，并说："我差尔主下凡作天王，他出一言是天命，尔等要遵。尔等要真心扶主顾王，不得大胆放肆，不得怠慢也。若不顾主顾王，一个都难也。"

君权神授观念在历史上是被剥削阶级利用，去维护和加强其统治的武器，但在当时情况下，农民起义领袖借用这件武器起到了积极的作用，有助于在较短时间内促进太平军形成以天王洪秀全为首的统一体，坚定了必胜的信心。

杨秀清还借"天父"下凡来清除内部敌人，纯洁太平军队伍，使人人震慑，不敢存有二心。

如1851年秋，杨秀清在莫村以"天父"名义严厉谴责黄以镇"胆敢瞒天无信德，阵中两草退英雄"，这就是说黄以镇别有用心，临阵煽动太平军放弃战斗，杨借"天父"诏旨杀了他。

冬天，杨秀清又在永安托"天父"下凡，审讯潜伏进来的叛徒周锡能、奸细朱八、陈五，将事先掌握的情况，借"天父"之口说出，如有神意，全军闻之震惊。

杨秀清借"天父"下凡，促进了太平军内部的团结和统一，但从此洪秀全在宗教上的最高发言权实际上转到了杨秀清手中，"天父"下凡也就成了杨秀清的一件最有力的政治工具，他可以借"天父"下凡的名义，将自己的任何意见变为整个太平天国最神圣的意见，这也就埋下了他和洪秀全争权的祸根。

由此可见，用宗教外衣来进行革命，虽是智慧的方式，但也是不科学的，不能正确处理各方面的关系。

太平天国以宗教进行的各种组织、活动，对太平天国起义的酝酿、发展起到了非常重要的作用。拜上帝会的教义渗透到了政治、军事、经济、文化及人们日常生活的各个领域，有利于各种政策的贯彻实行。

◇军事谋略：灵活主动，避实击虚

主动性是军队行动的自由权。在战争中取得主动，就可以化劣势为优势，把处在优势地位的敌人转为处于劣势，使"敌佚能劳之，饱能饥之，安能动之"，使"我欲战，敌虽高垒深沟，不得不与我战"，从而造成"胜可为也，敌虽众，可使无斗"的胜利把握。

主动性往往和灵活性相互关联，毛泽东同志曾说："灵活地使用兵力，是转变敌我形势，争取主动地位的最重要的手段。"太平天国在长期的战争中，非常注重灵活主动，避实击虚地歼灭敌人，这是其一贯的指导思想。

太平军要求将领能够灵活地把握战争。

杨秀清《行军总要·防敌要道》教育将士要"灵变应敌"。他命秦日纲保举官员"必须查其平素历练老成，精明灵变"，他训令北伐大将林凤祥、李开芳等说："务宜身先士卒，格外放胆灵变。"这一主张也被部将们贯彻下去。

石达开训令在岳州指挥前敌的秋官又正丞相曾天养说："要事事灵变。"

秦日纲训令在圻州抗击敌军的参拾检点陈玉成说，务要"小心灵变"。

李秀成训令进攻上海的宿卫军大佐将陆顺德、荷天安、麦冬良等必须"随机应事"，"向机进取，方可兵获万全"。

太平军上上下下达成了这种共识。

善于灵活应变的将领奠定了太平军握战争之先机的基础。太平天国自准备起义就时刻以争取主动为先着。

清廷调集各省军队，要把它聚歼在紫荆山区，它就突破围困，袭取永安州；攻桂林不下，就主动撤围，向湖南进军；攻长沙不下，四围有清朝大军，将要陷于兵屯城下、情见势屈的地步时，它又主动撤围，向湖北进军，使清军到处陷于被动，疲于奔命。

不过两年多，太平军就从广西山区打到长江，席卷江南，建都金陵（改名天京），创造了伟大的军事业绩。

太平天国在天京事变以后，已经处于防御的状态，但仍然较好地执行着这一路线，一次次化险为夷。

天京事变以后，石达开不满洪秀全掣肘，遂于1857年5月离天京出走。他的出走，使长江中游重镇武昌陷于敌手，这直接造成了清军对安庆、天京的威胁。

此时，清军的江南大营已经重建，企图围困天京。要保证天京的安全，首先就要打破江南大营。

为了彻底消灭江南大营，李秀成、洪仁玕进行多次商议，认为江南大营的敌人凭壕作战，要从正面击败敌人是很困难的，而敌人的粮饷出自杭州、苏州、广德，江西、福建各地，如果攻其所必救，以精兵奇袭杭州，引诱敌人分兵驰援，然后乘其分兵力弱之际，迅速回师，集中优势兵力，即可粉碎江南大营。

李秀成等于1860年1月在芜湖举行军事会议，讨论歼灭江南大营的作战方案。会议结束后，李秀成率兵由芜湖小路，经宁国、广德、泗安、庙西、武康，赶至杭州，于3月19日，拿下了杭州。

清钦差大臣和春、帮办军务张国梁果然中计，即令肃州镇总兵张玉良统兵援救杭州。等其到达，太平军早已从杭州撤离，折回安徽建平，召集各路将领研究战斗部署，决定由杨辅清等进攻高淳、东坝，李世贤、刘官芳等进攻溧阳，李秀成由赤沙山直向雄黄镇担任主攻。

1860年4月，杨辅清部连下东坝、溧水、秣陵关；李世贤、刘官芳等攻克了溧阳，进兵宜兴、常州、金坛、句容，截断了敌人后退的道路；陈玉成由安徽潜山、太湖而下，自西梁山渡江，再经江宁镇而至头关、板桥、善桥一带；天京城的太平军亦纷纷组织出击，对清朝江南大营形成了包围。

此时，清朝的江南大营，势力已大大削弱。先是派兵一万三千人援赴杭州，然后又调一万余人，设防淳化、东坝、宜兴、荆豁，同时，后方被太平军控制，粮饷成了问题，再加以将领侵克兵士饷银，引起兵士强烈不满，军心不稳，相约言："等贼进攻之时，我们坚决不出战，让大帅、翼长他们自己打吧。"如此情势，江南大营灭亡的命运已经注定了。

1860年5月初，总攻开始，李秀成率兵由姚坊门进攻，陈坤书、刘官芳等部由高桥门、李世贤部由北门洪山前来会合；杨辅清则由秣陵关进克雨花台；陈玉成及吴如孝、刘玱琳等亦由板桥、善桥杀入；天京城内的太平军更是积极出兵夹击。顷刻之间，自得胜门至江边一带，清军营垒五十余座全被攻破，清军被歼者达数万人之多，钦差大臣和春仓皇逃跑。江南大营遂被一举攻破。

江南大营的覆灭使清军对天京的直接威胁解除了，但西线的清军，却趁太平军全力东顾的机会，部署了一个以夺取安庆为目的的新计划。

在江北，曾国荃专攻安庆，多隆阿北攻桐城，阻止太平军南下救援，降将韦俊攻枞阳，拒东来之太平军，各部由湖北巡抚胡林翼全权指挥；在江南，鲍超、张运兰、左宗棠屯兵皖南，准备东趋，威胁苏常，策应江北。江南、江北各军由曾国藩节制。

安庆为天京屏障，太平军将帅对此有着深刻的认识，干王洪仁玕曾说："安庆一日无恙，则天京一日无险。"

但安庆方面清军布置了重兵，硬拼恐怕不成。相反，敌人的后方江西、湖北却十分空虚。于是，太平天国准备派兵由长江南北两路，直驱武昌。

1860 年 9 月，南北两路西征将领齐集天京，准备西征。9 月底，陈玉成率北路军自天京渡江北上，打了几次胜仗，会合了一部捻军，声势大振。

由于陈玉成急于救安庆，中途改变了西征方案，南趋安庆，结果在桐城西南挂车河遭到失败。遂于 1861 年 3 月，恢复西征，由霍山越过大别山，挺进湖北，数天之内，连克英山、蕲水，18 日进克黄州，前锋抵至滠口，离汉口只有四十余里。汉口的清军处于一片慌乱之中，湖北巡抚胡林翼尚在安徽，急得吐血不止，可惜鞭长莫及。

但陈玉成却听信了英国参赞巴夏礼的鬼话，只对武昌、汉口进行半圆形包围，未敢发动进攻，使武昌、汉口的清军取得了喘息时间，而安庆方面，清军就可以放心地加紧进攻了。不久，陈玉成被迫回救安庆。

在陈玉成从天京出师一个半月后，李秀成率南路西征军，由芜湖西征，经繁昌、南陵、石埭、太平，绕道徽州，入浙江常山。1861 年 2 月，由常山西入江西，5 月中旬进克瑞州，然后分三路进入湖北。6 月中旬，占领武昌县（今鄂州），逼近武汉。

此时陈玉成已撤走，但赖文光仍屯兵黄州。两军合击，很有可能攻克武昌。但李秀成和陈玉成犯了同样的错误，听信了英国领事金执尔的话，未发动进攻。7 月李秀成退回江西。

至此，太平军攻武昌、救安庆的计划失败了。从此，太平天国一蹶不振，直至灭亡。

太平军的这种战法，给清军将领留下了很深的印象。曾国藩说："太平军从千里之外就做好谋划，都是分兵作战，以让我疲惫，让我多方受误导。"胡林翼也曾言："逆匪从广西起事以来，总是以坚城坚垒牵制我们，却在我们无兵防守或兵力薄弱的地方发动攻击，因此贼越来越多，兵越来越少，敌的境况很好，而我们的状况转而变坏。李左车告诫韩信的话太好了，屯兵城下，情见势绌，实为古今不变的道理啊。"

太平军就是这样灵活主动、避实击虚，变劣势为优势，使敌人处于被动、劣势的地位，而求得发展的。

太平天国失败以后，其余部和捻军合并，继续同清军作战，虽然仍然保持着那种英勇的革命精神，但已处于被动状态，四周都有清军追扑拦截。

为了求得生存，他们发展了一种新的战术，即游击性的运动战。这种战术仍保持了灵活主动、避实击虚战术的精髓，即以走避敌、以走致敌、以走击敌。

所避者，敌人势力较强者；所致、所击者，是敌人虚弱的部分。他们充分利用骑兵的特点，和敌人周旋，"兵多之处，避路而行，兵少之地，冲锋突过""有时疾驰狂奔，日行百余里，连数日不少停歇，有时盘于百余里之内，如蚁旋磨，忽左忽右"。

他们在运动中，运用种种方策，使强敌失去主动，将敌人拖疲、拖垮，然后乘虚直捣，将敌消灭。曾国藩曾向清廷报告说："该逆狡诈多端，飘忽异常，从不肯与堂堂之阵约期鏖战，必伺官军势孤力竭之时，出不意以困我。"这就很清楚地说明了这一点。

太平军这种将敌之"实"变为敌之"虚"的战术是和《孙子兵法》相合的。《孙子兵法·虚实篇》言："吾所与战之地不可知，不可知，则敌所备者多；敌所备者多，则吾所与战者寡矣。故备前则后寡，备后则前寡，备左则右寡，备右则左寡，无所不备，则无所不寡。寡者，备人也；众者，使人备己者也。故知战之地，知战之日，则可千里而会战；不知战之地，不知战日，则左不能救右，右不能救左，前不能救后，后不能救前。"

意思是：不让敌人知道我方进攻的目标，那么敌人就要分兵防守，各个地方的兵力就都会很少，此时选择一个环节进攻，敌人就会左右不能相救。

太平军根据这一战斗纲领，掌握了优势，发现了清军的虚弱之处，选择好进攻的时间和地点，就采用迂回的歼敌战术，以骑兵急袭敌人的侧背，为奇兵，而以步兵从正面冲击，为正兵。骑兵以疾风骤雨之势包过清军侧背，切断清军归路，步兵则从正面同敌人肉搏，使清军的优良武器置于无用之地，然后将清军团团围困，进行歼灭。

这一战术对将领的要求很高，他们首先要对战局有比较深入的了解，能够恰到好处地捕捉战机。否则不但不能成功，而反为所害。故此，太平军的成功确实应该归因于将领的卓越智慧。

曾国藩在镇压过程中，对太平军余部的这一战法越来越了解，也发现了这一战略的薄弱之处，那就是不怕追而怕围，一旦将其围住，其流动性就无法发挥出来。是以他采取了河防圈制之策，设兵于重地，辗转联络，将太平军包围住，同时出游击之师，追踪敌踪，逐渐缩小包围圈，将其压住。

曾国藩的这一见解是正确的，虽然由于将领和军队的腐败而惨遭失败，他本人亦被革职，但他的门生李鸿章继承了他的衣钵，终于将太平军镇压了下去。

太平军最后虽然失败了，但以微弱的兵力能够和为数众多的清军周旋很长一段时间，并能够屡创敌军，却也反映了其军事谋略的高超。

中兴将帅与传统军事谋略

晚清是清政府日益腐朽没落的时期，内忧外患频发，一些地主阶级的知识分子为了本阶级的利益，挽救民族危亡，慨然任事，为国家的自强振作，殚精竭虑，因而在同治年间出现了一个相对稳定、发展的时期，被称为"同治中兴"。

"中兴"时期，军事谋略发生了前所未有的变化，清朝的军事将帅以及开明的官员，在保卫国家、政府生存的军事问题上，接受了西方的某些思想，一步步从封建的军事模式的窠臼中走出来，走上了中国军事近代化的道路。

但由于这个时期，他们的思想还未成熟，使他们对于军事的谋划，呈现出新旧杂糅、传统与近代观念交错的状态。但纵观他们个体思想的发展脉络以及相互之间的传承关系，我们就不难发现，这是一个近代化程度逐渐深化的过程，直接影响了清末新军的建立。

◇程朱申韩为体，西学为用

曾国藩（1811—1872），湖南湘乡人。曾师从理学大师倭仁、唐鉴治程朱理学，是理学经世派的代表。太平天国运动爆发以后，受命组织团练，后编为湘军，镇压太平天国运动，为清王朝立下了汗马功劳，也奠定了他日后飞黄腾达的基础。

曾国藩创办湘军时，是以程朱理学和申韩之术治军的，前者为体，后者为用，这根源于中国"以刑弼教"的传统，其实不外乎儒法合流、王霸道杂之。

在镇压太平天国的过程中，他逐渐认识到西方船炮的重要作用，他的体用观也发生了变化，转为"程朱申韩为体，西学为用"，开始将西方先进的军事技术引入军事建设之中。

曾国藩思想的转变有其特定的历史条件。首先是清廷经过一系列的败战乞和，意识到先进的西方武器的重要性，越来越将巩固统一的愿望寄托在引进外国武器之上；其次是在镇压太平天国运动中中外反动势力的联合，使中国军队受西方的影响加大；而曾国藩的幕僚冯桂芬等洋务运动的先驱对他的极力鼓动更是直接原因。

曾国藩新的体用观的形成，是以购买洋枪、洋炮为标志的。他一方面认为购买外国船炮，为挽救危局的第一要务；另一方面他又怕湘军诸将专门取巧的习气一旦形成，失去以往"守拙之道"，不仅影响湘军士气，更影响湘军的忠诚品性。因此他更强调军队精神的培养，即军"体"。

曾国藩治军，特别重视军魂的塑造，他塑造军魂的精神武器主要是"诚"和"义"。

"诚"在程朱理学中被看作是"五常之本、百行之源"，是一个统率宇宙本体、先验的人性以至封建的伦理道德，由天理所赋予的至高无上的东西，是一个玄而又玄的理学概念。曾国藩把它外化为具体的政治概念，认为"诚便是忠信"，也就是下级对上级的忠诚。

曾国藩在兵士和将领的选择上，特别看重"拙诚"。对于士卒，他要求"技艺娴熟，年轻力壮，朴实而有农夫土气者为上，其油头滑面，有市井气者，有衙门气者，概不收用"。因此，他基本上从偏僻山乡招募湘勇，认为住在偏远山区的百姓大多彪悍，住在水边的百姓大多朴实，容易接受纲常伦理的说教并为己所用。对于将官，他首先要求"有忠义之气"，其次才是智谋。

曾国藩特别重视精神教育。在他的练兵项目中就有"训家规"，也就是进行封建伦理道德的说教。他要求将领要推己及人，这是儒家的应对原则，它的内容包括"勤、恕、廉、明"。

所谓"勤",曾国藩解释道：自古以来成就大业的人，大多是从小事一点点勤勤恳恳做出来的，就像百尺的高楼从平地建起，千丈的绸缎，是从一尺一寸积累出来的。为将者要持勤奋的习惯，平时点名看操、修墙查街，战时查看地形，闲时读书、练字。只有这样，军队才会有朝气，保持旺盛的战斗力。

"恕"即"仁"，也就是"爱人"。他说，治理军队就像治理家庭，兄弟如果不和，家业必败，将帅如果不和，军队必败，要求将、士相处宜如兄弟父子。

"廉"就是将领不贪墨，以廉洁自律，加强军队的向心力。

"明"作为办事能力，曾国藩把它放在了最后一位，更体现了他重"诚"的主张。

曾国藩还特别重视"义"。"义"是兵家之道的一方面，它的要旨是争取民心，得到民众爱戴。这就需要有一个处理军民关系的规范。古代的规范是将"解民倒悬""禁除暴乱"的军队称为"义兵"。曾国藩从"君代民命"的传统观念出发，认为勤王卫道也就是保护民众。为此，他制定了"不扰民"的三字方针。

他采取的手段包括宣传爱民和严格军纪。他曾编《爱民歌》，浅显易懂，教士兵习唱，要点为民间草木，秋毫勿犯，"爱民之军处处喜，扰民之军处处嫌""军士与民如一家，切记不可欺负他。日日熟唱爱民歌，天和地和又人和"。对于扰民案件，他强调一定要调查清楚，绝不姑息，对扰民者"严加惩治"。

湘军的行军、作战、训练也有严格的纪律，和"诚""义"一起构成曾国藩军事观之"体"。

曾国藩以采用西方的军事训练方法和军事设施为军事之"用"。

湘军的组织方式虽然取法于明代戚继光的"戚家军"，但已经有了和西方军制相通的地方。清军以营为基本单位，各营人数不一，不利于分工指挥，同时战时仓促调集，各营缺乏配合，影响了战斗力的发挥。曾国藩采取了颇似西方连队制的兵员定编制。营下设哨，哨下设队，每营都有定额兵员，兵员增加，则另设一营。这种编制能够使主将做到心里有数，战时便于调遣、布阵，平时又可以进行各营配合的实战演习。同时，营、哨、队各级层层制约，营官选派哨弁，哨弁选派什长，什长募集兵丁，避免了以往清军临战胡乱抽调兵力，兵不随官，不相统属的弊病。

曾国藩主张采取西方的军事设备和技术，但反对依赖西人、受西方势力牵制。他不满足于购买洋枪、洋炮，而要"访募覃思之士，智巧之匠"，设厂制造，免得过于依赖英、法，受其钳制。

1861年他就创办了我国第一家兵工厂——安庆军械所。1862年他看到华衡芳、徐寿所造的木质蒸汽船，感到西方人能做到的，中国人也能做到，坚定了制造机器生产枪炮的信心。

1863年他派容闳到国外购买机器，决定在上海设立江南制造总局。江南制造总局开办之初，他饬令"先造枪炮二项，以应急需"，用自制的枪、炮来武装军队。

曾国藩长于治军，却短于用兵。但他在继承中国古代兵法的基础上，仍然有所侧重、有所发展，有自己独到的一面。

他用兵的主旨是传统的主、客、奇、正之术。曾国藩结合当时的情况对此进行过一番阐述："守城者为主，攻城者为客；守营垒者为主，攻者为客；中途相遇，先至战地者为主，后至者为客；两军相持，先呐喊放枪者为客，后呐喊放枪者为主；两人持矛格斗，先动手戳第一下者为客，后动手即格开而即戳者为主。中间排队迎敌出为正兵，左右两旁抄出为奇兵；屯宿重兵，坚扎老营，与贼相持者为正兵，分出游兵，飘忽无常，伺隙狙击者为奇兵；意有专向，吾所恃以御寇者为正兵，多张疑阵，示人以不测者为奇兵"，用兵之道就在于"忽主忽客，忽正忽奇，变动无定时，转移无定势"。

曾国藩认为用兵宜主、客、奇、正毫无定势，但他实际上"喜主而不喜客"。他说："用兵是不得已的事，应常存不敢为先的念头，必须让别人打我第一下，我才去打别人第二下。"为此他提出了几条指导性原则：坚扎营、慎拔营、察地势、主客明。他在镇压捻军中，就依此制定了河防圈制之策，以静待动，以主制客。

曾国藩将冷兵器时代的兵法拿到火器时代来应用，虽有其合理的因素，但大体上已不合时宜了，好在他的对手是武器装备较差的农民军，他的兵法也就并不显得怎么落后了。

蔡锷曾评论说："曾胡（胡林翼）用兵，极重主客之道，只知以守为主是有利的，不知道守反而为客的害处。大概是因为当时所面对的敌人，并非编制很好的部队、训练很好的士兵，并且其人数常多于我数倍，武器也没有现在这样发达，又没有骑兵、炮兵的设置，情报不灵，攻击力又不强，因此每每受地形地势制约，无法一鼓作气攻击，战术偏重攻势防御，也是因时制宜的办法。"其评论可谓公允。

◇中体西用与以主待客

李鸿章是洋务派的重要代表，时代的特点铸造了他复杂的特性。他一方面主张学习西方的富国强兵之道，一方面却坚决维护现存的统治秩序，对祖宗成法不敢大胆变通。反映在他的军事思想中，就呈现出新旧杂糅、进步和落后并存的状况，这就影响了他的近代军事思想的形成。

在陆军的建设方面，他和他的洋务派同僚们一样主张学习和采用西方的军械设施、训练方式，提出了"简器""练兵"的主张，但对于与此相适应的西方的军事理论和军事制度却没有深入的认识，犹抱着中国文物制度远远在西方之上，只有火器赶不上的态度。

因此，他的"简器""练兵"也就只限于引进洋枪洋炮，练习使用洋枪洋炮。但即使这样的主张，在实行中也是大打折扣。

如"练兵"，最初任用洋人担任教习，但由于没有统一的典令，各行其是。先是任用英人，使用英式操典，英语音译口令，然后任用德人，用德式操典，德语音译口令，这影响了军队的正常训练。

除此而外，就是士兵不能掌握西方火器的使用技术，发挥武器的最大优势。他的幕僚姚锡光曾指出，已购回的火炮所附有的说明书和射表，大都没有译出，即使有的译出了，也没有随炮附送，士兵又不识阿拉伯数字，不会使用炮上仪表，虽然有利器和优良的操作办法，但也不能很好地使用。

"简器"一项也没有大多实效，其所练"盛军"各营使用的枪械虽系新式武器，但型号不一，来复枪就有十四个型号，这对作战中弹药的调剂造成了困难，一个营的弹药供应不上，一个营就只能闲置不用。

但应该看到，随着洋务运动的开展，李鸿章已开始注意到西方的军事技术和军事理论。他所训练的"盛军"，采用了相当于现代的班、排、连的队列教练和战斗教练，战斗队形由冷兵器时代的"大方阵"变为适应火器的"散星阵"，并提出改革武科科举制度的主张，改变过去将官以弓、刀、石、马起家的做法。

早在光绪二年（1876），他就说，西方各国都设有军事学院，专门研究各项兵器及水陆战法，对科学理论、制造、绘图、测量等书，无一不精心研究。如有战事，就从军事学院中考录其优秀人才，让其担任将领，加以历练，就成为大将。

他对此表示羡慕，但对下属建立军事学院的请求，则认为"事理重大"，怕影响旧有的秩序，不予办理，直到光绪十一年（1885）才在天津设立武备学堂，聘请德国军官任教习，但规模很小，只招生百余人，对当时的军队状况影响很小。但可以肯定，李鸿章的这些主张，还是有进步意义的。

在海军的建设上，由于没有旧法可以遵循，李鸿章就表现得不那么守旧。

在海军建立之初，军制、驾驶、轮机、制造、修理等项都是学习西方的，之后又以洋人为教习，建立各式海军学校等等。

在他的主持下，海军衙门以英国水师章程为蓝本，并参照德国章程，于1888年制定《北洋海军章程》。但是海军战争理论同样没有得到重视，这决定了海军学习西方也只能是学习器艺方面的皮毛知识。

李鸿章海陆军建设的思想，反映了他的"中体西用"文化观，他既然要时刻顾虑到腐朽的封建思想——制度的"体"，无疑就侵害了对西学之"用"的学习。

李鸿章师承于曾国藩，他的用兵谋略原则基本上是曾氏的那一套，只是内容上有所变通。曾国藩在镇压捻军的过程中，发明了河防圈制之术，采用分割圈制的办法来对付流动作战的捻军，从而改尾追为拦截，变客为主，以守待敌。后来李鸿章贯彻了这一思想，终于大败捻军，取得了辉煌的胜利，这一思想也逐渐成为其用兵之谋的主线。

鉴于职务的原因，李鸿章很少有机会领兵征战，这使他对海军事务的参与反而多一些，他的用兵思想在海军中也就表现得突出一些。

他将"以主待客"的思想移用到海战上，提出"守口"主张。李鸿章把海上作战分为两类，"往堵敌国海口"和"自守口岸"，也就是战略进攻和战略防御，前者已有了朴素的制海权思想。但李鸿章以敌我势力悬殊为由，放弃前者、主张后者，制海权思想也就只能夭折了。

而孤守待敌历来为兵家大忌，同时，这种做法也不适于发挥近代海军作战的优势，它只能导致主动权丧失，兵力分散，不能灵活掌握攻敌灭敌的先机，只能处于被动挨打的地位，这和魏源的守口主义的背景已有不同。

1894年中日甲午战争爆发，李鸿章几乎完全放弃了海军的作战机会，坚持守口保舰，使海军成为毫无用处的铁血摆设，终于导致了毁灭性的下场。

李鸿章的海战思想远进步于他的实践，他的头脑中已有了某些西方近代海战的印象，但在实践中，他被束缚在传统的"以夷制夷"的定式中，主张用外国的势力互相牵制，而不愿意轻启衅端，不敢与外国直接交锋，这是李鸿章认识的局限性所致。结果"以夷制夷"一旦破产，海军的力量又得不到发挥，其失败就不可避免了。

◇军事近代化体系

丁日昌是晚清同、光年间洋务运动的重要代表人物。和同一时代的很多官员一样，他的政治性格具有时代所赋予的复杂性。

一方面，他恪守传统的为官之道，忠君爱民，坚定地维护现存统治秩序，保护民族利益，一方面他又敢于趋新，主张学西方，图自强，举办洋务，尤其在当局不很敏感的军事领域。

这使得他一生中最以洋务军事活动为成就。他又与曾国藩、李鸿章等过从甚密，他的军事思想就无时无刻不影响着他们。可以说，曾、李等人的军事活动大都有他思想的烙印。

19世纪60年代，是丁日昌政治性格的成熟期，这一时期，他的政治性格表现出目的性、一贯性、稳定性的特征，他的军事活动亦主要集中于这一时期，呈不断向前发展的趋势。

同治八年（1869），丁日昌升为江苏巡抚。此前他仿效曾国藩在直隶创立的"练军"，将抚标绿营一千六百余名减至一千名，成立"练军"两营，以勇代兵，增加饷额，采用洋枪洋炮，学习李鸿章"盛军"洋操办法。到江苏任上，丁日昌组织有关人士将洋人教练"盛军"的洋枪操法翻译成汉语，绘图注说，编成《一哨操演图说》《一营操演图说》《一军操演图说》各一卷，作为江苏"练军"练习洋操的依据。采用西法训练，这在晚清练军中是最早的一支队伍，为清末新军的全盘西化开辟了道路。

丁日昌在设立练军、整顿绿营的过程中，继承了中国古代"兵贵精，不贵多"的思想，主张"并兵厚饷"，对全国的兵勇大加裁汰。

讲究精兵是近代军制的一个特点。清朝全国绿营兵共有六十余万，加上八旗驻防兵十数万，人数众多，但粮饷菲薄，兵丁粮饷不足以自养，大都兼营他业，平时不事操练，奉调则十天半月安顿不了家口，犹如驱市人上战场，毫无战斗力可言。"以百无用之人，不敌一有用"，丁日昌就是从改变清朝绿营兵兵多饷乏的状况出发，提出这个主张，以使军队在没有后顾之忧的情况下，加强训练，提高官兵素质。

丁日昌还将"战兵"和"差兵"分离。他在设立练军时，就意识到练军的职责应该是专事征战，而护饷、解犯、守库、分汛等任务应由差兵、汛兵担当，使他们各司其职，才能调动合宜、训练有方。

这种想法，是正规部队与地方治安部队分立的朦胧意识。正规部队与地方治安部队分立，是近代军制发展的必然趋势。晚清的内忧外患形势要求清政府改变绿营"差操不分"、战兵与守兵合一的办法，以集中精力训练出一支无坚不摧的国防骨干力量。这为清末新军正规部队和地方治安部队的最终分立准备了理论前提。

丁日昌在改革陆军军制的同时，也将注意力转向了海军，提出了海军军制改革的设想。

同治六年（1867），丁日昌提出建立近代海军的主张，任务是掌握制海权，控制住一定的近海海域，扩大防御纵深，以避免在漫长的海岸线上被动挨打的危险。

为此，他拟订了建立海军的具体计划，内容是分设北洋、东洋、南洋三支水师。北洋水师设提督于天津大沽，兼顾辽东、山东各要口；东洋水师设提督于上海吴淞，守苏浙各海口；南洋水师设提督于南澳，防守福建、广东各海口。

建立三洋水师的计划，是一个具有战略意识的海防构想。丁日昌对中国的近海统筹兼顾，将其划分为三大防区，分别驻守。北洋水师主要控制渤海、黄海，以屏障京师；东洋水师控制东海，不仅可以屏障江南经济中心，而且"上以通津沪之气"；南洋水师控制福建、广东沿海，这里是近代寇警频发的地区。三个防区又以津沽、长江口、南澳、广州、厦门等地为防守重点。至此，北洋、东洋、南洋三支水师一起构成了完整的近海防御体系。

海防体系建立起来后，虽然各有防区，但三支水师应联合作战。

丁日昌还主张三洋水师各练陆军千人，在陆上炮台与水师相配合。他接受了普鲁士人希哈里的主张，主张以炮台和水雷为中心建设新式的海口要塞，以形成水陆相连之势。

三洋水师计划在同治十三年（1874）的海防筹议中成为保守派和洋务派争论的中心，并在奕䜣的主持下，于次年正式通过。北洋、南洋水师同时成立，不久，东洋水师也建立起来。

丁日昌的海陆军军制方案，是近代色彩很浓厚的军事进步方案。他设想在中国建立一支庞大的国防体系，以抵御外国的海陆进攻。他唯一的缺憾是没有提出指挥权的统一问题，这在后来就成为清军一再溃败的潜在因素之一。

近代国防是以近代军事工业为基础的，只有建立强大的近代军事工业，才能支持国防事业的不断发展，避免外国势力的干涉和限制，赢得战争的主动权，并减少国家的军费开支。

丁日昌在他的近代军制提出和实施之前，就投身于近代军事工业的实践当中，并进行了不断的探索。

丁日昌是在同治元年（1862）开始从事枪炮制造的。这一年，他在广东设计监制了三十六尊短炸炮。第二年，他就被李鸿章调到上海，设立炸炮局，制造带药线引信的开花炸弹，以及少量的短炸炮。这是一种纯粹的手工生产，还要靠泥模浇铸，生产工艺十分落后，很难做到炮膛的光滑均衡，炮膛与炮管也很难保持在同一圆心线上，和国外的武器相差很远。

丁日昌很快就认识到了这一点。他下决心采用西方的先进技术，进行生产工艺和生产手段的改良。在上海时，他积极和洋人进行广泛接触，了解到西方机器工厂的一些情况。但对他影响最深的则是王韬所写的《火器说略》，这本书对西方枪炮的制造原理、生产工艺和使用办法进行了系统的介绍，特别是有关生产机器的内容，引起了他的赞赏。

同治三年（1864），丁日昌写信给李鸿章，希望能采用制造武器的设备进行枪炮生产，认为一旦有了制造机器的机器，就能用一个机器生产无数个机器。正巧，容闳受曾国藩之托，到美国购买机器，丁日昌就在上海积极设法，买下虹口的美国旗记铁厂，在原来的炸炮局基础上，接纳容闳买回的机器，成立了江南制造总局，丁日昌成为江南制造总局的第一任督办。

江南制造总局以机器生产取代手工生产，是我国军事工业的突破性进步，它标志着我国近代军事工业的诞生。

实践证明，"制器之器"提高了武器的效能，"皆与外洋所造者足相匹敌"。特别是同治七年（1868），丁日昌到上海主持制造了我国第一艘明轮蒸汽舰"恬吉"号，它的试航成功，使我国的战船生产进入了新的阶段。

近代军事工业是不能独立存在的，它要以一定的科学技术、原料为条件。丁日昌在制造船炮的同时，主张发展算学、化学、电气学等科学技术，培养科技人才，以备军工急需；力主煤铁矿的开采，缓解对洋铁的依赖程度；发展近代工商业，提供军费来源。

丁日昌对近代军事教育也提出了自己的看法。战争由冷兵器时代进入热兵器时代以后，无论是武器还是战术都与传统战争有了明显的区别。

在晚清的特殊条件下，传统兵法虽然还有它的用武之地，但一味地依靠，已是行不通了，必须适应情况进行变通。

近代战争要求为将者必须能够正确地分析敌我形势，正确制定和使用战略战术，以及充分发挥各种配备武器的优势。同治六年（1867），他上奏要求改革文科科举，其中提出考察军政人才，要考察军事地理及军队进退之法。紧接着，他又上奏改革武科科举。

清朝军队将领的来源，主要是行伍出身、武科科举，在考选时注重他们的臂力和骑射技艺，就连传统的兵家谋略也得不到重视，很多将领甚至不懂得怎样使用洋枪、洋炮。丁日昌要求废除这种选将方式，专试枪炮，但由于守旧派的反对，没有被批准。

丁日昌并没有因为挫折就放弃对近代军事教育的追求，他的刚毅性格决定了他要继续做下去。因此，他在任福建船政大臣时，就对福州船政学堂非常重视，特别派人从香港选拔素质好的幼童入堂学习，还在学堂里设立电报专业，培养电报工程技术人才。为了扩大培养人才，他接受了容闳倡导的游学计划，顶着各方面的压力，于同治十一年（1872）促成首批游学生赴美留学，其中就有后来名著一时的严复、刘步蟾等。

丁日昌对晚清军事近代化以及后来新军的成立所做的贡献是不可低估的。新军的许多将领都出自近代化的军事学堂，丁日昌的功绩可谓当世之巅峰，后世之基石。

◇郑观应：立足历史与现实

郑观应（1842—1921），广东香山人，早期资产阶级的维新思想家。他的兵战思想体现在他所著的《盛世危言》一书中，总的来说是对甲午战争失败的反思以及对强敌压境的担忧而提出的预防措施。它没有一个很完备的系统，但放在丁日昌等人的思想背后进行考察，也有它独特的位置，其思想不乏闪光之处。

甲午中日战争的失败，给以富强救国为己任的郑观应带来极大的刺激。悲痛、震惊之余，他也意识到，新的更大规模的战争正在悄悄到来，"俄瞰于北，英眈于西，法瞵于南，日眈于东"是此时的大势，中国被瓜分的危险迫在眉睫。而清王朝的军队却早已腐败不堪，有战斗力的湘、淮等军却又门户之见严重，在战斗中彼此之间都不互相救应，指挥权分散，不能有效配合。因此他大声疾呼：当今之世，要谋划国家大事，以通商、练兵二者最为重要，通商是为了求富，练兵是为了求强。

他在海防、陆防上都提出了自己的主张。

在海防上，他主张全面铺开，重点设防，与丁日昌的思想很相似。中国海疆辽阔，九省濒海，海岸线长达万余里，若无重点地分兵把守，势必分散兵力。

他建议依海势分为南、北、中三洋，由三支舰队防守。北洋从东三省到烟台，以旅顺、大连、威海卫为重镇；中洋自海洲至马江，以崇明岛、舟山为据点；南洋起自厦门延至海琼，以南澳、台琼为基地。各口多筑炮台，和海军互为表里。

与丁日昌不同的是，郑观应提出了统一海军指挥权的建议。统帅无权是清朝水师的最大弊端，虽设有海军衙门总管三洋，但徒有虚名。海军提督受节制于地方督抚，事事都要请求，不能做主，很容易贻误战机。

甲午战争中，丁汝昌几次向李鸿章请求出战，都被拒绝；北洋水师受困于威海卫时，李鸿章向南洋请求调兵援助，南洋水师无动于衷；而李鸿章本人在此前的中法战争中，也曾拒绝南洋要求北洋支援的建议，使南洋水师遭到重创。

郑观应力主革去这个弊端，要求南北水师统一军令，择一资格最深、海战经验最为丰富的水师提督统领，授以全权，真正做到南、北、中声气相通，奇正兼习。

在陆防上，他主张"防俄为先"，这是从受到威胁的强度来考虑的。俄国花费巨资修建西伯利亚铁路的阴谋已经路人皆知。但这并不是说对其他国家就可以暂时不顾，而是作主次重轻之分而已。

郑观应认为防敌就应该加紧练兵以壮声势，建筑炮台以守住要塞，赶造铁路以便交通运输，增设电线以快速通报消息。郑观应的陆防部署，体现了中国传统的"以守为战"的指导思想，是符合陆上反侵略战争的规律的。

他还主张"寓兵于民"。早在鸦片战争时期，魏源就提出这种思想，主张坚壁清野，发动人民战争。郑观应发展了这种思想，认为反抗外国侵略，不能只依靠军队，还要将群众力量发动起来，人尽为战，人尽为兵；要广设民团，处处联络，不给侵略者以安身之地；在边防地区屯田，以民来养兵，则兵不溃败，以兵来卫民，而民无后顾之忧，兵民相依，各自为战，边防哪有不巩固的。

郑观应的"寓兵于民"思想，是中国传统的"王者在民"思想的发展。

在军事训练上，他主张"练兵""练将"。他的练兵内容非常广泛，不只是训练枪、炮的技术运用，进行实弹演习，而且重视其他的技巧性训练，如目测敌之远近，弹药威力的估测，敌船的行进速度、风速对射击的影响等等。只有搞清这些因素，才可以百发百中，充分地发挥武器的效力。

"练兵必先自练将始"，"将"是军队的灵魂所在，直接关系着军队的战斗力。郑观应主张学习西方，广设武备学堂。将官不仅要进行军事训练，还要进行全面系统的文化教育，然后还要"赴步兵、马兵、炮兵、工兵各军营中阅历数月"，才可以任以军权。这样的将领才能具备军事理论素养和实践经验。

郑观应的军事思想是在继承中国传统军事思想的基础上，注意吸取西方先进的军事经验而形成的，形式是旧的，内容却是全新的，如练兵、练将等等，具备了初步的近代军事思想。但由于时代所限，郑观应的这些主张具体却不系统，影响了他思想体系的形成，不过值得注意的是，他有些思想还是相当深入的。

◇张之洞的军事体用观

张之洞（1837—1909），直隶南皮人，清末洋务派的重要代表。他一生忙于军政，追求军事改革，主张军事自强。

在清政府编练新式陆军之前，清朝军队的主要特点为：军制复杂，既有八旗、绿营，又有湘军、淮军、练军、防军；武器杂乱，大刀、长矛、洋枪、洋炮俱有，种类规格不一；建制陈旧，虽然采用了部分西式武器和操典，但军队建制仍保持勇营和绿营的形式，以营为单位，各营不相统属，战时胡乱抽调；派系林立，不相配合；军风腐败，军纪不严。

张之洞就是在这种背景下力主军事改革的。

他的军事改良思想有两个发展阶段。第一阶段是"中体西用"时期，起于中法战争，终于甲午战争。这一阶段他主张保持中国现有的军事制度和战略思想，采用西方先进的武器和训练方法。第二阶段从甲午战争开始，为新型的"体用观"时期，主张军队的彻底改革，采用西方的军制、西方的军事教育制度等等。

张之洞在山西巡抚任上就已产生了编练使用新式武器的军队的想法，但怎样处理中西军事的关系，还没有明确的观念。

中法战争以后，他开始致力于军事的改革实践，先后在广东编练广胜军，引进西方各国的新式武器和军队操典，创办水陆师学堂，创办枪炮厂，制造船舰，但对中国落后的军事制度，没有意识到有改革的必要。

甲午战争后，北洋海军全军覆没，湘军、淮军也一败涂地，彻底暴露了清朝军队的腐败和军事制度的落后，要求改革军队的呼声日高，在这种情况下，张之洞认识到全面改革的必要，遂提出了新型的"体用观"。

光绪二十年（1894）七月，张之洞在《吁请修备储才折》中，提出编练新式陆军的主张，认为必须仿照日本彻底采用西法练兵，如果不改革旧法，旧的积习就难以除去。

十二月，他又上《选募新军创练洋操折》，提出了军队改革的"体"与"用"的关系：兵额一定要足，身体一定要强壮，军饷一定要宽裕，武器弹药一定要多，士兵的技艺一定要熟练，勇士一定不能被使用为差兵，将领一定不能滥竽充数，这七项，就是军之体。至于临阵时的调动运用，赏罚激励的办法，是军之用。凡事必须先立体，然后其用才能发挥出来。

在张之洞看来，军队的素质和装备是"军之体"，善于用兵带兵是"军之用"。旧式军队之所以没有战斗力，是因为军队的素质和装备太差。因此必须放弃旧法，对旧的军制进行改革。

为此，他提出了新式军队的一些原则：重视提高军队的物质待遇；加强军队的思想教育；严格要求士兵的文化素质、身体素质和精神风貌；提高军人的社会地位。只有这样，才能改变社会上"好男不当兵"的风气，罗致到优秀的青年。同时，他大力提倡开办军事工厂、军事学校，制造军火，培养将官的近代军事才能；开办民用企业，为军事事业开辟财源。

同年，张之洞在两江总督任上，编练"自强军"，成为新式陆军的创始人之一。

"自强军"的编制，全部仿照德国军制，分步队八营、炮队二营、马队二营、工程队一营，营下设哨。聘德人担任教练和营、哨指挥官，下级军官则由广东水陆师学堂的毕业生充任。

新兵的招募标准很高，必须身体健康，品行端正，有文化。士兵的待遇也很高。

"自强军"是一支包括步兵、炮兵、骑兵三个基本兵种和一支工兵队的部队，不仅仿照德国陆军的操典、训练、战术和使用欧洲陆军常用的后膛枪炮，而且突破了清朝军队的旧有军制，具有了欧洲近代陆军的基本特点。第二年，张之洞回到湖广任上，将"自强军"交给两江总督刘坤一继续训练，而将"自强军"的精华——护军前营带到了武昌，在此基础上渐次扩充成湖北新军，这支军队很快成为全国军队学习的榜样，被称作"天下劲旅"。

张之洞的"体用观"具有非常明显的现代因素。在他提出"体用观"半个世纪以后，斯大林说过类似的一句话："战争的命运将不会由……偶然因素来决定，而是由那些经常发生作用的因素——后方的巩固性、军队的战斗精神、师团的数量和质量、军队的武装、军队长官的组织能力等来决定的。"这基本上是张之洞"体用观"的内容，张之洞可谓开斯氏之先声。

◇传统向近代的递嬗

左宗棠（1812—1885）是中国近代史上的一位著名人物，他一生的事业，是同他的军事活动密不可分的，而且他的军事活动极大地影响了晚清的军事将领及晚清政局。

左宗棠的建军法则同曾国藩相似，但其提出却在曾国藩之前，曾国藩建立湘军的办法可以说就是在他的启发下形成的。

在镇压太平天国运动鏖战方酣之际，1860年，左宗棠被任为襄办曾国藩军务，在长沙金盆岭募练了一支五千余人的队伍，即楚军。

这支军队体现了和清朝旧有军队不同的特点。

首先，它以勇代兵。这个想法早在1853年左宗棠为湖南巡抚张亮基起草的奏稿《筹办湖南堵剿事宜折》里就说得很清楚，其方式为委托当地官绅，选招本省身家清白、艺高胆大的乡勇一两千名，交由绅士来管理，仿照前明戚继光管理队伍的办法来做，所花费的经费不及外省兵的一半，有什么事情发生，却比外省兵更为可靠，以改变清朝军制混乱，临战胡乱抽调，远距离行军赴战地，不能很快控制局势的弊端，练本地之勇管本地之事。

其军队编制的特点为：先择将，后募勇；兵丁要求为有身家来历的朴实农民；营官选哨官，哨兵选什长，什长选兵丁，级级负责，层层节制，犹如身之使臂，臂之使指，一扫清朝绿营兵呼应不灵、指挥不动的积弊。

在左宗棠起草这个奏折之后不久，曾国藩来到长沙，与张亮基、左宗棠等人交换意见后，奏准举办团练，成为湘军的雏形。

其次是精兵思想。清朝军队战斗力虚弱的重要原因就是兵冗饷绌，许多士兵食不果腹，衣不蔽体，不得不兼营别业，导致军队不能正常训练。针对这种情况，曾国藩创建湘军时就主张增加饷银，左宗棠坚表支持。因此湘军和楚军的待遇都很高。

后来左宗棠在闽浙总督任上，用减兵节饷的办法整顿两省绿营兵，所减的都是无法训练的兵，对军队编制没有损害，所加的饷，就是裁兵节省下来的，实际上军饷并未增加。

精兵原则是我国古代军事思想的闪光之处，也是近代军制的重要特点。左宗棠一生坚持精兵，他在用兵新疆，镇压阿古柏叛军时，就进行过大规模的整编，"挑留精壮，裁并营头"，将他统率的主力湘军进行裁汰。如刘锦棠接统的刘松山遗部由 24 营整编为 17 营，再由刘锦棠回湘募勇，合成 25 营，其他豫军、蜀军、皖军也不同程度地进行了裁汰，新疆防军也由原来的 47 营，几度裁汰，并为 20 营，从而保证了军队的战斗力。

左宗棠的治军方式也基本体现了曾国藩"程朱申韩为体，西学为用"的基本原则，这大概是这一时代儒将的共识。他选将的标准首先就是以国事为重，私心少，近似于曾国藩提倡的"忠"；其次才是勇敢，能够成为兵士的表率。

他用兵用将的方法首要的就是"驭心"，采用儒家的人际应对关系和封建的伦理纲常统一将士的思想。他对待下属从不以势位压人，无论风沙、雨雪、严寒，都坚持和将士一样住营帐，对将领也不苛求细事，注意用其所长，同时注意激励将士的上进心，从哨官中选拔营官，从营官中选拔小统领，再从小统领中选拔大统领。

他制定了严格的军纪，对将士赏罚严明，对于行营、宿营、作战等都作了细致严格的规定。

同时他也很注意运用先进武器。他经历过两次鸦片战争，看到了西方侵略者带给中国的深重灾难，时刻不忘雪国耻、振国威。他认为，外洋强大的原因之一，在于他们水陆武器都很先进。他一生从事过许多洋务军事工业，如著名的福州船政局等。他用兵新疆时，为了供应军队的武器装备，特别运机器、原料于甘肃，在兰州成立甘肃制造局。但他并不以枪炮为军队的主要依靠，而只是将它作为提高军队战斗力的一个方面。

左宗棠的用兵方法虽然仍是传统的兵法，但已经有了新的发展。他用兵的原则是一个"慎"字，"慎之一事，战之本也"。他用兵主张步步为营，注意保障后方的安全，他认为凡是战事一定要防守好后路，最忌讳一泻无余。用兵之先一定要布置好后方，后方没有漏洞可钻，才能保证物资转运畅通，军心才会稳定，然后长驱而进，也没有后顾之忧，可以确保安全，就像兵器要把后面做得大一些，把前端做得尖锐一些，使锋芒不会受到挫伤是一样的道理。以此为指导，他用兵时特别注意军队的梯队配置和后勤补给。

对于路途较远的行军，左宗棠主张军队的纵深梯次配备。进军新疆南路八城时，从北路出发，行程有四五千里，左宗棠以刘锦棠统率的二十余营组成前军，以张曜的十余营组成后军，两军梯次前进。他规定刘锦棠到达阿克苏后，应等张曜到达，才可以继续前进，张曜负责恢复和建立收复区的地方秩序，确保补给线路的畅通。这样既保持了先头部队连续作战的攻击能力，又可以随时为其提供援助。

左宗棠的梯次配备方案，已具有了现代战争中梯次部署、纵深突破的特征。

军队的后勤补给是维持军队战斗力的重要保证，只有粮食、武器充足，才可以不断弥补战事中的消耗。

用兵新疆是左宗棠一次成功的实践。首先必须有足够的粮食。虽然新疆北路不乏产粮之地，但由于产量不高，又连年战乱，从本地获得补给是很困难的，只能仰赖于内地转运。左宗棠考虑到交通不便，转运中消耗较大，经过分析、计算，决定采用分途采运、分地储存、节节转运的办法来运输，减少运输中的损耗。

为此他制定了运粮的四条路线：第一条路线，在河西采购，从凉州、甘州、肃州出嘉峪关，过玉门、安西至哈密，全长二千四百余里；第二条路线，在归化、包头采购，经乌里雅苏台至巴里坤或古城；第三条路线，在宁夏采购，经蒙古边境至巴里坤；第四条路线，由俄国商人在俄国边境采购，代运至古城。

左宗棠镇压陕甘回民起义时所建立的后勤补给系统，此时也派上了用场。在西安设总粮台，在汉口设后路粮台，在上海设转运局，另在各采购转运地方，设采运局等机构，水陆连成一气，以转运从上海购买的弹药、枪械以及供应兰州制造局所需的铁、铅、硫黄等原料，筹办粮食等。

左宗棠在谈到这条庞大的后勤补给线时说：这条补给线就像弹琴一样，手和琴弦协调，心与手协调，才能弹出美好的音乐。

左宗棠如此重视后勤补给，是有清以来第一人。清政府奖励军功，一般只看杀敌多少，而对默默无闻的后勤人员却很少问津。左宗棠一反这种偏见，他说，转运之功不在杀伐之下，应当把后勤工作看得和前方打仗一样重要。因此每次论功行赏，都力主对后勤人员和前方打仗的人员一样考虑。

左宗棠这些军事思想对晚清军事有很大的积极影响。他曾作为曾国藩的幕僚，直接影响了曾国藩的军事活动。如他的以戚继光束伍之法建军的原则，就被曾氏用于实践，这种层层管理方式为引进西方军制奠定了基础。而他的梯次配备和后勤补给谋略，也为中国军事的近代化以及和西方的接轨，提供了契合点。所以说，左宗棠的军事韬略为中国传统和中国近代之间的递嬗付出了努力。而他也以收复新疆被誉为"塞防之星"，名噪一时。

◇边缘意识的发展谋略

晚清是中国封建社会解体与重构，以及个性化不断发展的时期，以纲常伦理为依托的理学观念仍然在社会上占有主导地位，构成社会的主流意识。它又依靠清王朝的政治、文化、武力作用，形成对整个社会的强大控制，使与主流意识有悖的非主流意识处于艰难的发展境地。

但是，任何强大的主流意识都不能完全彻底地消灭非主流意识，在主流意识控制力薄弱的边缘地区或主流意识的薄弱环节，会产生一些边缘意识，其发展最终只有两种结果，其一是与主流意识的融合，其二是主流意识拒绝融合，它就会逐渐壮大起来，直至推翻主流意识的统治地位，并取而代之。其发展的前景是乐观的，只是时间早晚的问题，反复的次数问题。清晚期的中兴将帅以他们的谋略和对前景的不太明确的思考，使封建社会加速了解体的进程。

首先是清中期在腐朽沉闷的学术空气中再次吹进了明末经世致用精神的清风，带动了诸如林则徐、魏源等人睁眼看世界的目光，然后是以"海外布衣"自称的王韬的毫无顾忌的西化论清风，中兴将帅也受到了这阵清风的洗礼。

随着鸦片战争以来一系列丧权辱国事件的发生，封建的伦理道德日益暴露出它的落后性——它不能抵挡住船坚炮利的西方国家的侵略，也不能使人民过上安定、和平、富足的生活，要使国富民强，采用发达的西法，是历史的必然趋势。但任何方面的进步、改革，都是以旧有的秩序、价值的牺牲为代价的，它的出现都必然会受到主流意识的顽强抵制，晚清的中兴将帅们其实也正处于同顽固守旧派以及同自身的封建意识冲突的尴尬境地，怎样摆脱这种尴尬境地，使自己强国富民的理想得以实现，是他们自始至终有意识或无意识遵循的原则。

"中体西用"论是他们苦苦思索的结果，使来自守旧派的攻击得到减弱，并取得了可喜的成果。他们主要将精力放在了与主流意识冲突最小的军事领域，并成功地对旧有的价值外衣进行了包装，实际上以引进西方的军事思想为其内核，特别是在无甚历史包袱的海军建设领域、海防思想上，勇于建树，勇于实践，建立了比较先进的海军军事体制。

应该说中兴将帅的改革是很有局限性的，不能彻底地与落后的体制告别，但应该看到，正是这一近乎畸形的举动，分散了守旧派的注意力，潘多拉的盒子一旦打开，就是对现存价值的持续毁灭。文化的变革正是从低层面向高层面的发展过程，军事领域的变革无疑会引起经济领域乃至政治领域的变革，事实上洋务派已开始尝试经济体制及经济运行方式的改革，值得一提的有江南制造总局以及张之洞在湖北的举措。而康有为诸人正是在此基础上举起维新变法的旗帜的。

虽然中兴将帅们是为了清王朝的苟延残喘，但他们的智谋使边缘意识获得了快速的发展，当其壮大得足以与主流意识抗衡时，一场争取主导地位的战争必然展开。它可以借用思想的甚或军事的形式，辛亥革命就是两种意识斗争激化的产物，它使资产阶级的民主主义思想一跃而成为主流意识，其后虽有袁世凯的复辟、张勋的复辟，但也只是昙花一现。

中兴将帅以他们的智谋，在晚清的社会解体与转型中占有重要的地位。

祺祥政变与慈禧的算计

咸丰十一年（1861），咸丰帝病逝，懿贵妃那拉氏被封为慈禧皇太后，为和东宫慈安太后相区别，世称西太后。

同年，慈禧太后在恭亲王奕䜣的配合下，经过缜密的准备，以闪电般的行动，发动了一场震惊中外的宫廷政变，即辛酉政变，也称祺祥政变，年仅二十六岁的慈禧垂帘听政，登上了中国的政治舞台。从此，慈禧统治中国达四十八年之久。

这场政变，上下呼应之巧妙，舆论准备之完善，军力配合之恰切，行动掩盖之周密，爆发时间、地点之选择，以及善后的处理措施，无不表现出慈禧的机敏、诡谲、冷静、沉着。

◆辛酉政变之运作

咸丰十一年（1861）八月二十二日，被英法联军炮火赶到热河行宫的咸丰皇帝，由于身体虚弱再加之忧愁劳顿，无奈地与世长辞，留遗诏让年仅六岁的载淳继位，载垣、端华、肃顺等八大臣为顾命大臣，赞襄政务。咸丰帝的晚钟刚刚敲响，一场影响中国近半个世纪的政变，也在紧锣密鼓地筹备着。

载淳的生母那拉氏是个权欲极强的女人，早在五年前咸丰皇帝生病之时，她就想掌握权力。

她和辅政的肃顺有很深的矛盾。肃顺，字雨亭，一字豫庭，郑亲王乌尔恭阿第六子，道光中，考封三等辅国将军，是不知名的低级官吏。咸丰帝即位后，经其兄怡亲王载垣和郑亲王端华的推荐，便"入内廷供奉"。他善于察言观色，也有才华，敢于直言、任事，得到咸丰帝的宠信，从此官运亨通，屡升后为户部尚书兼协办大学士，和其兄端华、载垣互相附和，排斥异己，权倾朝野。他曾劝咸丰帝将那拉氏拘押起来，以防止其弄权。这件事没有实行，后来消息传到那拉氏耳中，引起她的痛恨。咸丰帝死后，其兄弟三人皆为顾命大臣，慈禧的权势和地位受到威胁，她急于除掉这些眼中钉、肉中刺。而咸丰帝死后，她取得了"代子钤印"的权力，这是一个难得的机会。

但是热河是肃顺集团的势力范围，要想从他们的手中夺权，光靠他们孤儿寡母是不行的，还要依靠与肃顺对立的朝臣，她物色的最合适人选是恭亲王奕䜣。

奕䜣是咸丰帝奕詝的异母弟，咸丰帝亲母早亡，由奕䜣母抚养成人，他们都很受道光帝喜爱，但道光帝立储却选择了奕詝，奕䜣虽没有表现出不满情绪，但实际已埋下了双方不和的根由。

咸丰帝逃往热河，将奕䜣丢到炮火中去主持和议。这却使奕䜣能够和外国人有更多的接触机会，外国人纷纷表示支持奕䜣，而朝野上下对奕䜣的才干也很崇拜，在他周围聚结了很多官员将领，对他辅政的可能性看好。

可是咸丰帝死后，奕䜣竟没有被列入顾命大臣的名单，这使他很容易想到是肃顺等人进谗言的结果，因为他和咸丰帝毕竟还有较深的手足之情。这一切并未使他灰心，他是一个胸怀广阔、志气远大的人，他在等待机会。恰在这时，两宫太后的密使到达，召奕䜣速赴热河。

奕䜣迅速到达热河，在拜祭完咸丰帝的灵柩后，受两宫太后的召见，肃顺等人也害怕他们勾结，极力阻止，但终究拗不过两宫太后，被迫妥协。两宫太后召见奕䜣达一个时辰之久，具体商谈了政变的有关问题。奕䜣出来后，对肃顺等人谦卑如常，使肃顺等人也放了心。

奕䜣回到北京以后，大力展开外交活动，迅速取得了各国对政变活动的默许，为政变争取良好的国际舆论，避免了外国干涉的危险。《北京条约》签订以后，英法联军对咸丰帝不回北京接受条约非常不满，继续驻军天津，对清政府保持警告态度。他们希望重新选择自己的代理人，奕䜣在和议中的表现，使他们产生了浓厚的兴趣，努力和他接触，想要"获致恭亲王及其同僚的信任，消除他们的惊恐，使最高权力落到他们手里去"。奕䜣和英法各国达成了默契。

清朝有两支重要的军队，一支是僧格林沁的蒙古军队，一支是胜保统率的军队。

僧格林沁正在同捻军作战，和肃顺等人不和，原因是僧格林沁不会说满语，曾因此遭到肃顺的侮辱。而胜保曾因被咸丰帝、肃顺等人罢黜过，对他也很不满，相反他和奕䜣却一拍即合，结成死党。

这样肃顺等人就失去了对军权的控制。胜保在奕䜣的授意下，将调集来保卫京师的山东、陕西、湖北、安徽、河南各路军队驻扎在北京，抢占要隘，接着上奏折请求北上去祭拜咸丰帝，不待奏准，就径自率兵赴热河，沿途节节布置军队，形成对热河的监视。

热河行宫虽受到胜保的监视，但仍然是顾命八大臣的天下。肃顺等人在这里广布党羽，两宫太后和小皇帝也在他们的控制之下。在这里发动政变，稍有不慎，就会打草惊蛇，而他们就会挟制皇帝，下一道圣旨，奕䜣等人是逆臣贼子，罪在不赦。

而北京则不同，奕䜣实际控制着那里的局势，若两宫和小皇帝先期入京，就可以"挟天子以令诸侯"。

因此，那拉氏于九月二十三日以皇帝名义发布上谕，要恭奉咸丰帝棺椁回京。肃顺对这种形势也感到担心，但由于没有看出奕䜣等人发动政变的迹象，拗不过慈禧，也就从命了。肃顺等人也并不是手无缚鸡之力，热河也有一支听从他们指挥的卫队。

更有甚者，他们从热河出发，被分成两部分：载垣、端华护送两宫及小皇帝抄近路回京；肃顺等护送咸丰帝灵柩另路赴京，胜保率军跟随保护。

十一月一日，慈禧一行抵京，立刻改变面孔，当着郊迎的朝臣，大骂肃顺等人飞扬跋扈，图谋不轨，为政变制造舆论。第二天，政变爆发，奕䜣、桂良等人火速逮捕端华、载垣，以皇帝名义免去顾命大臣的辅政权，派醇亲王奕𫍽去逮捕尚在途中的肃顺。慈禧太后宣布"垂帘听政"，任奕䜣为议政王，组成以奕䜣为首的军机处。政变成功后，顾命八大臣分别被处死、革职、遣戍。这就是"辛酉政变"。

"辛酉政变"，慈禧与奕䜣配合默契，将顾命八大臣一步步引向绝境。

◇ 胜保自裁的悲剧

慈禧太后联合奕䜣取得了政变的胜利，双方各取所需，可谓皆大欢喜。但对于慈禧来说，这只是其政变目标的第一步，她不希望有人和她一起分享最高权力，这不符合她的性格。她一定要设法将迫不得已分出去的权力重新夺回来。

奕䜣可并不了解这一点，实际上在他当上议政王，正春风得意之时，他在慈禧太后谋术系统中的位置，已由谋士和助手下降到被谋者的地位了。

那个曾为政变立下汗马功劳的胜保，可就更惨了，慈禧可不是仅仅想制服他，她给予他的不是限制他行动的牢笼，而是横在脖子上的一把屠刀。慈禧太后一旦将胜保和奕䜣联系起来，她就会感到要打击奕䜣，胜保是宜杀不宜留的。

同治元年（1862）以后，胜保的运气变得越来越糟了。他当时正在安徽进攻太平军，取得了显著的成功，解了颍州之围，再次招抚了降而复叛的苗沛霖，智擒太平军将领陈玉成。他本想将陈玉成押解至京，炫耀一下，也好为擒他立功的苗沛霖开脱罪责。但慈禧已不想让他再威风下去了，陈玉成在押解途中被强令杀掉。

紧接着，胜保被调往陕西，去镇压回民起义。去陕途中，胜保军沿途扰民甚是厉害。行军扰民，在晚清军队中实是司空见惯。不料这却成了他的一大罪状。在慈禧的授意下，潘祖荫、卞宝第等陆续上奏，弹劾胜保纳贿殃民。慈禧命僧格林沁、山西巡抚英桂等查实奏上，随即密令多隆阿率所部前往陕西，将胜保逮至北京。

胜保到京之后，仍未觉察到处境的险恶，他很迷信自己的拥戴之功，希望会得到宽免。但慈禧心意已决，不仅不让大臣说情，而且授意亲信大肆攻击。

同治二年（1863）七月，慈禧下诏公布胜保罪状，斥责他贪污欺罔，对叛军过分宽容、养痈遗患，以致他们一叛再叛，念其战功卓著，令其自裁。

胜保之死，是进攻奕䜣的一个信息。慈禧的亲信蔡寿祺立即上疏，弹劾奕䜣贪恣，慈禧便以同治皇帝的名义下诏，说奕䜣徇情贪墨、骄盈揽权、目无君上，"查办虽无实据"，但既然有人举报，肯定"事出有因"，命令将奕䜣"革去一切差使，不准干预公事"。为了表示自己的宽宏大度，也为了利用奕䜣来为自己服务，她派人劝说奕䜣向自己赔罪，恢复了他的官职。但奕䜣党人却已被排挤出去了，奕䜣的势力已非昔日可比。

康有为托古改制

　　"托古改制"，就是借古人之口言今人之事。中国自古以来有重古薄今的传统。在超稳定的社会结构中，人们向往古而恶趋新，一旦新生事物出现，往往会遭到顽固的阻挠。持有与主流意识不同见解的人要推行自己的主张，往往需要向古老的时代、在古老的典籍中去寻找根据，来证明自己行为的合法与权威性，乃至缓和敌对情绪，争取社会舆论的同情和支持。

　　"托古改制"这种做法也就成了中国的传统。最著者，西汉末年王莽篡汉以后，假托周公，借助古文经来实现自己的改制愿望。之后这种托古而言今的做法似乎更成了中国文人办理现实事务的心理定式和精神支持。

　　晚清时期，这种思潮有所变化，成为推行西学的理想外衣。维新巨擘康有为就以今文经学为媒介，用西方的文化观念重塑儒家的先师孔子，将"恪守古训"的孔子变成"托古改制"的孔子，从而推行自己"托古改制"的变法主张，在晚清思想界掀起了一场飓风。

◇ 今文经学之兴

　　所谓经学，是儒者对儒家经典的诠释和说明，它是中国封建社会里的传统学问，也是官方确定的意识形态。最古老的儒家经典是所谓的"六经"，即《诗》《书》《礼》《易》《乐》《春秋》，后来《乐》佚失，实际上只有"五经"。

　　今古文经之争始于西汉。秦始皇焚书坑儒，除《易》以外，各经均遭焚毁。汉朝初年，对儒生的政策开始有所放宽，汉惠帝正式废除了秦朝的书禁，民间始有儒家经典的传授，汉武帝时接受董仲舒之言，实行"罢黜百家，独尊儒术"，号召儒生搜集整理经书，设经学博士。许多老儒生凭着自己的记忆和口耳相传，由学生用当时通用的字体隶书写出，整理出许多经书，被称为今文经。西汉末年，又陆续出现许多用先秦文字写成的经书，称为古文经，据说为孔子"六经"的原本，但长期得不到承认。

王莽篡汉以后，以古文经为自己改制的依据，在政治的力量下，古文经取得了与今文经同等的官学地位。今古文经学也发生了激烈的斗争。东汉刘秀曾一度废弃古文经学，奖励今文经学，但到了东汉末年，经过古文经学家贾逵、服虔、马融、许慎以及经学大师郑玄对古文经的整理、疏注，并吸收和采用了今文经派的某些长处和观点，终于推倒了今文经学的统治地位，使古文经学成为天下尊崇的儒学正宗，影响及于明清学术界。

今古文经学的重要区别是，古文经学认为"六经"是由孔子从当时收集到的各式历史文献资料中整理出来并用来教授弟子的课本，所以有孔子"删定六经""述而不作"和"六经皆史"的说法，认为"六经"中的古代典章制度都是圣人所制，又经过孔子认可，传述后世，所以后世人不应该怀疑、更改，而应"恪守祖训"。今文经学则认为"六经"都是孔子所作，六经非史，它寄托了孔子"托古改制"的思想，儒家的任务就是发掘出这些微言大义，为现实服务。

清代的思想界，古文经学仍居于统治地位，特别是成为乾嘉学派名物训诂的依据。梁启超曾言："乾嘉以来，家家许郑，人人贾马。"这严重束缚了思想，造就了脱离现实的陈腐空气。

嘉道年间，经世致用思潮渐兴，人们大多借助于今文经学来阐述自己的观点。如庄存与、刘逢禄复兴自魏晋以来绝学千余年的"公羊学"，专求其中所谓的"微言大义"，即"非常异义可怪之论，如'张三世''通三统''绌周王鲁''受命改制'诸义"，提倡"通经致用"。

但真正使今文经学带有进步的社会政治倾向的，是鸦片战争前后的启蒙学者龚自珍、魏源，他们发扬今文经派"通经致用"的求实精神，阐发"微言大义"，用来评论时政，主张变法，开学者议政之风。

由今文经学倡导起来的经世致用之风，顺应了西学东渐的历史要求，直接促进了中国对西学的了解和学习。洋务派就是在这种历史的大前提下得以发展起来的。

但古文经学仍以其正统的面目，维护着封建的纲常名教，并浸染着人们的心灵。不破除古文经学及其倡导的守旧风气，新思想就无法取得其根本的立足点。维新思想家康有为做了这方面的努力，以今文经来取代古文经，严重动摇了封建正统思想的根基，为变法形成了舆论上和学理上的支持。

◇ 康有为托古改制

晚清时期"中体西用"论的深入发展，越来越威胁到封建统治阶级赖以安身立命的纲常名教。

以清末的社会舆论而言，守旧势力对文坛的控制是相当强大的，从更大的文化背景来看，引进西方先进思想到中国来，不能不立即触碰到传统文化的强大屏障。因而无论是从破除传播新思想新文化的舆论阻力来说，还是从争取中国知识界对新思想新文化的更多同情与支持来说，都必须借助而不能抛开中国的传统文化，即必须对中国传统文化作出不同于既有的官方正统解释的新解释来，以使之不仅不会成为从西方引进先进文化的阻力，反而还会成为西方先进文化得以在中国传播的助力和根据。

康有为对西方文化推崇备至，但个人情感上并不能割舍对中国圣贤遗教的深厚信念，同时他也意识到如果不借助朝野一向奉为正统的儒家经典，提倡维新变法的局面是无法打开的。康有为找到了一种适宜他建构自己的学术体系的学派——今文经学。

他的第一步就是证明古文经学的不足据。提出今文经学才是孔圣人的原旨，向封建正统思想发动攻击。

他在廖平的启发下，写出了《新学伪经考》一书。所谓新学，即刘歆所倡导的为新莽王朝服务的古文经学。康有为运用历史考证的办法，指出新学是刘歆伪造的，"王莽以伪行篡汉国，刘歆以伪经篡孔学，二者同伪，二者同篡"，那么守旧者据为正统的汉学和宋学，都是从伪经发展来的，因而不足为据，不足为训，这就给守旧派以"釜底抽薪"的致命一击。

古文经学是伪造的，那么欲寻儒家的义理，就应该到今文经学中去发掘，这是不言而喻的。《新学伪经考》的重要意义在于政治，而非在于学术，康有为在论述中存在的治学上的武断和学理上的荒疏比比皆是，有人曾作《新学伪经考驳谊》，列其失误三十一点，说他"征引也博""属词也肆""判断也武""立谊也无稽""言之也不怍"，但在政治上，它却起到了破除迷信、解放思想的作用，特别是今文经学中的"通三统""张三世""受命改制"等字样，可附会为变法改革的依据。

《新学伪经考》破除了古文经学的正统地位，形成了使"清学正统派之立脚点，根本摇动"的"思想界之一大飓风"。康有为的下一步就是拿出今文经学所体现的孔子原旨，因此他写了《孔子改制考》一书。

这本书的核心思想就是"托古改制"，认为"六经"所载古圣先王、沿革史事和各项制度都并不存在，而是孔子为了救民济世、改制立法而杜撰出来的，实际是孔子自己的理想寄托。这就将孔子打扮成了"改制""变法"的始祖了。

《孔子改制考》尤重于公羊"三世"说。所谓"三世"，即"据乱世""升平世""太平世"。康有为将西方的进化论和民权平等思想附会到"三世"说上，说"据乱世"就是君主专制之世，"升平世"就是君民共主之世（君主立宪制），"太平世"就是民主共和之世，社会由"据乱"而"升平"而"太平"，即由草昧野蛮之世向文明开化之世过渡。

康有为《孔子改制考》的这种写法是他的一个策略。他自己说得清清楚楚，这无非是看到守旧者不想变法，为了自己的私谋往往唱高调，动不动就引用孔孟程朱的说法以钳制言论，给变法造成严重障碍，迫不得已乃"发明孔子变法大义，使守旧者无所借口"，他还申明要编著《皇朝列圣改制考》，目的也就是"使守旧之徒无所借口，以挠我皇上新法"。康有为还有另外一个意图，就是仿照基督教，创设孔教，为维新变法笼络人心，组织力量。梁启超说康有为是想从中国的历史习惯出发，"择一举国人所同戴而诚服者"，"结合其感情，而光大其本性"，这也是为什么康有为一生对孔教孜孜以求的原因。

康有为通过"两考",打破了守旧派赖以立论的根据,又在今文经学里为维新变法找到了学理上的依据,将西学新知附会到今文经学的传统文化观上,从而以西学重塑了孔子,改造了儒家经典,为变法取得舆论上的支持。

康有为"伪经""改制"两说的问世,在当时统治集团的文化圈内引起的震动与恐慌,甚至可以说远大于西学西教的传入。西学西教的传入,守旧派犹可以传统的纲常名教之类进行反击,而"两考"则完全动摇了这个根基,守旧派无异于赤手而斗了。康有为没有停留在理论上的著书立说,他和梁启超、谭嗣同等人更积极地将变法改制付诸实践。

光绪二十一年(1895),中日甲午战争中清朝战败,李鸿章代表清廷与日本签订了丧权辱国的《马关条约》,刺激久已酝酿的变法运动走向高潮。

在翁同龢、文廷式等人的支持、举荐下,连续七次上书请求变法的康有为在光绪二十四年(1898)六月受到光绪皇帝的接见,中国近代史上著名的百日维新运动正式开始了。

在此后短短的百天时间里,维新派借助光绪帝的上谕,将变法运动推向高潮。其间下发的上谕多达一百一十多道,变革内容涉及文化、教育、思想、财经、经济、军事、政治等各个方面,如改革科举制度、废除八股文、开设经济特科、办新式学堂、奖励保护工商业、修铁路、开矿产、编预算、精练海陆军、裁冗员、用新法等。急于改变中国落后面貌的维新派,恨不能一下子解决一切问题,将中国建成发达的资本主义国家。

然而,弊端众多、积重难返的大清帝国的问题哪有如此简单,何况反变法的势力远强于变法力量,他们以老谋深算的慈禧太后为首,轻而易举地就摧毁了本不太强的维新力量,扼杀了本不无脱离当时现实的变法运动。结果,光绪皇帝几同被废,翁同龢被罢免,康有为逃往香港,梁启超逃往日本,谭嗣同等六君子被杀于京城宣武门外菜市口。

◇清宗室的保位谋略

光绪二十七年(1901)九月七日,慈禧太后施用借刀杀人之计镇压了义和团运动,与俄、日、德、法、英、美等十一国列强签订了屈辱的《辛丑条约》，中国更多的主权、财富被出卖。

二十九天后，逃到西安去的慈禧太后带着光绪皇帝回銮北京，为了掩人耳目，苟延残喘，她竟然打起了三年前被她踩在脚下的变法旗子，搞起了挂羊头、卖狗肉的新政。只是清王朝的腐朽已为越来越多的人所认识，慈禧以及满洲贵族们的谋划算计再高明，也终难挽救其灭亡的命运。

清末的新政，内容包括政治、经济诸方面的改革。

光绪二十七年（1901）初，慈禧太后就在西安设立督办政务处，宣布要在法律、兵制、官制方面实行改革。次年，熟悉旧律的沈家本和留英律师、熟悉西律的伍廷芳二人被任命为修订法律大臣，负责法律方面的改革。然而，沈、伍二人率领一班人马搞了三年时间，只是建议废除凌迟、枭首、戮尸三种酷刑，仍以斩首为极刑。

练兵处成立于光绪二十九年（1903），奕劻为管理大臣，负责全国的新兵编练事务。计划在全国分设三十六镇，每镇辖有步队两协、马队、炮队各一标，工程、辎重队各一营，军乐队一队。每协有步兵二标，每标分为三营，营分四队，队有三排，排分三棚，每棚十四人。待新兵练成之后，旧有的绿营等兵，改为警察和巡防队。慈禧诏令各地成立督练公所，说是为了编练新军事务的推行。其实际目的却是为了收缴各省的兵权，掌管、控制各省的财政。

官制改革是清末新政中引人注目的内容，因为它关系着整个政治体制问题。

光绪三十一年（1905），慈禧太后命令政务处筹办立宪大纲，并设置考察政治馆，派载泽、戴鸿慈等五大臣出洋考察各国政治体制，摆出一副开明、立宪的架势。光绪三十二年（1906）八月，又煞有介事地宣布预备立宪，但是，又借口规制未备、民智未开，而不能操之过急，以免流于形式而无实效。因此，先将官制分别议定。

在载泽、庆亲王奕劻等皇族的主持下，颁布了一套新政官制。已有的内阁、军机处、吏部、学部原封不动，改巡警部为民政部，改户部为度支部且将财政处和税务处并入，改刑部为法部，改兵部为陆军部并将练兵处、太仆寺并入，改商部为农工商部，改理藩院为理藩部。增设邮传部，并太常寺、光禄寺、鸿胪寺等入礼部。在十一部尚书中，满人占七人，汉人只有四人。操持着实际大权的是慈禧及其亲信奕劻、端方、袁世凯等人。

光绪三十四年（1908）八月，慈禧太后颁布了《钦定宪法大纲》，其中规定：清朝皇帝统治中国，万世一系，永久尊戴。君主的神圣尊严不可侵犯。而且，皇帝拥有至高无上的权力，包括钦定法律、设官制禄、黜陟百官、统率军队、综理外交、宣布戒严、掌握财政等各个重要方面。难怪人们称慈禧的新政是挂三权分立之羊头，卖绝对独裁的狗肉。

其实，慈禧新政的出台，还有另一个深远的用意，这就是在反清革命运动日益高涨的形势下，想通过新政、立宪之类的幌子来迷人耳目，以期抑止革命运动的发生，延缓清王朝倒台的进程。慈禧等人的所作所为，结果适得其反，进一步暴露了清王朝腐朽政治已无可挽救的真实面目。

光绪三十四年（1908）11月14日、15日，光绪皇帝和慈禧太后先后死去，慈禧太后临死前指定载沣之子、三岁的溥仪为嗣君，由载沣为摄政王监国，裁度军国大事。载沣乃光绪皇帝的弟弟，本人并无什么政治才能，更无远见卓识。史称他"貌似精明，实则权均操之于（载）涛、（载）洵"。有人说载沣被慈禧太后选中出任监国摄政王，除了他的儿子溥仪为嗣君、他是荣禄的女婿等因素外，还有一个因素就是他的无能。

光绪二十七年（1901），因德国公使被杀，载沣曾充任头等专使前往德国"谢罪"，这是他出任摄政王之前最重要的一次政治经历，也就是这次经历，给他短暂的摄政王期间的政治带来了重大的影响。

当年，德皇威廉·亨利向他传授了保持皇帝、皇权、皇室尊严的经验，这就是要掌握军事大权。另外，从他岳父荣禄那里，他也应该多少受到些重视兵权的熏陶。于是，他摄政后便极力抓军权。第一个目标便是权臣袁世凯，载沣曾欲致袁世凯于死地，因张之洞等人反对而作罢，于光绪三十年（1904）十二月初十日将袁世凯开缺回籍，理由是他患有足疾，难胜职任。接着，又决定编练禁卫军，自己亲自统率，任命贵族载涛等为训练大臣。此后，又先后派耆善、载泽等人筹备海军；自封代理大元帅，任命载涛、毓朗管理军咨处；裁撤近畿督练公所，近畿陆军均归陆军部管辖；改筹办海军处为海军部，以载洵为海军大臣；设立军咨府，以载涛为军咨府大臣。这样，短短的两三年时间中，载沣兄弟便将军队的权力完全控制在自己手里了。

宣统三年（1911）三月，载沣又公布了新的内阁官制和内阁组成，在包括内阁总理大臣、协理大臣等十三名国务大臣中，满族占了九名，而九名满族大臣中，皇族又占了六名，故当时有"皇族内阁"之称。

对此，各省咨议局议长、议员联名上书，认为皇族内阁不符合君主立宪的精神，应该在皇族之外选择大臣组织责任内阁，以满足公民立宪的希望。但是，清廷却宣称这是皇上的大权，议员不得干预。

载沣等人诸如此类的举措，不仅充分暴露了清廷新政、立宪的真实意图，而且激化了皇族与北洋系集团的矛盾，加剧了清朝统治集团与资产阶级的矛盾，资产阶级立宪派对清廷抱有的最后一线希望破灭了，同时，也加剧了满汉民族间的矛盾。载沣等皇族的本意是把权力最大限度地掌握在自己手里，以维护清廷的统治，结果却孤立了自己，加快了清廷统治的倒台。武昌起义的枪声一响，从监国摄政王到皇族内阁、亲信大臣，无不惊慌失措，无所作为，竟然不得不去向被自己驱逐的袁世凯求救，最终导致了清王朝的灭亡。